英国妈妈的积极心理课

How Mothers Love and How Relationships are Born

【英】娜奥米·斯塔德伦（Naomi Stadlen）◎著
刘 科◎译 郭国玺 校译

中国经济出版社
CHINA ECONOMIC PUBLISHING HOUSE
北 京

图书在版编目（CIP）数据

英国妈妈的积极心理课/（英）娜奥米·斯塔德伦（Naomi Stadlen）著；刘科译.
北京：中国经济出版社，2017.9
ISBN 978－7－5136－4651－2
Ⅰ.①英… Ⅱ.①娜… ②刘… Ⅲ.①儿童教育—家庭教育—教育心理学—汉、英 Ⅳ.①G78

中国版本图书馆 CIP 数据核字（2017）第 059747 号

责任编辑　郭国玺
责任印制　马小宾
封面设计　任燕飞工作室

出版发行　中国经济出版社
印 刷 者　北京科信印刷有限公司
经 销 者　各地新华书店
开　　本　787mm×1092mm　1/32
印　　张　11.25
字　　数　240 千字
版　　次　2017 年 9 月第 1 版
印　　次　2017 年 9 月第 1 次
定　　价　39.80 元
广告经营许可证　京西工商广字第 8179 号

中国经济出版社 **网址** www.economyph.com **社址** 北京市西城区百万庄北街 3 号 **邮编** 100037
本版图书如存在印装质量问题，请与本社发行中心联系调换（联系电话：010－68330607）

推动摇篮的那只手，就是推动世界的那只手。

——英国诗人 威廉姆·罗斯·华莱士

前言

对于新手妈妈的产前、产后心理这一问题，只有孩子知晓其中的秘密。孩子会密切注视母亲的脸庞，观察母亲表情中的种种变化，而作为母亲的我们却从来不会像他们那样观察我们自己的脸庞。妈妈对爱的感受可以无比强烈，然而她的大多数时间都会花在种种琐事之上，这时的她会表现出不同的状态。比如，孩子夜里哭着要找妈妈，妈妈就得从极度的困倦中挣扎着醒来，此时的她可能就不会有意识地去感受爱。幸运的是，孩子似乎能从妈妈的行为中感受到发自妈妈内心的深爱，这就是宝宝感知母爱的方式。

刚开始，新生宝宝就好像一位来访的客人。妈妈会以亲切友善的态度对待宝宝，仿佛她在热情地招呼一位客人，这便会营造美好的瞬间。这一瞬间虽将过去，但是瞬间中的美好将会弥留心底，变成永久的回忆。有了这种回忆，妈妈与孩子之间的关系就会不断得以增强。

与孩子建立起爱的纽带是育儿过程中非常重要的一部分，母子关系的创建是妈妈向世人所展示的奇迹。世上没有绝对完美的妈妈，但总体来说，妈妈们正在努力教授下一代如何与人相处，这是妈妈们所取得的一项重大而全面的成就。一些女性是全职妈妈，而另一些则从事着专职或者兼职工作。然而，她们大多都想能与宝宝融洽相处。全职妈妈拥有更多的机会，但是许多空闲时间较少的妈妈仍然会积极地与孩子进行交流。

每当我听到人们在谈论妈妈与孩子的关系时用到诸如“情感健康”或“心理健康”之类的术语，我就会感到心烦。因为谈到“情感健康”或“心理健康”，他们通常是在对妈妈的行为进行价值判断。他们在问，妈妈的行为是否有助于或有碍于孩子的发展。这种语言可能会迷惑并误导妈妈，使她们认为自己已经接受了真正的医疗诊断，她们确实需要治疗才能恢复“健康”。我知道，“心理健康”这类术语用得非常普遍，但是在本书中，我只想用简单的语言来描述妈妈和孩子之间的关系。

本书用十四章来展示母爱的不同侧面。我选择的问题实在太多，妈妈的身份也总是处于不断变化之中，因此，需要谈论的东西远不是一本书可以容纳的。

目录

第十三章 产后重返工作岗位，妈妈应该怎么做

第十四章 面对各种育儿法，妈妈应该怎么做

第一章

宝宝即将到来，妈妈应该怎么做

妈妈是在何时与孩子建立起默契或联系的

妈妈们所付出的巨大心血，他人无从体会，甚至连妈妈自己也毫不知晓。

我一直感觉精力不济，似乎我应该把时间花在更多别的事情上，而不仅仅只是一个宝妈。我一直懒得见人，我与朋友之间似乎也已无话可说。（小王子，8个月）

此时，她的儿子一直想要站起来，显得异常兴奋，小脸蛋涨得通红，手里还紧紧拽着一个袋子。妈妈此刻正和其他妈妈们聊天，似乎非常专注。但是她突然伸开手臂，一把扶住了她的儿子，果然，这小家伙往前一倾，差点儿摔倒在地毯上。直到小家伙重新找回身体的平衡，妈妈才把手挪开。

——这只是这位妈妈生活中的一个小片断。她时刻关注着儿子，随时给予他恰到好处的帮助。她向他传达出的是这样的信息：即使我在聊天，我也仍然在守护着你。

妈妈的这一小小举动为何如此重要？原因在于，这正是母子间持续对话的一种方式。如果儿子事先不知道妈妈会保护他的安全，他就不会如此大胆地冒险。对于母子间的讯息传递，外人或许难以察觉，但对于孩子来说，与妈妈的交流是其建立人际关系的起点，来自妈妈的理解或许对他的一生都至关重要。

听到年长的人谈起他们的母亲——他们并非是为重启尘封的记忆，而是在参与一场延续至今的对话。他们总会说："妈妈不会同意的""妈妈教育我要为别人着想"，这样一来，母子之间的关系似乎超越了生死而长存于孩子的心间。

妈妈到底是在何时与孩子建立起默契或联系的？过去我一直认为这种联系始于孩子出生之时，也就是从妈妈看到孩子的第一眼起，但是在听了奥克兰市两位妈妈的演讲之后，我改变了这一看法。她们的第一个孩子都死于出生前或出生时，于是两位妈妈都失去了宝宝的陪伴，只得独自从医院返回家中。她们这次联合演讲的题目是“我是否还是一个妈妈？”

听完她们的演说，我的答案是肯定的：“是的，你们当然还是妈妈。”母子间的联系并非始于孩子出生之时，而是孕育之初，从一开始，妈妈便无意识地在自己的子宫内开辟了一块小小的天地以迎接宝宝的到来，随着时间的推移，她又会敞开一片相应的情感天地。

怀孕中的妈妈可能会认为，自己还未曾对腹中的孩子付出任何感情，但万一真的孕育无果，她必定会经受肝肠寸断的痛楚。如果宝宝夭折，或者宝宝出生后立即被人领养，妈妈们会有一种天崩地陷的感觉。有一位妈妈曾迫于无奈让别人领养了自己刚出生的孩子，她说：“我的生活再也无法回到从前，你无法说清由此给心灵带来的伤痛，因为这无以言表。”

另一位母亲回忆道：

我在怀孕6周时去做产检，但医生却未发现胎儿任何的活动迹象。他们告诉我宝宝可能已经不在了，但我必须在两周后回来复查以确定胎儿到底出了什么状况。那两周对我来说无比煎熬。两周之后，给我做超声检查的是另一名医生，结果显示我腹中的小宝宝一切正常。回想起这两周的糟糕经历，我顿时不能自已。这位医生一定在想我和宝

宝到底经历了什么。在这两周里，我的生活一团乱麻，几近崩溃，我这才意识到宝宝对我有多么重要。（小公主，8个月）

英国人艾丽丝·梅纳尔是一位作家，同时也是妇女参政的积极倡导者，她花了10年时间为自己第一个孩子写了一首诗。这个孩子在出生时不幸夭折，但后她来成功地孕育了8个孩子。她在诗的结尾时写道：“*哦，10年前的徒劳无功，却是女人向母亲蜕变的成功。*”质朴的话语以及字里行间丰富的情感基调传达出的，是一个女人在其为母之路被戛然中断时所感受到的强烈痛楚。

“母亲”一词或许看似温馨，但温馨仅仅只是为人之母的一面。在享受幸福快乐的同时，母亲也饱受身为人母的担忧、恐惧甚至悲剧所带来的折磨。

从孕育之初，我们就慢慢地开始发生改变。母亲的改变是奇特的，而父亲做出改变的方式却不尽相同。当今，有许多男性都表示，他们一定要做一个尽责的父亲，由此可见，父亲们也正在改变，但是，和母亲们不同的是，父亲们却不必经受妊娠期的一系列生理反应。

“家长”一词会使人们想到爸爸和妈妈，但是父母双方的作用在一开始便截然不同。在孕育之初，爸爸绝不会有如下经历：由于疲劳而突然发颤，或在极度的饥饿或品尝一杯咖啡之后出现反胃。在妊娠后期，妈妈会感呼吸不畅或在品尝美食之后胃部灼热难熬、彻夜难眠，或频繁小便以排空体内尿液、缓解子宫给膀胱带来的压力，这些都是爸爸们所无法体会的。孕育之初的妈妈们就如同移民一样，离开了一个熟悉的国度，开始了她们前往一个陌生世界的旅程。

在我怀孕时，我经常说："现在我们该睡会儿觉了！"我先生则会吃惊在看着我："你和谁一起睡？"当然是我和宝宝。（小公主，10个月）

通过产前准备完成在心理上的准备

准备迎接长住客人的主人，通常都会想着做些精心的安排，这和孕育期的妈妈颇有些相似。诗人塞缪尔·泰勒·科勒律治就是这样的一位主人。1800年的5月，他提笔向一位名叫威廉·戈德温的朋友发出了诚挚邀请。

科勒律治的确非常关心这位朋友。虽然他还未选定住所，却希望戈德温和他的两个女儿能接受他的盛情邀请。他在信中写道："不管我是继续留在这里还是搬往那边（凯西克的房子），我都将身处景色怡人的乡野，都会有一处容身之所……"或许他觉得"容身之所"听起来稍显现实，少了点人情味，于是他继续写道："以及心灵之所为你而置，你一定要来寒舍创作下一部作品。"他的话让人听得暖意融融，因为"心灵之所"一词更能表现出人与房间的完美融合。

其实，"容身之所"与"心灵之所"这两个词都可以描述母亲与孩子建立亲子关系的方式。孕育宝宝是人生的大事，我们的首要任务就是为即将诞生的宝宝营造足够的容身之所和心灵之所。无论个人境遇如何，大多数妈妈一开始都会设法为孩子营造一个温暖舒适的空间，但这并不意味我们需要布置一间新房。对妈妈而言，"营造房间"其实意味着为即将到来的宝宝打扫并整理我们现在所居住的房间。

现在，我们该
睡会儿觉了！

如同主人整理客房，要摆放好崭新的床品和毛巾，怀孕中的妈妈会收起平日的工作，开始询问自己该如何“招呼”肚中的宝宝。对于“宝宝是否健康”这一问题，妈妈们甚至会为种种可能做好准备。现如今，许多妈妈们都会接受各种检查来确定宝宝的性别并将意外情况的概率降至最低。当然，也有一些妈妈在宝宝出生之前顺其自然，完全不做任何准备。这听起来似乎有些前后矛盾，但事实上，即使妈妈们选择不做过多的前期准备，这也是充分准备的另一种形式。

一位祖母曾经告诉我：“我的妈妈，同样还有我的祖母，她们都会为宝宝准备——叫什么来着？——对，待产包。她们会为宝宝们准备整套的服装，包括手工缝制的衣服、手工编织的毛衣等。我觉得这是她们提早做好准备的一个很好的方式。”她的言下之意是，实际的产前准备会帮助妈妈们完成在心理上的准备。

如今，让自己的母亲或祖母手工缝制宝宝的衣物已不再是准妈妈们的唯一选择。相反，朋友送来的礼物以及市面上琳琅满目的婴儿用品成了准妈妈们的首选。在美国，有“宝宝送礼会”的做法，就是怀孕妈妈的朋友们聚在一起，为即将诞生的宝宝送上自己的礼物。与为宝宝缝制和编织全套衣物的慢工细活相似的是，宝宝送礼会似乎也是在帮妈妈在心理上为宝宝的到来做好准备，并让一切变得更为真实。

宝宝的到来是个错误

随着分娩之日的临近，对宝宝的期待或许也能使周围的人感觉到这种特别的“心灵之所”的存在。

在分娩之初，一些妈妈总会感觉到与宝宝之间的联系。但如果发生难产，妈妈可能会感到这种联系逐渐减弱，随之开始为自己感到担忧。在漫长的分娩过程中，随着宫颈口的不断张开，妈妈会不自觉地在体内为初生的宝宝开辟一片天地，但我不清楚妈妈在分娩之时为宝宝预留的心灵之所到底有多大。“*我不是在主动向前，而是受力而行！*”分娩指导师谢娜·基辛格在关于分娩的一首诗中这样写道。或许母亲与宝宝正是在这一过程中才紧密相连，难分彼此。

在妊娠期内，妈妈已经在心灵深处为宝宝开辟了一片崭新的天地，无论自身确信与否，在分娩之后，妈妈的爱似乎就能源源不断地注入这片空白之地。在怀孕初期，心灵之所的营造似乎是在为爱的奉献做好准备，其营造范围非常广泛，这正如一双张开的手臂，准备迎接众多可能降临的宝宝。（多个孩子的母亲似乎也会在每个孩子身上都经历同样的过程。）

在我怀孕的时候，我一直在想，在特定的那年那月，特定的一个精子与一个卵子偶遇了。假如这本身是个错误呢？如果宝宝和我不能坚持到底呢？但是，从我看到宝宝的第一眼起我就知道，他是我们爱情的结晶，从那以后，我再无任何疑虑。宝宝已是我们家庭的一部分，我不敢想象，如果没有他生活将会怎样。（小王子，4个月）

不是所有的妈妈都能立即表现出对宝宝的爱。妈妈们似乎都希望在看到宝宝的第一眼就爱上他，如果事与愿违，许多妈妈便会痛苦万分。事实上，不同的妈妈在爱的反应上存在着时间的差异。

我一直不想要小孩，因为这不是我想要的生活方式。宝宝的到来是个错误。她出生后的前两周对我来说非常难熬，

因为一整天你都得不停地给她哺乳，但现在她非常乖，让人非常省心。她确实是我最喜欢的宝贝，我还是那么爱她。（小公主，6周）

宝宝出生后的头几天，我准备好了为她提供庇护，但是我感觉我并不爱她。问题在于，我根本不了解她。我很担心，就一直哭……（说着又哭了）我辜负了她，因为我不够爱她。但是现在，我们彼此已经很熟悉了。（小公主，2个月）

一开始我就知道他是个男孩，但不知怎的，我希望他有一头金发。当护士把这个头发黝黑、鼻子扁平的小家伙递给我时，我吓了一跳。他看起来不像是我的儿子。他看起来像……但是，现在一切都过去了。我喜欢他的样子，我深深地爱着他，我喜欢他对周围事情独到的看法。（小王子，2岁）

这位妈妈同样设法为自己的儿子找到了充满爱的心灵之所，如果她一直都希望有一个一头金发的儿子，那么就很难用心去爱他。我问她是如何改变的，但她已说不清楚。我在想，她一定是渐渐地在头脑中抹去了金发宝宝的形象，开始明白儿子头发的颜色并没有想象的那么重要，然后将自己从不切实际的想法中解放出来，开始用心去爱面前的这个小家伙，而不再为头脑中那个虚无缥缈的金发的儿子而倍感伤心。

一旦成为人母，便无路可退

对于刚出生的宝宝而言，容身之所无须太大，因而，妈妈无须拥有豪华的卧室以及舒适的大床。但是心灵之所呢？一个宝宝到底需要多大的心灵之所呢？妈妈是否只需为小家伙营造一个小小的心灵之所？妈妈如何得知她为宝宝营造的心灵之所是否合适呢？

心灵之所是无法丈量的，但它绝不会局限于一个小小的空间。尽管宝宝很小，但他需要母亲无限的关爱。

换句话说，心灵之所并非妈妈只为分娩而营造，也不是只为宝宝出生后的几周或接下来的一年而营造。一位妈妈曾这样说过：“一旦成为人母，便无路可退。”如果妈妈为宝宝敞开了真正的心灵之所，那么，想要关闭似乎已不太可能，这种奉献将会伴其一生。

心灵之所的营造不是一个单向的过程。

我：你觉得你的宝宝怎么样？

妈妈：噢，他挺可爱的，而且还非常大度呢。（小王子，7 个月）

许多妈妈都说，在她们看到宝宝稚嫩率真的模样之前，还不知道自己的爱原来如此强烈。通常，她们在描述自己的宝宝时，都会用到“爱”和“心”这样的词。

当我听到女儿的笑声，我整个心都融化了，我感觉我甘愿为她而死。（小公主，7 个月）

妈妈们会发现她们的爱都是无条件的付出。

人们还不太理解的是，他们可能会挑剔某个小孩这样或那样的毛病，但如果他是你的孩子，你就会以他人无法接受的方式来接受这个孩子的全部。（小王子，4 岁；小王子，11 个月）

妈妈们有时也会说是孩子教给了她们爱的真谛。我深知，我已找到了这种真谛。我们每个人都经历过孩提时代，或许每个新生宝宝都有一种力量，这种力量能帮助妈妈找回某种关于爱的记忆。

然而，有一些妈妈对这种爱却持相反的态度：

我婆婆前几天对我说："你要知道，你哪天必须狠下心任由他哭，你不能一听到他哭就立即把他抱起来。"但是，我不想让宝宝一个人哭。（小王子，6个月）

竟然有人会建议让一位母亲变得铁石心肠，这听起来确实有点奇怪。

妈妈们应如何处理日常生活中那些忧心烦人的情感呢？当妈妈意识到她的改变需要一如既往地延续下去，她的人生就进入了一个新的阶段，再也无法回到怀孕之前。但是，心灵之所的大门并不是从早到晚都是打开的，它在不断变化着，期间情感尤为丰富。妈妈们会发现自己的情绪时常波动。当妈妈情绪低落、倍感疲惫之时，心灵之所的大门便会关闭。

当我高兴时，我能感受到宝宝的可爱，并且知道他想与我交流。他的确很幽默，个性鲜明。而当我不高兴时，一切都变了样，宝宝似乎非常惹人烦，我再也无法忍受他，但之后我又会深感内疚，宝宝则会不停地啜泣。那时，我的眼睛根本就看不到儿子那鲜明的个性。（小王子，7个月）

有时你的确能用心去了解你的宝宝，但其他时候——你懂的——你却不一定能做到。（小公主，9个月）

情绪多变的不仅仅只是妈妈，宝宝们也可能会变得暴躁易怒。如果妈妈感到宝宝的负面情绪与自己有关，出于自我保护，妈妈便会将心灵之所的大门关闭一点儿。

妈妈：养育子女也有着阴暗而不为人知的一面，你很少会听人谈起。

我：是什么呢？

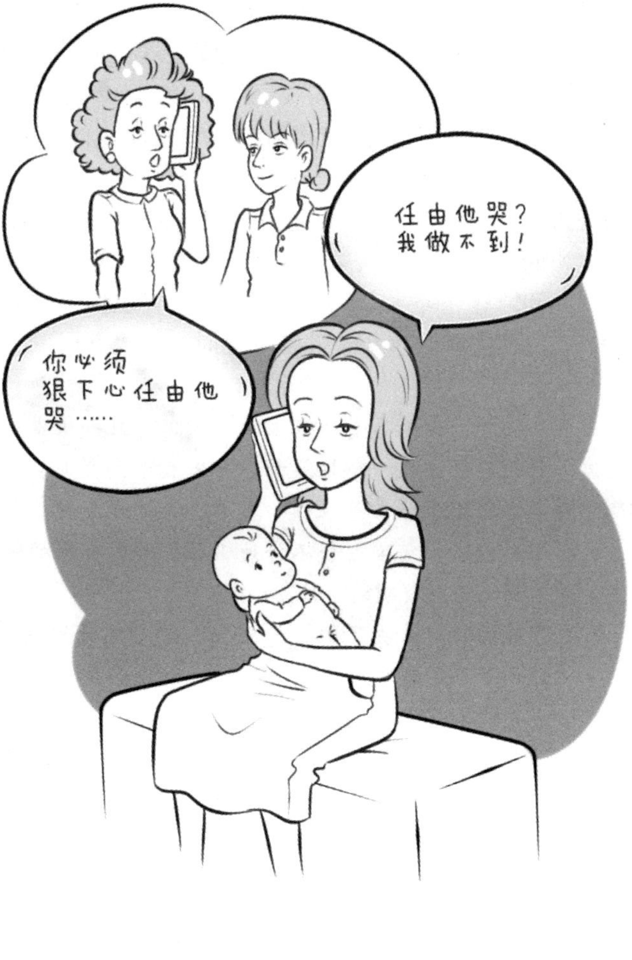
你必须
狠下心任由他
哭……
任由他哭？
我做不到！

妈妈：就是当你完全厌烦的时候，或者当你屡次尝试但所做之事却无一正确时，你唯一想做的便是上床睡觉，或者宝宝做了些令你非常讨厌的事，这种情况通常发生在你疲惫不堪、精力不济的时候。如果我精力充沛，一切都会变得得心应手。（小王子，3 岁）

在宝宝到来之前，如果妈妈已习惯了独自忙碌，做着自己想做的事，那么，整天与孩子待在一起则会是一种巨大的挑战。

第一位妈妈：

我内心不能为儿子腾出足够的空间。他每天早上 5 点钟起床，然后，各种事情便接踵而至，直到他睡下，这已是大概晚上 6 点到 9 点钟了。可是，我家保姆却能给宝宝我所不能给予的情感空间。她说："我可以一整天都照顾他，我太爱他了。"宝宝一见到她便会高兴地尖叫，但见到我却不会。这让我感觉非常难受，我不得不承认，我很妒忌她。（小王子，10 个月）

第二位妈妈：

我的妈妈晚上会回自己的家，这种情况就完全不同。我的妈妈整天照看我的女儿，也非常爱她，但是你可以看出，当她准备回她自己家时，脸上就会露出轻松的表情。（小公主，2 岁；小王子，8 周）

保姆的作用是通过契约而定的，而妈妈则会践行一生的承诺。在与孩子交流方面，谁也无法取代妈妈的地位。

如果第二个宝宝降生，又会怎样？妈妈能否同时敞开两扇心灵之所的大门？当第二个宝宝到来时，第一个宝宝又会怎样呢？小说家安·恩莱特曾这样描述第二个宝宝到来时的情景：

有他在身边是一件令人兴奋的事。最让人感到惊奇的是，这种痛苦经历的重复交织着同等的爱——你可能会认为，在你的心中第二个宝宝已没有足够的空间，但是突然吱嘎一声，另一间心灵之所的大门也砰然打开了：宽敞明亮，充满乐趣。我漂亮的儿子就这样走进了我的生命。

许多妈妈喜欢借“心”这个字来说明她们如何将自己的爱从一个孩子延伸到其他孩子。

我非常喜欢儿子，我视他为掌上明珠。在女儿出生之前，我不知道我还能如此用心地去爱其他孩子，对此我非常担忧，但我的朋友对我说：“你会为自己的每个孩子都萌生出一颗爱心”，这一点没错，我同样深爱着我的女儿。（小王子，2 岁；小公主，7 周）

当女儿和儿子在一起嬉戏玩耍时，他们是如此可爱，我的心似乎被充盈得满满的。（小王子，23 个月；小公主，5 个月）

记得我怀上第二个孩子的时候，我非常恐慌，因为我担心在女儿身上已耗尽了我全部的爱。幸运的是，在再次身为人母之后，我的惊喜之一便是，原来，我的爱心的延展远超乎了我的想象。

我几近崩溃了

在流逝的时光中，宝宝逐渐变成了一个蹒跚学步的孩童，妈妈意识到需要调整对宝宝的认识和期望，继续为之敞开心灵之所的大门。宝宝现在开始独立尝试去发现周围的世界。他的许多尝试都会招来麻烦，他也不再是那个可爱的、依恋父母的小宝宝。

宝宝小时候带起来更容易，现在他的想法老是和我不一致。今天早上，我一转身就发现，他正乐此不疲地拍打着餐桌上的西红柿，四处飞溅的西红柿酱真是让人抓狂。（小王子，13 个月）

人们有一个普遍的观点：宝宝是可爱的，但这种可爱只限于“可怕的两岁”到来之前。对此深信不疑的妈妈可能会对新生宝宝尤其宽容，而当宝宝开始走向独立之时，妈妈却变得暴躁易怒。但是，我根本不信“可怕的两岁”这种观点，相反我认为，两岁的孩子更可能对妈妈不够宽容的表现做出回应。当自己的冒险尝试屡屡受禁，对于孩子来说，这一定会相当沮丧。

即使是在宝宝出生后的前几个月，要留心照看一个一切皆需人照顾的婴孩也并非易事。一些妈妈担心会失去自我。“全职照顾孩子的想法太可怕了”，其中一位妈妈这样写道。在这种情况下，妈妈常常会抱怨：“儿子太难缠了”或者“女儿要求太多了，和她待一天，我几近崩溃了。”这位妈妈好像觉得她的宝宝在不停地和她作对，但是，如果我们仔细观察一下，事实上似乎是妈妈在不停地和宝宝较劲。

我和宝宝之前都患了两周的感冒，我们哪儿也不能去。宝宝整天都闷闷不乐，这让我非常难受。我想过上网买张机票，然后坐上飞机——只要能远离他就行。我不愿谈及此事，因为这听起来好像我是一个坏妈妈。我想做一个称

职的好妈妈，但是和宝宝待在一起又会非常难受。（小王子，9 个月）

我曾经有过这样的经历：我用手将儿子按在小床上，冲着他大喊："睡觉！"（这位妈妈哭了）。这种做法太可怕了。就仿佛儿子会说："噢，好的，妈妈，这的确是个好主意，我会试试看。"但是，从儿子的眼神看来，他似乎是被我吓到了。（小王子，17 个月）

一些妈妈总是给孩子强加种种限制，因为她们有一种专制的理念。而其他妈妈则懂得如何与宝宝分享欢乐，这使得那些偶尔放弃、退却的念头也能得以雪融冰释。

我身体不大好，但宝宝就是我的开心果，有了他，种种痛苦都变得轻松多了。他很幽默。在他来之前，我活得非常理性，也非常严肃。宝宝看到了生活中快乐的一面，但有时他也会非常严肃。他让我笑声不断，这些年来，我从未有过如此多的欢乐。（小王子，4 个月）

这位妈妈还发现，在儿子成长过程中，要让心灵之所的大门永远长开不闭也并非一桩易事：

我发现，我很难为儿子营造宽敞的心灵之所。当我为此想得过多的时候，我一无所获，心灵之所随之消失得无影无踪。但当我不用思考得过多的时候，或许心灵之所的营造正在悄然进行。（小王子，9 个月）

这位妈妈说得很对。营造心灵之所是一个不断变化的过程，我们很容易将心灵之所的暂时关闭与做母亲的彻底失败混淆起来。许多妈妈都有过这样的经历：有时想紧闭心灵之所的大门，但之后又会找到重启大门的方法。

妈妈：晚上的时候，我情绪真的非常低落，开始为一切事情担忧。如果我在凌晨醒来，这种状况似乎最为严重。

我：让自己走出这种状况很困难吗？

妈妈：也不是。第二天早上醒来，我看到儿子容光焕发的脸颊，这让我感到很羞愧。他的快乐其实并不需要建立在太多的需求之上。（小王子，6个月）

内心的压力使我忘记了，儿子其实也可以成为我的小帮手的。前几天，我将两张小凳子叠起来放在水槽旁边，然后请儿子站上去帮我洗碗。可惜你没能看到我跟他讲话时他那张小脸上的表情。（她睁大眼睛，露出灿烂的微笑）他对我说："你是说我吗？我真的可以帮你吗？"即使他浑身湿透也没什么要紧，他喜欢做这种事，这太好了。（小王子，15个月）

如果宝宝不睡觉，这就让人非常为难——但这也是常事。我的做法会让人难以理解：我不会为此感到灰心沮丧，相反，我听任她做任何事情而不给予任何评价。无论她做什么，我都视之为令人快乐的事。然后我开始计时，不到5分钟，她便会自己入睡。我深信，宝宝让人头疼的时候其实是他们在对我们做出回应，并参与大人们的游戏，于是，我会调整我的情绪状态。一旦我做出改变，女儿也会做出相应的改变。（小公主，18个月）

从上述几个例子我们可以看出，当妈妈们感到厌烦时，通常会退缩和放弃，并且压缩为孩子营造的心灵空间。

我为宝宝感到骄傲

但是，妈妈为孩子营造的心灵之所是不是有点儿太大，而不是太小呢？如果某位妈妈对自己的生活感到绝望，并把一切都寄托在孩子身上，在这种情况下，她为孩子营造的心灵之所就会太大。心灵之所的营造意味着要为这个走进自己生命的人提供足够的空间。如果孩子感觉妈妈为自己放弃了一切，他可能会感觉身负重任。

如果我是一名准妈妈或新妈妈，或许我会感到迷惑，或许还会有些焦虑。心灵之所到底多大才算合适呢？如果既不能过大也不能过小的话，那么，我如何得知它是否刚好合适呢？

心灵之所只是个比喻，因此，不能对之量化。不管怎样，妈妈们在营造心灵之所时无须追求完美。无论何时，宝宝们似乎都能感觉到我们的好意。有时，我们营造的心灵之所恰到好处，但通常情况下，我们的状况却不太稳定，因为每个人都会有情绪低落的时候。

我想举个例子来说明某位妈妈的转变：起初，宝宝的任何行为都会令她感到惊讶，最后，她却为宝宝开辟了更大的心灵之所。我记得当时这位妈妈说话时，小家伙突然滑倒在地板上。她将儿子抱起，让他在自己腿上上下跳动，以此来哄他，同时，她还在继续同我们讲话。她的讲述至少持续了5分钟，大约在一小时之后，我匆忙记下我所能记住的故事情节，但是我肯定漏掉了不少详细信息。

星期一，我又一次带宝宝去游泳。在第一次的游泳经历后，我希望他已不再害怕游泳池，但显然并非如此，因为他一见到水便开始尖叫，并哇哇大哭。我想，我是否应该放弃游泳的计划，然后带他回家。如果当时他的表现是歇斯底里般的反应，我可能就带他回家了，这也没什么，但是他的反应似乎也没有那么糟，于是我们就留了下来，坐到了水池边。我用手臂搂着他，明显能感觉到他的紧张。不一会儿，我感觉他稍微放松了一点儿，但是这花了相当长的时间，可能有半小时之久。我不知道。但不管怎样，他开始观看大孩子们潜水并对他们指指点点。然后，他看着我并用手指着水，但是我们并没有直接下水。我们在那里坐了很长时间之后，我才感觉他已经真正放松下来，于是我拉着他的手，走下了被水没过的第一个台阶。他非常开心，我为他感到骄傲，由此，我的心灵之所也得以扩展。（小王子，12个月）

这位妈妈做了什么？如大多父母通常的做法一样，她开始时是心怀期望的。她希望带儿子游泳时，儿子能即刻享受到嬉水的快乐。当儿子没能如她所愿时，她感觉惊慌失措。她考虑过带儿子回家，但最后还是选择留了下来。她说：“于是，我们留了下来，坐到了水池边……。”

在这种场景之下，这位妈妈从一位惊慌失措的家长转变为与儿子并肩的伙伴。她并没有死守内心的期望，反而还在心底为儿子的真实情感营造了一片包容的空间。因为她既没有带儿子回家，也没有把他硬拽到水边，所以，她能营造出母子宁静相偎的一刻。就在这一刻，她给了儿子完全的信任。她并没有努力地让儿子平静下来，因为他的真实情感正好与之相悖。相反，她注意到儿子最终平静了下来。和大多数孩子一样，他一旦平静下来，好奇心就会随即产生。他注意到了那些潜水的孩子，并在那儿指指点点。通过对别人的指指点点，他逐渐弄清了周围所发生的一切，而最初他感受到的或许只是刺耳的喧闹与游泳池里的混乱。妈妈一直在等待，直到她感觉儿子已完全平静下来。这时，她审时度势，及时牵起了儿子的手。由于妈妈的准确判断，母子二人一定完完全全地融在了一起。

当这位妈妈意识到儿子已克服了恐惧并放松地享受着游泳池的快乐时，她说，她的心灵之所已经得以扩展。我想一定是这样的，因为整件事对她来说意义非凡。她很可能有过这样的担心：儿子第二次来游泳池时仍然表现出恐惧，是不是因为儿子有什么问题？儿子出现这样的反应，是不是我有什么问题？

如果某位妈妈不愿为孩子营造心灵之所，通常会有他人代为完成，比如孩子的爸爸（无论在何种情况下，许多爸爸都会为孩子营造心灵之所）、祖父母、外祖父母或者职业保姆。有些妈妈想为孩子提供心灵之所但又感到力不从心，对于此种情况，我们将在后文予以讨论。

幸运的是，许多妈妈似乎都能找到通往心灵之所的道路。几千年来，妈妈们已悄无声息地将心灵之所从一代传到了下一代。

第二章

与孩子建立亲密关系，妈妈该怎么做

母亲是孩子学会与人亲近的启蒙老师

爱，一定要用亲密的行为来表达吗？其实，并非所有人都喜欢这种亲密的关系。

尽管如此，亲密的关系却给我们带来了非比寻常的好处。在学习与人亲近的过程中，大多数人的启蒙老师都是自己的妈妈。新生宝宝通常会流露出一种特别孤独的神情。甚至新生同胞之间的关系似乎也很难达到个体与妈妈之间的那种融洽。所以说，母亲是孩子学会与人亲近的启蒙老师。

从好的方面讲，亲密关系可以用来收获爱，或播撒爱；从坏的方面讲，妈妈可以故意使用，或利用亲密关系来制造伤害。世上没有完美的母亲，有时，妈妈在不经意间就会造成对孩子的伤害。然而，在与宝宝第一次的亲密接触时，如果妈妈能展露出慷慨的胸怀，那么宝宝就有机会明白，亲密关系到底能给他带来什么。

亲密关系不是奢侈品。作为成年人，我们需要它。下班后，坐在咖啡馆宽敞的地下室时，人们在这里七嘴八舌地聊开了。“你有没有发觉我和马丁之间有些不对劲？”“说实话，我为他感到羞愧。”“我马上就能明白她的意思。”在紧张工作了一天后，大家都放下了戒备，开诚布公地吐露着心声。人们乐在其中，在忙碌一天之后，这么轻松和亲密的谈话能让他们身心得以恢复。

母亲该如何与孩子亲近呢？是否有什么良策呢？答案似乎是否定的。虽然母亲这一角色已有数千年的历史，但始终没有成文的妈妈手册。是妈妈们的粗心大意呢？还是她们的沉默暗示着其间根本无章可循呢？抑或是每个妈妈都能找到自己独有的方法呢？

在工作上，我总是安排得井井有条。我喜欢设定目标，并将这些目标倒着排序，以此规划我的将来。但是，人际关系却不同。我不需要为丈夫和自己设定任何的目标。对于孩子，我也是顺其自然。现在的一切倒也还顺利。（小王子，3个月）

然而，有些妈妈极其缺乏自信。

我不知如何与女儿亲近。我可以为她做饭、洗澡……但我却无法与她亲近。（泪水夺眶而出）我想以前也从来没人和我亲近过。（小公主，18个月）

如果自身缺乏亲密的经历，这位妈妈恐怕很难与女儿亲近。然而，小女孩仍然飞快地跑向她的妈妈，表现出和她很亲近的样子。也许为孩子做饭和洗澡也是和孩子亲近的一种方式。亲密有时无须刻意营造，便会不期而至。

下面这位妈妈的情况有些特殊。由于病痛，为女儿做饭、洗澡已属不易，所以，她常常带着保姆一起来参加妈妈访谈会。有一天，我问这位保姆工作干得怎样。她说：“小孩子现在很信任我，我们玩得很开心。但有时她还是会找妈妈。”这显然是孩子与妈妈亲密的体现。

很多妈妈还没有意识到自己对孩子的了解有多么深刻。妈妈们是敏锐的观察者，因为她们能比任何旁观者或研究者更加密切地与宝宝接触。

孕期是与孩子建立亲密关系的前奏

正如在前文提到的，孕期是与孩子建立亲密关系的前奏。分娩本身就是一种亲密的接触，因为此时妈妈会敞开自己的身体，宝宝则会离开妈妈体内的温床，来到人间。分娩并不仅仅是向孩子敞开身体的大门，这个过程似乎是要让妈妈做好准备，准备好为宝宝敞开内心的大门。

一些妈妈有着毛骨悚然的分娩经历，而另一些妈妈则会经历一次激动人心的发现之旅。关于分娩，谢娜·基辛格在她的诗中这样写道：“花开了，厚厚的花瓣坠落下来，这是对生命的庆祝。”另一位妈妈说：“分娩是一种心灵的交流，我真希望我的孩子出生于教堂。”第三位妈妈则表现得更为平淡：“分娩是唯一一件让我闭嘴的事。平时我总是说个不停。生产时的激动让我一个字也说不出来！”。三位妈妈都在试图描述她们人生中至关重要的经历，但表达方式却完全不同。

通常，妈妈对宝宝最初的印象来自于宝宝的哭声，以及对宝宝的观察和抚摸。然而，在我的记忆中，孩子身上的味道也非常重要，但是人们很少谈到。

新生儿对妈妈的了解更甚于妈妈对他的了解。还在妈妈肚里的时候，宝宝便认识了妈妈。他能感觉到妈妈对事情不同的反应，以及在动作节奏和紧张程度方面的变化。宝宝能听见父母的声音。尽管声音的感知确定会成为他与父母相见前的铺垫，但是这与亲眼看见父母会有所不同。

许多妈妈都会提到与宝宝即时的眼神交流。谢娜·基辛格共有五个女儿，她曾描述过这样的情景：在经历了紧张的出生过程之后，宝宝终于能让自己放松一下了，“她睁开了眼睛，注视着你。这令人无比惊喜，她不仅仅是个‘宝宝’，而是一个活生生的人……这是我俩的第一次邂逅。”《出生无暴力》的作者弗德列克·勒博耶曾经见证了很多婴儿的出生。他对新生儿的神情有着这样的描述：“宝宝睁开眼睛，第一次看到这个世界，他们的神情让人永生难忘。他们的眼神深邃而宽广、严肃而紧张，像是在询问：‘我在哪儿？我怎么了？……’我们发现，这无疑是一个小生命的到来”。

通过照片来研究新生儿的行为可以揭示其间的奥秘。琳妮·穆雷与人合著了一本名为《社交宝贝》的画册，里面记录着新生儿的一举一动，这些都是数千年来母亲们所熟知的行为。有人认为新生儿只对食物感兴趣，而这本画册却告诉我们事实并非如此。其中有一组照片记录了助产护士将一个名叫伊桑的新生宝宝，“放到妈妈的怀中，但他感兴趣的似乎并不是吮吸乳汁，而是看着（妈妈的）脸。伊桑再次目不转睛地看着妈妈。（妈妈）一开口跟他说话，小家伙的表情就变得生动、丰富起来。”照片上的时间显示这组照片是在伊桑出生后 10 分钟以内拍摄的。

当孩子躺进妈妈的臂弯里之后，妈妈就可以俯视宝宝，而宝宝也可以仰视妈妈。

女儿睡醒了，好像刚从很遥远的地方回来。她像是一只没有思想的小动物，和我没有任何的眼神交流。我在想，她的灵魂游荡去了哪里？之后，她看到了我，她的灵魂似乎又回来了，她直直地盯着我看，如同一种心灵的交汇。（小公主，2 个月）

在最初的日子里，儿子只是呆呆地看着我，眼睛里一片空白，眼珠也不会四处转动。如果是成年人，他们通常会对你做出回应。我之前对他有些担忧。(小王子，3 个月)

妈妈：孩子还很小的时候，我喂他奶，他便一直看着我，只是……眼睛一眨也不眨地看着我。这让我感受到了重大的责任。

我：为什么呢?

妈妈：嗯，对于宝宝来说，我就是他看到的这张脸。(小王子，4 个月)

不管情绪是高涨还是低落，妈妈展现给孩子们的都是自己最真实的脸庞。尤其是妈妈的双眼，孩子们能从中察觉到我们情感上任何细微的变化。通过琢磨妈妈那张熟悉的脸上所表露出来的细微变化，孩子似乎会慢慢地学会读懂大人的面部表情。

然而，建立亲密并无任何秘诀可言。互相凝视也并不是必不可少的一个过程。比如，失明的妈妈、失明的宝宝以及一些特殊的人群仍然能够找到母子间相互沟通的方法。

儿子从来不和我进行眼神交流，现在也是如此。一些妈妈常说："我们互相看着对方，这种感觉真好。"我过去常想："我哪里做错了？我想，我得让儿子和我有眼神交流才行。"。不过现在好了，我突然发觉，其实我们之间存在很多的交流。(小王子，3 个月)

换句话说，在宝宝吃奶的时候，妈妈和宝宝便会开始通过视觉、触觉、听觉、嗅觉和味觉进行交流。就在这一瞬间，一种全新的亲密关系正在萌芽。

母子间的交流是孩子体会亲密的良好开端

那么，什么是“人”？新生儿是如何像一个人而不是一个什么都不懂的婴儿那样与妈妈交流的呢？对此，一位妈妈试图如此解释（尽管她的宝宝早已不再是个婴儿）。

妈妈：女儿是一个真正的人。

我：为什么呢？

妈妈：嗯，她……我不知道。这件事说来让人感到奇怪，但是女儿真的很独立。我的意思是，虽然在所有事情上她都要依赖我，但是她……比如，她会对着某件东西挥手。这全是她自己的主意。如果是她喜欢的东西，她就会冲着它挥手。有时，她伸出小手不停摇晃，我却不知道她想要什么。那的确是挥手的动作，而并非一种无意识的行为。显然，她有自己的世界。当然，就像她无法完全明白我的世界一样，我意识到我也不能，永远也不能了解她的整个世界。（小公主，10个月）

因此，人就是一个拥有自己的思想，并能做出自主选择和决定的个体。亚历山大·皮翁泰利在对子宫里的胎儿进行开创性的观察，就把他当作“一个人”了。

孩子出生后，妈妈经常都会观察到宝宝们若有所思的神情，好像这些小不点儿正在处理头脑中形成的种种印象。即便在睡着时，他们的眼球也会在紧闭的眼睑下移动，这表明他们正在做梦。虽然身体上他们还离不开大人，但是他们似乎已经有了自己的想法。

妈妈们可能对一个广泛流传的哲学理论——“白板

说”——已经提出了质疑，17 世纪的哲学家约翰·洛克声称，新生宝宝没有任何思想。他认为，“**在母亲子宫里的胎儿和一颗蔬菜没什么分别，大多数时候无知觉、无意识，也几乎没什么反应……**”洛克相信，孩子是在出生后通过经验的积累来获得思想的。聪明的洛克向自己提出了这样一个问题：我们是何时开始拥有思想的？

即使到了今天，一些人仍认为，婴儿虽不是一块白板，但也不是真正的人。他们羡慕婴儿柔嫩的皮肤、咯咯的笑声和外表看起来可爱童真的样子，却往往会抛弃婴儿具有独立思想与情感这一事实。

还有一种忽视婴儿作为独立个体的情况，就是在与宝宝相处时，将他视为妈妈独一无二的私有财产。宝宝的确是妈妈的孩子，但他的身份却远不止于此。

一些人一直都会被看作独立的个体，而其他人则会拥有更为混杂的情感经历。然而，如果妈妈不把孩子看成是有着独立想法的个体，那么，她就无法给予孩子真正的爱，并与之建立亲密的关系。

精神分析学家雷恩·斯皮茨认为，妈妈的某些行为非常重要，这促成了她们与孩子之间的沟通。例如，一位好妈妈就好像长了“千里眼”似的，能够预知宝宝的需要，明白他哭泣的原因，听懂他的咿呀儿语，对此，我们应如何解释呢？我们通常会把它归咎于母亲的直觉和智慧。

对此，我们能否获得进一步的了解呢？我们应该用哪些词来形容母子间的关系呢？通常，我们会在一系列能够表明母子关系的词中选出最适合的词：亲密/疏远，敞开/关闭，温暖/寒冷，柔软/坚硬，轻柔/沉重，等等。你也许会想到，一个明智的妈妈可能会在两个极端之间选择一个“中间点”。这时，她可能会宣称，自己在以一种平衡或者中立的状态与宝宝进行交流。

但实际上，大多数母亲都不会这么做。通常，妈妈会将孩子紧紧地搂在怀里，让宝宝感触到自己温暖的身体。通常，妈妈的抚触强劲得足以让宝宝感受到安全，但她的敏感又足以适应宝宝各种姿势的变化。她的声音是如此轻柔，眼神中充满着柔情，婴儿的呼吸总是那么香甜，妈妈在育儿之初就选择了温暖、软和、轻柔的一端。

这或许正是新生宝宝的感受。如果妈妈正在给宝宝喂奶，她会将宝宝紧紧地抱在自己温暖的胸前；出于本能，很多用配方奶喂养孩子的妈妈也会这么做。这意味着很多孩子一来到人世，就能享受到与妈妈的亲密，因为每次吃奶的时候，妈妈总会将他们紧紧地抱在怀中。这样一来，母子间便能最大限度地进行情感交流，这无疑是孩子体会亲密的良好开端。

对宝宝说真话会令妈妈感到更加轻松

然而，建立亲密的双方需要坦诚相待。谎言和欺骗是亲密关系的敌人。这一点对婴儿来说不是问题，因为他太小，还不会说谎，但是对于妈妈则不然。妈妈的想法比较复杂，她可能会发现，诚实会给人带来痛苦，即便是对自己也是如此。

对不起，
我也不知道
该怎么做。

有人对我说，永远不要对你的宝宝说谎。这的确很管用。大儿子还很小时候，有一次，他一直哭，我笑着安慰他说："没事的，你会没事的。"其实我是在哄他，因为我的感觉并非如此。实际上，我不知道该怎么办，这让我感到很害怕。最后，我直接说："对不起，我也不知道该怎么做。"猜猜怎么样？他居然马上就不哭了。（大儿子，4 岁，小儿子，7 个月）

在与宝宝相处时，说真话会令妈妈感觉更加轻松。如果妈妈发现这一事实，她可能会大吃一惊。在此之前，她可能从来没有与人有过如此亲密的关系。

随着孩子的长大，当他们掌握了一些更为微妙的交流方式时，母子间的亲密会变得更加复杂。就连经验丰富的成年人也会发现，建立亲密关系并非一件容易的事，这取决于双方讯息的相互理解。可是，谁能做到准确无误地理解呢？即便在我们最亲密的关系中，也充斥着误解和误会。谁不曾有过这样的经历：自己短暂的沉默被他人误读成冷漠和反对？有多少次，我们想用最简单的语言去交流，但是对方的理解却和我们的表达背道而驰呢？有谁从来没有对自己说过的话感到懊恼，或是后悔没有把有些话讲出来呢？

有些人认为亲密是绝对的，就像夜晚时候的电灯开关一样，必须是开着的，而且是一直开着。然而，我们越是研究亲密关系，就越会觉得它是如此微妙与复杂。这就像我们学习使用"光调节器"和"音量控制器"来调节自己想要的光线和音量一样，保持彼此间亲密的秘诀就是要在恰当的时候、恰到好处地调整彼此间的亲密程度，这是一门艺术。

对于一位妈妈来说，“音量控制”就意味着她可以是怀抱孩子却心不在焉，也可以是身处异地却心系宝宝，其间可能存在种种变化。

那么，是不是只有妈妈可以调节“音量”吗？孩子有没有选择权呢？乍看起来，新生儿似乎是毫无选择权的。仔细研究就会发现，即便是新生儿，他也可以自主地增加或减少与外界的联系。

《社交宝贝》一书中的照片和文字告诉我们，当新生儿感到不安时，他会以某种方式减少与外界的联系。

伊莎贝拉刚出生一周。莉斯（一位成年人）走进房间，过于靠近伊莎贝拉。此时，伊莎贝拉的表情有了变化，她变得更加严肃，皱起了眉头，露出一副忧愁的样子，然后，她把头扭开，闭上了双眼。莉斯试图进一步靠近她，伊莎贝拉坚决地把头扭开，双目紧闭。

一些妈妈会学着注意宝宝发出的各种信号，并让自己变得敏感。一旦宝宝看起来不太舒服，妈妈们便会放弃之前的打算。此时的妈妈已不再感到不知所措，相反，在帮助宝宝享受母子间的亲密关系方面，她已迈出了至关重要的一步。

我相信宝宝是能听懂妈妈的话的。前几天，我太累了，不知道该怎么办，可女儿还在哭，我便对她说：“宝宝，妈妈太累了，再也撑不下去了”。接下来，我知道的事就是我们一同醒来了，因为之前我们俩一起睡着了。（小公主，2个月）

当儿子遇到力所不能及的事情，并需要我的帮助时，他就会让我知道。他会转向我求助。（小王子，6个月）

现在，我可以完全读懂宝贝发出的信号了。一天晚

上，他突然醒了，抓着他的耳朵。我知道他牙疼，需要我的安慰。我轻轻地拍了拍他，他便安静下来了。（小王子，9个月）

当妈妈和宝宝能相互理解时，每天生活中那些小小的瞬间就能为双方带来快乐。

我希望我能爱我的宝宝。但之前，我没料到我会喜欢上她。我也是刚发现，我很喜欢她。我喜欢和她在一起。和她在一起让我很开心。今天早上，她已经把我逗笑五六次了。（小公主，9个月）

我们喜欢一起出去玩。今天早上，我们去坐火车。女儿很喜欢坐火车。然后，我们去公园散步，去操场玩耍，我们玩得很开心。我们能相互理解，我能理解她，很显然，她也能理解我。每次我们准备出门时，她就去拿我的鞋子和手袋。她常逗我笑，我也常逗他笑。（小公主，19个月）

整天围着孩子会让人非常厌倦、沮丧并且筋疲力尽

亲密的关系或许暗示着温馨的一对儿，他们在很多问题上总能达成共识。然而，事实似乎并非如此。幸运的是，彼此之间总会出现和谐的瞬间。但更多时候，即便双方非常了解，有时难免会产生误解。

有好几次，我急于去某个地方，但是女儿就是不明白。她只想玩她自己的。于是，我们都朝着不同的方向拖拽对方，我们之间闹得很不愉快。（小公主，7个月）

有时，妈妈得花些时间才能弄明白孩子在抱怨什么。

儿子的耐心是有限的。早上，我常把他放在他的小椅子里，就忙前忙后地准备早餐。但每次我做好早餐准备坐下来开始吃时，他就再也受不了。于是，我现在吃早餐时，就把他抱在腿上。我想，这也许就是他想要的：看看我在干什么。他喜欢看我吃东西。对此，他似乎非常感兴趣。（小王子，3 个月）

妈妈：儿子在疲倦的时候，总会以这种方式向我抱怨。

我：你有没有觉得宝宝在责怪你呢？

妈妈：是的，我觉得他在责怪我不是一个好妈妈，没有哄他睡觉。我感觉他在生我的气。（这位妈妈把儿子抱在怀里，试图让他平静下来，然后还让他在自己的腿上有节奏地上下跳动。但是小家伙却扭动着身体，毫不领情。）但是，事实上，我觉得他并不是在生气。既然我想到了这个问题，我认为这只是我基于听觉的判断。听起来宝宝是在生气，但是他可能有完全不同的感受。事实上，我确信一定是这样的。（宝宝平静了下来，依偎在妈妈的颈边。此时，妈妈十分吃惊。）他从来没有这样过。（小王子，7 个月）

亲密的关系既复杂又微妙。在旁观者看来，妈妈和孩子之间的相处似乎非常轻松。这就像草地那样，远远看过去是一片平坦的绿色，只有亲身穿过草地的人才能真正感受到连绵不断的坑坑洼洼，通常没有太多平坦的地方。

一开始，保持亲密的连续性至关重要。妈妈和宝宝应该有足够的时间待在一起，以培养彼此之间的关系。如果妈妈不得不按劳动合同早早地重返工作岗位，这就会延缓母子间建立亲密关系的过程，并且让亲密关系的建立变得更加困难。通常，劳动合同中规定的产假时间太短，这表明母子间的亲密关系很少被人理解和重视。

妈妈和宝宝正在学着相互信任和沟通。他们已经开始在探索双方各自的期待。周围的人往往不会考虑母子间那些已经形成的默契，便草率地给妈妈提出一些建议。通常，好心人会突然出现，“让你从宝宝那里解放出来，休息一下”，而不会考虑妈妈是否真的需要这种帮助。其实，并非所有的妈妈都需要类似的帮助。

昨天，我婆婆带着儿子去散步两个小时。儿子从来没有离开我那么长时间。但是婆婆很坚持：“他跟我在一起没问题的。”然后，就把他带走了。我非常痛苦。我全身每个细胞都有这样的感受，我想儿子也是一样的。后来婆婆告诉我，儿子哭了半个小时。我问：“那您怎么不带他回来呢？”她回答说：“后来，他就呼呼地睡着了。”我很恼火，我想儿子肯定是在绝望中睡着的。(小王子，3 个月)

不过，有时妈妈也会估计错误的时候：

如果没有经历有些事，你是无法感受到宝宝和你是多么亲近。儿子睡着了，我想，我是不是可以趁这个当口去商店买点东西。我知道我不应该去——但是儿子从来都睡得很熟。于是，我给丈夫和女儿交代了一下，就出门了。到家前 5 分钟，丈夫的电话来了。我听到电话那头儿子在哭。他哭得很厉害，从出生到现在从来没有这样哭过。我到家时，儿子的状况很糟糕，丈夫和女儿都不能让他安静下来。他只要我。(小公主，3 岁；小王子，6 个月)

但是，妈妈们不该为可以暂时离开孩子而感到庆幸吗？她们不是觉得自己被循环往复的孩子看护给束缚了吗？有些妈妈承认，自己确实有被束缚的感觉。但是，我们不能以此推断每个妈妈都是如此。

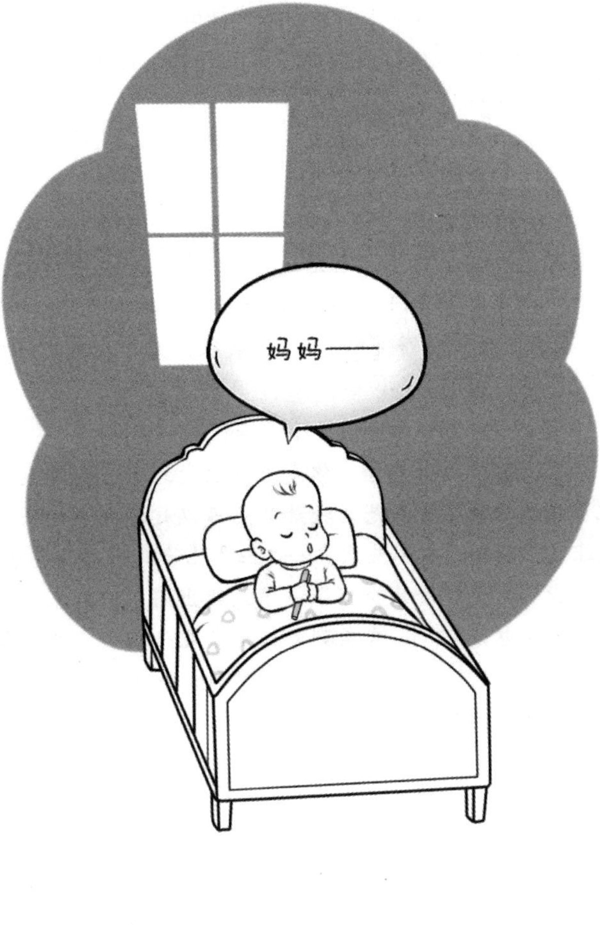
妈妈——

我觉得我需要放松一下。于是，我准备请丈夫周末帮我照看一下女儿，这样我也许可以去公园跑跑步。在我想象一番之后，我还是觉得，我并不会真的想要那么做。我只是需要这种可能性的存在，仅此而已。（小公主，3个月）

在一次聚会上，我带去了杰拉尔丁·贝尔发表在《观察者》上的一篇文章。在我朗读的一篇文章中，有这样的一句话：“……整天围着孩子会让人非常厌倦、沮丧并且筋疲力尽。”

第一位妈妈：妈妈的角色的确会让人非常厌倦……以及那位作者提到的所有状态。但是，许多人认为那就是妈妈的全部，那就是他们所看到的全部。其实，真正的故事外人都无法看到，只有你和你的丈夫才能看到。那是世界上最可爱的两个孩子带给我们的温馨和幸福。（小公主，2岁；小王子，8个月）

第二位妈妈：是的，做妈妈让我最惊喜的事情是，我是那么爱我的女儿。在生孩子前，如果别人对我这么说，我肯定不相信，我只会大笑，只当那是天方夜谭。而现在，和女儿待在一起，我真的很开心，我一刻也不想离开她。（小公主，8个月）

第一位妈妈：即便有人主动提出帮你照看小孩，你也会说：“不用了，谢谢。”以前，我确实很想得到帮助，但是现在我真不想在晚上离开宝宝。也许在三四年后……

爱的方式有很多种，这种强烈的情感联系并非适合所有人，但是它的普遍存在远远超出了人们的想象。如果母子间的关系很亲密，那么，妈妈和孩子就会感受到相聚时的轻松和分离时的焦虑。

我一直都认为儿子有分离焦虑症，他完全没有必要那样，因为我一直在他身边。但是，前几天，我在公园与人聊天，当我抬起头时，却没看见儿子，到处都没有他的身影。突然，我内心深处的恐慌一下就冒了出来（她指着胸口）。他会去哪儿呢？过了几秒钟，我看到了他。他被一个东西挡住了——我觉得是棵树吧。这件事让我有了这样的思考：儿子看不见我时，是不是也有同样的感觉？（小王子，16个月）

母子间的亲密关系也会让宝宝陷入糟糕的境地。亲密关系到了一定阶段，只要妈妈不在，宝宝便会感到若有所失。但是为什么会这样呢？为什么无一例外地都会如此呢？妈妈和宝宝到底在彼此间创建了什么呢？

那些亲密的瞬间就如同广阔宁静的大海

如果妈妈将宝宝当作有意识的个体来看待，那么，在和妈妈相处时，宝宝就会感觉既轻松又安全，这时，母子间便会感受到特殊的亲密时刻。亲密时刻的到来就如同花朵的绽放，香气四溢。于我而言，那些亲密的瞬间就如同广阔宁静的大海。亲密，无须保持一种特定不变的方式。

在母子简单平淡的相处中，亲密时刻便会不期而至，但其间却充满着惊奇。婴儿和孩童往往比成年人更容易敞开心扉，因此，与成年人相比，亲密的脚步更容易走近他们。一些亲密时光非常短暂，但是却非常强烈。有一些即便在感情上没有如此强烈，却也是涓涓细流，历时良久。

宝宝呱呱落地后，护士就抱着他们去清洗。虽然我不想他们把他抱走，但是我还是不得不和宝宝分开一会儿。然后我听见宝宝在哭，我看着丈夫，对他说：“这是我们的孩子。”我是剖腹产，有那么一刻，我心中有所疑虑，就只是那一刻，我不确定自己是否真的想要宝宝。然后，护士把儿子抱了回来，先让丈夫抱了抱，才把他放在我怀里。宝宝还在哭。助产护士说，大哭对剖腹产的宝宝有好处，但是我不忍心让他哭，我吻了吻他的额头，跟他说话，接着又吻了他很多次，终于，他不哭了，那是我最快乐的时刻。(小王子，4 个月)

前几天，女儿开心地笑了。那时，我抱着她坐在分娩球上，让球带着我们上下跳动。中间有一次，我让球把我们弹得很高，我能听到女儿真正地笑了，我能感到她胸腔的扩张。我太兴奋了。第二天，我又重试了一次，可是却不管用了。(小公主，7 周)

几个月前的一天，儿子第一次会笑时，我哭了，那是我一生中最开心的一天。起初，他的眼睛炯炯有神，眼神略带笑意，然后，笑意蔓延至他的嘴唇，接着是两颊，最后他的整个脸颊笑开了。他笑起来太可爱了，幸好我没有错过。(小王子，9 个月)

我从外面回来，走到楼下，看见女儿趴在窗口，便向她挥手，她也伸着小手回应我。接着，我看见她若有所思的样子，我就问她在想什么。她说：“妈妈，我爱你！”我感动得无法形容。我想，她这样做，一定是因为她透过窗子，远远地就看到了我。(女儿，2 岁；儿子，5 个月)

妈妈经常会发现，很难用语言来形容那些亲密的瞬间。

在谈起对孩子的感受时，你使用的语言总会显得多愁善感，即便是在和其他妈妈聊天，情况也是一样。其实，你内心真正的感受是无法用言语形容的。（小公主，1 岁；小王子，13 天）

在《哲学宝贝》一书中，发展心理学家、作者艾莉森·高普妮克试图在此书中诠释母爱的真正内涵。她的著作大多数都是有关婴儿心理发展的新近研究总结。但同时，她也是一位母亲。有时，她似乎会迫不及待地摆脱自己“研究者的声音”，因为作为一名母亲，她就能完全理解研究者们所发现的种种疑问。

因此，在书中有关爱的章节里，她突然惊叹道：“我们爱孩子，只是因为他们拥有一些我们意料之外的特质——大儿子热情四溢、才华卓越、自信满满；二儿子一头棕色的卷发，聪慧过人；小儿子笑容灿烂，湛蓝的眼睛热情四溢，心思极其细腻。”

写完这些后，想必她一定回过头来仔细阅读过，而且感觉并不满意。她又写道：“事实上，以上特质也不是能捕获爱的真正原因——我就是爱他们，甚至不是因为他们是我的孩子，而只是因为他们是阿列克谢、尼古拉斯、安德烈斯。”从她的话语中，我们能感受到一种强烈的温暖，发自内心的温暖。她所爱的——许多妈妈所爱的——是孩子所带来的持续不断的惊喜。

为什么爱的瞬间会如此重要呢

为什么爱的瞬间会如此重要呢？是因为它们能满足我

们的虚荣吗？是因为爱的瞬间让我们夸大了孩子的好，以至于由此及彼，也过分地让我们看到了自己的好吗？或是因为它是彼此间的真情交换吗？当我们为孩子感到惊叹时，我们是否能在处理生活困扰的同时，看到每个新生命身上那些易于被人忽视的纯真呢？当孩子们为我们感到惊叹时，他们是否让我们想起了自己独一无二、精彩绝伦的特性呢？

听音乐、看日出或者跑步都能让我们感受到美妙的时光。然而，两者之间的交流会产生一种神秘的能量，父母与孩子之间便是如此。那一刻，双方都能真切地感受到彼此的美好。

妈妈可以看到，自己正在帮助孩子成长，但是反过来，孩子也在帮助妈妈成长。每个孩子都有一种潜质，它能唤醒妈妈体内那些前所未知的东西。

我过去很喜欢参加聚会。上周六晚，我又参加了一次聚会，这是女儿出生后的第一次。我先给她喂奶，直到她睡着，不过，那天花的时间比往常要多得多。然后，我站起身来——说实在的，我很想补个觉，就在沙发上就好，但是最后我还是去了。那晚，我很愉快，但是那种感觉就像是我拿着望远镜在审视自己。我和朋友聊起了工作，还喝了三杯白葡萄酒，要是在过去，这点儿酒对我简直算不得什么。而我现在已经步入了人生中一个新阶段，感觉有些不一样，但又不是完全不一样，不过我确实有所改变。聚会结束后，重新回到了女儿身边，重新回归了另一个自我，我非常开心。（小公主，3个月）

当上妈妈让我进入了人生的另一个角色。我是脑力工作者，我觉得很多时候我都活在智力的世界里。但是，带女儿还需要调动全部的感官。和女儿在一起的时候，我全身的每一个细胞都得动起来。（小公主，21 个月）

妈妈：我是一名歌手，我说的是以前。当我意识到女儿需要我全身心的投入时，我放弃了自己的事业。我花了一段时间才适应了全职妈妈的角色。这种感觉很奇怪，当妈妈不像开音乐会那样，在结束的时候可以得到肯定的掌声。你要习惯没有掌声的舞台。

我：你是怎么做到的呢？

妈妈（突然笑了）：你要意识到，你并不需要掌声。（小王子，4 岁；小公主；4 个月）

通常，母子关系处于不断的变化之中。在最初的日子里，母子关系是最为亲密的。毕竟，孩子的生命是在母亲体内孕育的。然而，时间会逐渐淡化母子间的亲密。

在最初的三四个月里，妈妈在抱宝宝时，会本能地让宝宝面向自己。自此之后，妈妈会让宝宝面部朝外，好让他们能对外人进行观察。随后，宝宝开始学习爬行，他们可以随时离开妈妈的怀抱。这时，妈妈会发现自己和宝宝的身体接触少了，但二人之间的亲密仍在继续。

女儿过去总是喜欢我抱着她睡。现在我换了一种方式——轻轻地拍她的胸口，她也很喜欢，用她的小手抓着我的手。我希望以后，只要她看见我在，就可以睡着，再以后，只要她想想我，就可以入睡。（小公主，9 个月）

儿子现在很独立了。他说：“妈妈，我想和隔壁的小朋友玩儿。我可以自己走下台阶，穿过大门，然后爬上他家的台阶，再摁下门铃。我不想让你和我一起去。你不要过来说，

你要进来喝杯茶。”（小王子，4 岁；小公主，3 个月）

当孩子开始喜欢和小伙伴待在一起时，妈妈可以看到孩子会有新的变化。

第一位妈妈：在托儿所，如果有小朋友在哭闹，女儿总是第一时间跑过去挽着他说：“没事儿，别哭，有我在。你会没事的。”（小公主，2 岁；小王子，2 个月）

第二位妈妈：我女儿也一样，她会说：“别哭，我来帮你。你会没事儿的。”（小公主，4 岁）

等孩子稍大一点儿的时候，他们便会把在家庭中获得的亲密关系延伸至学校的朋友。如果孩子在家时对“亲密”已有所了解，他们在选择朋友时就会非常小心。他们并不会与所有人建立亲密关系。

孩子的身体在飞速发育。同时，妈妈们也会谈到宝宝在独立性方面的“飞速”发展。

现在我和女儿非常合拍，但几个星期前可不是这样。她总是不停地哭，我做什么都没用。这好像是一个周而复始的过程，现在我们之间又很和谐了。但是我想弄清楚一点：是她能够更加清楚地表达自己想要的东西呢？还是我们对她的理解又进了一步呢？我的回答是：两种情况都存在。这只是需要一些时间。我必须掌握这些技巧，以便能够再次使用。（小公主，14 个月）

和妈妈再次相聚时，年长一些的孩子似乎会非常珍惜此刻的亲密时光，这是人之常情。可是让我迷惑的是，很多妈妈经常跟我说，晚上无论她们怎么哄，她们的小宝宝们就是不睡。于是我开始询问妈妈们，小宝贝们当时在做些什么。

第一位妈妈说：如果儿子不想睡觉，怎么哄他都没用。他总是咿咿呀呀地跟我说个不停，还会用上他所有学到的新词语。（小王子，12个月）

第二位妈妈：我女儿也喜欢说话，不愿意睡觉。她是不想一个人待着，于是我躺在她旁边，有时我还比她先睡着。一天晚上，我听见她嘴里说个不停，然后我感觉到，她拉了被子盖在我身上！（小公主，4岁）

每当我把女儿放到床上，她会讲故事，然后唱首歌，之后便喜欢不停地说话。最近，她一直在问一首歌中那些歌词的意思，我经常不知该如何回答，因为我从来没有想过这个问题。仔细想想和女儿的这些对话，这可能是一天中我唯一能专心和她说话的时候。我注意到了，一天中她是多么耐心地在等待这一刻的到来。这让我像女儿一样，把这一刻看得很重要，要不然，我会嫌它浪费时间而草草应付。（女儿，3岁；儿子，7个月）

妈妈与孩子之间的亲密关系是相伴一生的吗

一位妈妈曾抱怨说，女儿让她无法享受沐浴时的私人空间，即便两个女儿已经到了上小学的年纪，但还是会突然闯进浴室，和正在洗澡的她说话。在那次聚会上，她的话勾起了其他几位妈妈的回忆：

“我过去很喜欢跟妈妈在浴室里说话。”

“妈妈洗澡时，我总喜欢走进浴室和她说话。”

“这让我感觉很亲密；她什么都没穿，这种时刻似乎很特别。”

从上述谈话我们似乎可以看出，对孩子来说，能与妈妈亲密地交谈是多么珍贵。

妈妈与孩子之间的亲密关系一旦建立，就是相伴一生的吗？是不是双方都可以根据自己的意愿收放自如呢？这是个复杂的问题。我认为，真正的亲密关系是相伴终生的且不可逆转的，即便大多数孩子长大后，为了能相处融洽，都想和妈妈保持一定的距离。其实，很多妈妈同样也很难记起孩子小时候的样子，这听起来似乎有些奇怪。

一位妈妈有着这样的思考：

我认为，忘记孩子儿时的模样是一种自然的分离方式。尤其是儿子，你们曾经那样亲密，你甚至都不忍回忆从前：我曾经给你洗小鸡鸡、小屁屁。他们需要与曾经的一切分离开来。（小公主，2 岁；小王子，6 个月）

然而，在必要时，早期的母子亲密关系似乎可以再次萌生。这时，相互理解通常显得尤为重要，特别是在遇到某种危机的时候，它会以非常强烈的方式的重新显现。

有时妈妈可能会背叛这种亲密关系。例如，一位妈妈可能和宝宝很亲密，然后，一位朋友打电话来了，她和朋友说话的语气也很亲密。在交谈中，她告诉朋友关于宝宝的一些趣事。然而，即便是小孩子，也能感觉到妈妈声调的变化。如果妈妈经常这样变换语调，孩子会感到非常不安。

同样，当妈妈发觉宝宝做了错事时，妈妈发现，自己很难调和内心的爱和当时的愤怒。通常，她可能把孩子看成是个可爱的“你”，但生气时，她嘴里还是把宝宝称作“你”，而变换的音调表明宝宝已成为了“它”，一个她毫不怜惜的外来生物。这时，孩子可能会再一次被这个表里不一的“你”吓到。

然而，敏感的孩子们会逐渐长大。如果他们习惯了这两种关系的来回转换，那么，他们必能运用自如。

一些亲密关系通常会陷入困境。通常有两种情况会造成这种局面：要么是妈妈与孩子的距离太远，要么是妈妈过分地干涉孩子的生活。这两种情况都很容易发生在我们身上。然而，当我们触及这两个极端时，孩子们都会有所反应，于是，我们就获得了调节自身行为的机会。在任何情况下，妈妈身上的些许缺点似乎还不至于酿成大祸，因为对此一定有非常宽泛的“错误余地”的存在。但是，如果妈妈总是不顾宝宝发出的信号，那些母子关系便会误入歧途。

有没有什么秘诀可以促成良好的亲密关系呢

如果妈妈与宝宝之间的关系处于“疏远”的极端，通常，她们会让自己远离宝宝，即使母子二人一起时，她也会表现得非常忙碌，以此来疏远宝宝。这会使宝宝充满无限的渴望，希望能与妈妈有更多的交流，同时也会使宝宝有被忽视和被嫌弃的感觉。

我妈妈身上并没有太多的母性。她过去常常说，希望永远都不要生孩子。（小王子，6周）

妈妈生我的时候还在学校上学。当时，她并不重视我的到来。出生后，我就被带走了。我不知道半岁前是谁在带我，从来没有人跟我说起过。半岁的时候，我回到了妈妈身边，但我和妈妈之间从不曾建立起亲密的纽带。我在想：6个月！她错过了和我交流的6个月，可以了解我的6个月。我非常了解我的女儿，知道她是谁，而我妈妈从来不曾做到这一点。（小公主，4个月）

妈妈那时总是埋头看书，我们兄弟姊妹五个常说，只有把炸弹放在她面前，才会引起她的注意。（小公主，7个月）

另一种极端的情况是：妈妈总是担心与宝宝的距离太远。她们通常会撇开所有事情，一心扑在孩子身上。她们总是不观察宝宝的反应，不管他们是否已经达到忍耐的极限。于是，要不了多久，孩子可能就不再有任何反应。相反，妈妈们会让自己累得筋疲力尽。她们经常会说："一天下来，我再也动不了了。""我完全蔫儿了。""我得休息一下。"即便这样，妈妈在筋疲力尽的同时可能还会责备自己做得不够。事实上，妈妈和孩子都希望减少交流，但是"固执的想法"却让妈妈担心自己没能做个好妈妈。一位妈妈突然大声说道：

"我讨厌这样的日子，讨厌，讨厌透了，从早上醒来到晚上躺下，每一刻都令人讨厌。我过去有自己的生活，生孩子前有那么多兴趣爱好。我爱看戏剧，我是个忠实的戏剧迷。过去，我喜欢下午4点的时候就看看手表，然后决定晚上要看的剧目。我会打个电话，订好位子，到时间就出发。我喜欢那样的生活。而现在我已经连续19个月没做其他任何事了。"

只有把炸弹放在妈妈面前，才会引起她的注意。

我：“你真正讨厌的是什么？”

妈妈：妈妈的角色。这样说是对母亲这个神圣的角色的亵渎，不是吗？但是，你脑中根本就没有留给自己的思维空间。我得逗她开心，想想全天有哪些事要做。这简直太无聊了。通常我会看着手表，然后想：离她睡觉还有3个小时的时间。

我：我注意到，你说的是你讨厌这样的日子，并不是讨厌你的女儿。

妈妈：我不讨厌她，我爱她。但是，我很难将两者分开。（小公主，19个月）

即使这位妈妈声称讨厌这样的日子，但她承诺会继续坚持下去，这深深地打动了我。然而，我同样在想，她与女儿之间的亲密关系能否令彼此感到舒适。

有些妈妈在寻求牢固的亲密关系时，所采用的方式完全否认了孩子独立的个性。弗吉尼亚·伍尔夫在洞察了母亲与同父异母的姐姐（斯特拉）之间的关系后，给出了这样一个例子：“她们俩一个像太阳，一个像月亮；妈妈积极，态度明确；斯特拉则显得被动，只是一味地接受。”伍尔夫还讲了很多她们之间的细节。她对两人之间这种亲近得可怕的亲密关系做了如此敏感细腻的描述，这是我前所未见的。

成年人在建立亲密关系时，最常见的担忧有两种：一种是被他人遗弃，另一种则是被对方压得喘不过气。在与宝宝相处时，如果妈妈不顾及宝宝的感受，那么，她们采用的方式似乎和上述两种方式颇为一致：一种是即便和孩子在一起，也是沉默寡言，感情疏远；一种是距离过近，让人无法忍受。

如果孩子和妈妈没能建立起愉快的亲密关系，通常，他们会渴求爱的出现，渴望能建立起成人之间的互爱关系。然而，一旦他们内心的柔软之处遭到了伤害，在以后的生活中，他们就会变得非常警惕，以免自己再次受到伤害。

有没有什么秘诀可以促成良好的亲密关系，避免这两种极端的发生呢？这样的问题听起来合情合理，但是似乎并没有放之四海而皆准的答案。

一开始，如果妈妈和孩子没能建立起亲密的关系，那么，多年之后，如果她想要做些补救工作，她应该怎么做呢？答案可能有很多种。如果能听到妈妈们的做法，这倒是一件很有意思的事。

远离母爱的孩子该如何学会与人建立亲密关系呢

那些幼年丧母的孩子该如何学会与人建立亲密关系呢？通常，这些孩子对自己缺失的母爱非常敏感。《英国卫报》报道过这样一则故事：一位女士千方百计地寻找自己的亲生父母，但是一直没有任何线索。她只知道，妈妈把她托付给了为她接生的一位助产护士。这位上了年纪的助产护士过着几乎与世隔绝的生活，她几乎是在一幢沉寂的屋子中长大的——没有声音，没有欢笑。在她接近80岁时，她描述说，妈妈的缺失对她造成了巨大影响，并且“她时常感到，自己的一生只是与现世匆匆地擦肩而过，这样的感受徒增了她内心的不安。”

“只是与现世匆匆地擦肩而过”，这是她在妈妈缺失的环境中长大的感受，或者说，是没能和抚育自己的助产护士建立起亲密关系的感受。我们很容易忽视的一点是，亲密关系尤为重要，即便它本身并非完美。早期的亲密接触似乎显得至关重要，它能使我们懂得自身的重要，懂得妈妈与我们休戚相关的联系，因此，我们会感觉生活是踏实的、有根可寻的，自己也不再是个与现世擦肩而过的过客。

通常，孩子身边的成年人远不止妈妈一个。即使妈妈不在，由于特别渴望拥有和妈妈间的那种亲密关系，宝宝会寻找别的成年人作为建立亲密关系的对象，可以是奶奶、阿姨、邻居或者老师。妈妈不在时，一些爸爸发现，自己也能给予宝宝母亲般的温柔。

即便如此，并不是所有人都推崇这样的亲密关系，因为它们显得似乎太过了。奥尔德斯·赫胥黎的著作《美丽新世界》于 1932 年出版，书中提到，新的人类社会是由十个操控者控制着，其中一位非常清楚以前那个“糟糕的”旧世界，那时，孩子由妈妈们亲自养育。这位操控者向一群学生讲述了一段久远的“历史”：

那时，家庭成员间的关系是多么令人窒息，多么危险，多么疯狂而又令人厌恶。妈妈狂热地想着自己的宝宝（真正是她自己生养的宝宝）……“我的宝贝，哦，哦，依偎在我的胸前，看着他稚嫩的小手，还有那嗷嗷待哺的神情，我痛并快乐着，这种感受无以言表！宝宝睡着时，嘴角边还挂着白色的奶泡。我的小宝贝睡着了。”学生们个个面带惊恐，这个操控者接着说：“事实就是这样的，你们被吓到了吧？”

赫胥黎清楚地认识到一点：要建立不带个人感情色彩的

人际关系，必须从婴儿时期就着手进行。他发现，妈妈与宝宝的亲密关系中充盈着母爱，这使得宝宝在以后与他人建立人际关系时，也会倾注进自己的个人情感。

要是赫胥黎至今仍活在世上，他肯定会注意到，专为婴儿以及儿童服务的群体看护机构在不断增多，除此以外，人们的观念也在随之变化。有时，根据人们的描述，专业看护比妈妈的亲自照看显得更好。“……在托儿所……您的孩子可以学会怎样与人合作，如何独立、自理，甚至如何交朋友，这些是他在家里无法学到的。”

如果一个孩子由多人共同抚养，而在此过程中，他并没有和任何人建立起亲密的关系，那么，情况会是怎样的呢？据我的观察，这些孩子长大后通常会非常友善，而且极易相处。他们可以轻松自如地适应恶劣的社会环境。他们不会动不动就心生抱怨。他们经常能从物质财富中寻求快乐，因为对他们来说，物质财富带来的愉悦要比人可靠得多。他们能力强，幽默风趣，懂得享受生活。

这些孩子似乎不会出现难以融入，或者丧失个性的社交问题。相反，越来越多由妈妈养育长大的孩子通常会出现类似的问题。他们能够分享，也能达成妥协。他们生活愉快，善于自我调节。这样的事实证明，他们的养育是成功的。相反，那些在妈妈的呵护下长大的孩子则处于劣势，因为他们的适应能力较差。

这些孩子真的这么完美吗？如果一个成年人几乎从来没有获得过母爱，当他想要与人建立亲密关系时，情况会是怎样的呢？只有这时，真正的问题才会出现。如果一个人在童年时期一直在学习如何适应别人，避免成为累赘，那么，他或许完全不会知道如何与人亲近。与人亲密也不是简单地在一起，或是尊重他人的个性。那是一种由妈妈言传身教的艺术。试想，如果你被一个人深深地吸引，却由于缺乏与人亲密的经历而无法与他亲近，这是一件多么可怕的事情！

我们当中有一半的人，在此问题上都深陷进退两难的困境，从逻辑上讲，这意味着，我们的社会严重缺乏这样的妈妈——她们能让孩子学会与他人亲密相处。很多妈妈生完孩子后，早早地就返回了工作岗位，这使得母子间的亲密关系不能继续深入，而是更多地变成了一种努力维持的状态。然而，尽管妈妈已是筋疲力尽（一边要照顾宝宝，一边要兼顾工作），但是对于那些已经和宝宝建立起亲密关系的妈妈来说，通常，她们都会设法让母子间亲密的关系得以延续。

很多妈妈并没有感觉到，自己在家里的角色非常重要，于是，她们早早地就返回了工作岗位。她们并不是真的不能与宝宝建立起亲密的关系，而是许多妈妈从来没有想过，亲密关系的建立其实也是她们养育子女中不可分割的一个部分。

第三章

从二人世界到三人之家，妈妈应该怎么做

妈妈和宝宝成了一对儿

初为人母的妈妈开始与宝宝建立起亲密关系时，她与丈夫之间的关系会发生怎样的变化呢？在这之前，大多数夫妻都享受着亲密无间的二人世界。然而，随着宝宝的到来，夫妻俩还能否在这种变化中延续他们的亲密关系呢？

许多夫妻都说，他们在适应宝宝的过程中会经历一些波折。宝宝需要精心的照料，通常情况下，宝宝得到的大部分照料都来自于妈妈。从一开始，夫妻间亲密的二人世界似乎就会蒙上一层阴影。在宝宝出生以后，过不了多久，夫妻间的某些关系就会变得非常平淡，直到夫妻俩彻底决裂。一些妈妈因此成为单身母亲，其他一些妈妈则会找寻新的伴侣，带着孩子与他人组成新的家庭。还有一些妈妈会与他人保持同性恋人的关系。

然而，我想探讨的是生活在一起的异性恋夫妻。重要的是，我们要弄清夫妻间的二人世界演变成为三口之家的整个过程。在宝宝出生之后，夫妻间的亲密关系会发生翻天覆地的变化，再也不能感受到以往的亲昵与温柔。通常，妈妈们会讲述自己面临的一些巨大挑战和种种问题。然而，在种种艰难险阻的背后，她们对伴侣的爱仍在不断发展，并且会日趋成熟。一些夫妻在组成家庭之时，还带着与前妻（或前夫）所生的孩子。然而，对于在这种复杂家庭环境中所产生的种种问题，夫妻间则需要更多的包容。

当夫妻俩得知一个小生命正在孕育时，情况便发生了改变，这种改变就像是：从此，夫妻双方将分道扬镳。夫妻双方都在“期待着宝宝的降生”，但是他们期待的方式却完全不同。通常，从少女时代开始，女性就想着拥有自己的宝宝。怀孕以及宝宝成长过程中的种种巨大改变都将在她的体内进行。在这一阶段，父亲的作用并不是非常重要。在分娩之前，即将出生的宝宝似乎在很大程度上都是“与妈妈相关”。

爸爸在怀孕期间的参与完全是自愿的。甚至在分娩之时，他都无须在场。在分娩的第二阶段，当妈妈按照惯例接受麻醉时，分娩就便进入了医疗程序，爸爸则不用参与其中。而在自然分娩的整个过程中，从进入分娩阶段开始，许多妈妈都处于清醒状态，并且能够积极地配合。爸爸们发现，在这件事上，他们能够起到非常重要的作用。

如果爸爸在场，对于夫妻双方而言，这都是一种亲密的体验。虽然爸爸很难将分娩的过程与自己男性的躯体联系起来，但是他能够从情感上拉近与伴侣之间的关系。突然，他们都能看到自己伟大的爱情结晶。他们私密的行为为彼此带来了全新的生活。如果宝宝源自人工授精，爸爸会感到，分娩的那一刻就是夫妻愿望实现之时。对于每一位爸爸来说，分娩可以成为记忆中尤为特别、难以置信的一刻。

宝宝降生之后，通常都会被放入妈妈的怀抱。大多数人意识到，妈妈想要搂抱宝宝的愿望非常强烈。然而，在分娩的过程中，如果夫妻关系非常亲密，难道爸爸的双臂就不想为宝宝敞开吗？毕竟，这是他第一次与宝宝直接接触。

在宝宝出生之后，先生抱着儿子，而医生则在为我清洁身体。之后，宝宝被放入我的怀中。之后，医生要求丈夫回家（晚上的时候离开医院）。丈夫告诉我，他一回到家，心里便有了种种疑虑。他想：哦，天啊，我想我不够爱我的儿子。

第二天早上，当他回到我们的身边，再次抱着、看着儿子时，他说，那种感觉一下子就没了。（小王子，4 个月）

根据这样的描述，对爸爸来说，与宝宝进行身体接触的机会似乎也非常重要。因为自身的生理特征，此时，爸爸在了解宝宝方面要比妈妈滞后一步。

回到家，他们的人生就发生了改变。如果妈妈采用母乳喂养，宝宝在吃奶时，妈妈可能一坐就是几个小时。爸爸看着母子俩时，心里可能会感觉暖融融、乐滋滋的。

丈夫喜欢看着我给女儿喂奶。我想，他会觉得这一刻太美好了。（小公主，8 周）

看着妻子与宝宝早期的亲昵行为，爸爸会感到自己也在参与其中，并且很想要为他们提供保护。他会非常乐意地给予母子俩实际的支持，多年以后，当妈妈回忆起这些曾经的点滴时，心里一定会充满无限的感激。

丈夫回到家，我告诉他："我饿了。"我似乎一整天都在给女儿喂奶。他就坐在我的身边，拿着三明治喂我。（小公主，22 个月）

然而，并不是所有爸爸的感觉都是积极正面的。不管宝宝是吃母乳还是配方奶粉，通常，妈妈都承担着大部分的看护工作。因此，一些爸爸会觉得，妈妈和宝宝成了一对儿，而自己却被排除在外。夜晚似乎永远都不得安宁，因为妈妈需要全身心地照看宝宝。起初，特别是在晚上，爸爸们说，他们感觉并非是得到了一个孩子，相反，倒像是失去了妻子。

在宝宝出生之前，大多数男性都能得到妻子的照顾。然而，一旦妻子做了妈妈，她就会将注意力从成年伴侣身上转向襁褓中的宝宝，所以，面对情感照顾的大量减少，男性必须努力去适应。

一些爸爸感觉，自己似乎是在和宝宝竞争，以寻求爱人的关注。听妈妈们讲，孩子的出生似乎会勾起爸爸们儿时痛苦的记忆。他们当中有一些人由于弟弟或妹妹的出生，突然就失去了与妈妈亲近的机会。新生宝宝的到来就如同那段痛苦经历的重演。一些男性会提出抗议，说话的方式就像年长的哥哥，而不是孩子的爸爸：“好像从来都轮不到我。”“好像宝宝永远都杵在那里。”“为什么我就不能成为你的宝贝呢？”其他还有一些男性则会放弃竞争，内心无所依从，非常沮丧。

爸爸成了陌生的局外人

此时，夫妻间的关系处于极不稳定的状态。新妈妈可能会感觉筋疲力尽，她还处于生产后的恢复期，所以还不能自信地与丈夫再次交欢。但是，她会渴望得到丈夫温柔的呵护，并且希望丈夫能肯定自己全新的角色（孩子的妈妈）。如果爸爸感觉非常疲劳、对自己缺乏信心或者觉得自己遭到了伤害和拒绝，他可能会忽视此时妻子的内心是多么脆弱。

今天早上，丈夫出门之前我问他能否为我泡杯茶。他回答道：“要是我去泡茶的话，待会儿就会迟到。”我再也无法抑制内心的情感，眼泪哗哗地流了下来。（小王子，2 周）

以前我一直认为，夫妻双方应该共同承担照看子女的责任。一直待在家里照看女儿，我感到非常迷茫。我不停地对女儿说：“你想要什么，宝贝？你想要什么？”当先生要回公司上班的时候，我很想哭，“把我一起带上吧！”（小公主，2

个月）

丈夫不能拿到来此居住的签证。他住在另一个国家。我并不是想从他那里得到实际的帮助，我自己能够应付所有的事情。但是，我就是想要多一个人给我出出主意。如果女儿身上长小红疹了，我就能问他："你觉得应该怎么办?"（小公主，2 个月）

妈妈长时间地照看宝宝，这会使夫妻间产生一种分离感。如果妈妈们24 小时全天候地照看宝宝，她们就能更快地了解宝宝的情况，这时，她们会获得一种优势。当夫妻俩的二人世界发展成为三口之家时，这种优势既可以被妈妈们用来帮助全家顺利地度过敏感期，也可能成为敏感期内妨碍家庭关系的罪魁祸首。

妈妈可以利用她对宝宝的全新了解，来弥合她与爱人之间的鸿沟。（"瞧！你在房间走动的时候，宝宝老是不停地把身子转过来对着你。"）此外，她也可以利用自己的优势来充当宝宝"专家"，将爸爸驱逐出局。她可以将曾经与丈夫亲密的二人世界转化为她与宝宝的二人世界。（"你回家太晚了。宝贝太累了，不能和你玩了。你去吃饭，我来哄他睡觉。"）在这种情况下，爸爸成了陌生的局外人。安德妮·伯杰斯是父亲研究所的主任，她说，如果夫妻双方不停地重复这样的角色，那么，"他们之间的关系将会陷入困境。"

在传统的家庭中，爸爸和妈妈发挥着截然不同的男女作用。然而，现如今，在工作和家庭中，这样的差别正在发生改变。或许妈妈会要求爸爸提供一些小小的帮助，然而，爸爸根本不知道干净的婴儿背心在哪里——或者妈妈要求他做的其他事，他也一无所知。爸爸会认为，这是"妈妈的职责”，这种情况往往会让妈妈勃然大怒，因为妈妈会感觉，丈夫把她和宝宝置于与他毫不相干的境地。

先生这周去国外出差了。他发短信告诉我，他一直都在看女儿那些漂亮的照片，那是我之前发给他的。而那时，我正在清理宝宝的粪便，感觉有些恶心。我和他不同……我们俩所扮演的角色（爸爸和妈妈）非常传统。（小公主，4个月）

丈夫的角色通常只是孩子的爸爸，他不会有和我一样的感受（关于做妈妈的感受）。（小王子，6个月）

在这一阶段，宝宝能给予妈妈的某些东西是爸爸所不能给予的。宝宝会全身心地接受妈妈，从里到外，他对妈妈了解得非常透彻。在妈妈满足宝宝的需求时，比如，给宝宝喂奶，他可能会拍打妈妈的乳房，然后快乐地哈哈大笑（大一点儿的宝宝会这样做），这时她会感到，宝宝对自己很满意。在我们的生命中，很少有人感受过如此包容的爱，这种感受相当美妙。妈妈可能会感觉，自己与宝宝关系非常亲近，同时，她也会将宝宝那种带着感激的爱与丈夫的种种抱怨加以对比。

为什么新爸爸们经常都会心生抱怨呢？身为人父，这听起来并不是件容易的事。如果在家庭中只有爸爸一人挣钱养家，那么他可能就会努力地为家庭工作。回到家中，他会想：现在可以放松一下了。然而，在实际生活以及情感方面，许多妈妈都过分依赖丈夫的支持。相反，在传统社会里，妈妈能够从自己的母亲、女性亲戚或者女性邻居那里获得这种支持，人们也不会想着让妈妈独自一人照看宝宝。现如今，大多数的女性亲戚、朋友以及邻居都在工作，因此，要从他们那里得到相应的支持，这是不可能的。爸爸或许会惊奇地发现，他许多的“自由时间”都被妻子重新定义为“家庭时间”了。

第一位妈妈：非常糟糕的是，我会有种种的期待。我盼望着周末的到来。而当周末来临的时候，只有更多的工作，完全没有休息。丈夫不做饭，也不给孩子换尿布，甚至也不洗碗。最后，我感觉非常失望。看来，期望还是现实一点更好。（大儿子，2 岁；小儿子，7 个月）

第二位妈妈：但是，如果完全没了期望的话，这也不行，是吧？你心中需要周末的“灯塔”……星期五的晚上……（周围的妈妈都表示赞同。）（小公主，7 个月）

儿子为我们带来了最美好的东西，同时也带来了最糟糕的东西。他把我们变成了父母，但是我从来没想过，我和丈夫之间会有这么多争吵。然而，现在我们一旦发生争吵，很快就可以停下来。大多数时候，我们争吵的原因都是因为我认为丈夫对儿子的付出不够。他是我们两个人的孩子。（小王子，11 个月）

听了妈妈们的倾诉，我明白了，种种误解的产生都源于爸爸们的想法：他认为，职场的工作是事先安排好的，对此，他无法改变，而与家人待在一起的时间似乎应该是自我放松的时刻。然而，在照看宝宝的一整天里，妈妈通常会有更加周密的安排。或许，妈妈会让爸爸在自己冲澡期间为宝宝更换尿片，她会为丈夫准备好所需的一切，然后自己抓起毛巾，走进浴室。在她看来，她已经简化了丈夫所要做的工作，在这种情况下，为宝宝更换尿片会是一件快乐的事。妈妈与爸爸达成的交易似乎非常慷慨，但是爸爸却有不同的理解。爸爸意识到，自己从来没有足够的时间来陪伴宝宝，此刻他认为，在妻子洗澡期间，这是与宝宝玩耍的绝好机会。是的，爸爸知道，妈妈之前让他更换尿片，但是他认为这并不重要。

妈妈们怎么获得爸爸们实实在在的帮助

有时，妈妈会重返工作岗位，而爸爸则会承担起看护孩子的主要责任，这也合情合理，但这种情况是在近年来才开始出现的。在这种情况下，就父母对于闲暇时间及工作时间的态度而言，许多调查数据就会完全颠倒过来。

为了支撑整个家庭，传统文化中的男性可能会远离家庭而拼命工作，他们经常会抱怨说，在回家时，他希望能够从伴侣那里得到更多身体上的关爱。然而，许多妈妈期待着丈夫的回归，希望他在家的这段时间，自己能从辛苦的宝宝看护工作中恢复过来。对于这两种看似完全相反的需求，一个很好的解决办法就是，在爸爸搂抱孩子的时候，妈妈可以腾出一点时间给自己。

我先生工作非常努力，他说："我要为女儿努力工作。"我的父亲曾经也非常努力地工作，但是他和我们从来没有过任何互动。我希望女儿有个好爸爸。我希望先生能多抱抱她，并且享受这样的时刻。我希望他能够体会到我现在所体会的东西。（小公主，4 个月）

与宝宝在一起时，一旦爸爸能体会到快乐的感觉，这时，三角形的家庭关系就会随之形成。

现在，女儿躺在先生的怀里，也能睡着了。先生喜欢这样抱着她。我想，这可能是这家伙最喜欢做的事情之一了。他想一直抱着女儿，不情愿将她放下。他一直抱着她，还对我说："我觉得她还没有完全睡熟。"（小公主，9个月）

儿子和我们睡在一起。起初，先生不太喜欢，但是现在他和儿子建立起了感情，并且非常喜欢和儿子一起睡。一天晚上，我收起双腿，膝盖就立了起来。突然，先生伸手抚摸我的膝盖，动作非常轻柔，这种感觉美妙极了。他在我耳边轻声地说："老婆，我以为是宝宝顶着毛毯坐起来了呢。"（小王子，10个月）

并非所有爸爸都喜欢这种状态，但是有的妈妈们认为，尽管爸爸们说他们想得到更多做爱的机会，但是，他们可能低估了自己（作为爸爸）想要搂抱宝宝的需求。

第一位妈妈：先生一直在说，他想我们能有单独相处的时间，我觉得能有这样的机会固然是好，但是我觉得，我的需求并没有他那么强烈。（儿子，4岁；女儿，10个月）

第二位妈妈：先生想有更多时间能与我单独相处，他说，他非常想念以前的二人世界，于是，我只好尽量抽时间满足他的要求。（小王子，13个月）

第三位妈妈：对我来说，女儿是排在第一位的，其次是儿子，最后才是先生。先生肯定是排在最后的。我在想为什么会是这样。先生想和我做爱，但是对我而言（苦笑），做爱只是我睡觉之前需要完成的另外一件事情而已。（儿子，3岁；女儿，11岁）

第四位妈妈：你们是不是觉得，比起男人，我们得到的搂抱机会更多一些？我一直都在抱女儿，我搂抱的需求从中得到了满足。所以，当回到家时，我想一个人待着，离他远

嘘—别出声！
我觉得她还没有
完全睡熟。

点，但是他很想靠近我，拥抱我。（小公主，11 个月）

（其他妈妈说，她们觉得这样的观点对她们很有帮助。）

这的确非常有趣。如果新爸爸们感觉自己被排除在了妈妈与宝宝的二人世界之外，加上他们很少有机会拥抱妻子或者宝宝，难怪一些爸爸会告诉自己的爱人，在宝宝出生后的前几个月，他们会感到孤独、凄凉。

然而，由于自己想要去搂抱宝宝，一些男性似乎会因此而感到自责。

第一位妈妈：当女儿哭泣的时候，先生不想让我把她抱起来。他想培养女儿的独立能力，但是我看到，在女儿哭的时候，他会把她抱起来，然后轻轻地摇晃。我感觉，对此，他的内心也很矛盾。（儿子，3 岁；女儿，4 周）

第二位妈妈：我先生也是一样。他一直对我说：我们不要理会儿子的哭闹，这样，他就会慢慢学会一觉睡到天亮。然而，前几天，宝宝哭了，先生马上就把他抱了起来。他说："我正在变成一个十足的软蛋。"（小王子，9 个月）

如果我们能从男性那里了解到，他们在搂抱宝宝时是否会感到尴尬，这会是一件非常有趣的事。这会不会使爸爸们更难以在家庭中找到归属感呢？

如果我们受他人雇佣，便会得到报酬，所以，这种工作的价值非常明显。而养育子女却得不到任何报酬，所以，这似乎没多大的价值。疲劳的父母很容易轻视彼此在育儿方面所做的工作。一些妈妈说，她们的丈夫抱怨称，妈妈们的产假太长，她们应该赶紧回去挣钱。相反，妈妈们则抱怨说，除非自己一再要求，爸爸们很少给予自己实实在在的帮助。

有一些研究表明，如果丈夫能为自己洗碗拖地的话，新妈妈们会无比感激。因此，当妈妈们说，她们并不只是需要实实在在的帮助，这并不是说洗碗并不重要。但是，爸爸们若能给予妈妈们一些实实在在的帮助，她们便会非常感动：

作为妈妈，你看不到任何前途，并且你也没有退路可走。如果儿子的事处理起来非常困难，并且我又不能理解他的话，我只想一死了之。但是，先生傍晚回家时对我说："你今天过得很糟吧？"这时，对我来说，过去的一切都永远地结束了。（小王子，3 个月）

之前，我妈妈和我一起待了两周。她走之后，我就崩溃了。我感到非常沮丧。我打电话给正在上班的先生："你必须回家，我受不了了。"我认为，他会立即冲回家。但让我吃惊的是，他对我说："加油，老婆，你能够跨过这道槛的，我知道，你能行。"他真的给了我莫大的支持。（小王子，3 个月）

在我们家，妈妈扮演着重要的角色。每个人都知道先生在忙着挣钱，但是我也有很重要的工作要做。先生说，如果他对我没有信心的话，那么，他在工作时，注意力一刻都不能集中。（儿子，4 岁；女儿，12 个月）

这听起来好像爸爸什么也没做，但是事实并非如此。妈妈们说，如果她们知道丈夫对自己的确非常信任，情况会完全不同。

难道妈妈们已经完全失去了浪漫情怀吗

通常，妈妈们希望自己能反过来支持爸爸。可以确定的是，在早期的夫妻关系中，她们也曾扮演过这样的角色。但是，宝宝一旦降生，妈妈就需要把大量精力放在宝宝身上。

公公突发心脏病——至少，我们认为是心脏病——我们全部人都涌向了医院。他坐在床上，看起来很好。谢天谢地，我们的预测非常正确。但是，我突然意识到……（她突然抬起双手捂住脸，然后泣不成声。）对不起。我不知道我会有如此强烈的反应。我对丈夫充满了愧疚。我们之间从来没有时间交谈。要么是丈夫在照看儿子，要么是我。我问过丈夫感觉怎么样，但是我根本不知道他的真实感受。我确信，他感觉到了这一点。（小王子，6 个月）

丈夫傍晚回家的时候，我很烦躁。坦白说，这是因为在我试图倾听他讲话的同时，女儿也需要我全身心的投入。（小公主，20 个月）

这些都是妈妈们真正担忧的问题。从中我们可以看出，妈妈们想在照顾宝宝之余给予爱人更多的关爱，并且，头脑中突然闪过的念头告诉她们，自己的爱人此时过得并不容易，即便他们照看孩子的时间相对较少。

先生出门上班时我非常羡慕，但假如你真去上班的话，就会发现工作并不是终极的解脱。你有这样的想法，仅仅是是因为你现在不能上班。先生经常觉得自己没有足够的时间来关注孩子。（在场的所有妈妈都同意她的看法，并纷纷表示，她们的丈夫在外工作时，也会非常想念孩子。）（大女儿，4 岁；儿子，2 岁，小女儿，3 个月）

人们普遍有一种观点，认为女性应该负责培育夫妻间的感情。于是许多妈妈都觉得，安排特别的夫妻时间是自己义不容辞的责任。

身边的人都说，我应该抽点时间与丈夫一起出去走走。我这样做了，感觉非常好。但我并不轻松，我注意到我的双肩绷得很紧，一路上我都在屏住呼吸。坦白地说，我认为这样做根本就不值得。我家有个面向公园的小阳台，我们可以点上蜡烛，倒上葡萄酒，这样，我就能放松下来了（因为女儿会在我们的旁边）。（小公主，3 个月）

一天下来，我非常疲惫，但先生说他很想我，对此，我感到非常难过，所以，有时我们会一起在家看电影。但每次看电影的时候，我都在心里计算，我又失去了多少睡眠时间。（小公主，4 个月）

我不喜欢把内心的感觉说出来，但以前先生不在身边的时候，我确实更加轻松。现在，当我晚上感到疲惫的时候，我却不能入睡，因为我觉得我应该和先生谈一谈。（小公主，10 个月）

难道妈妈们已经完全失去了浪漫的情怀吗？在倾听妈妈们的心声之后，我们感觉，在不经意间，身边细微的小事似乎就能重新点燃她们心中浪漫的热情。比起那些犹如履行责任般的种种努力，这似乎要奏效得多。

前几天我们去购物时，看到咖啡店里坐着一对夫妻，他们似乎拥有无穷无尽的时间。他们有时间慢慢地品尝手中的茶，显得非常悠闲。我指着他们对先生说："看见他们了吗？你还记得吗？我们过去就是那个样子。"（大儿子，2 岁；小儿子，3 个月）

有了孩子之后，我认为，你没有必要一出门就带上他们。我知道许多人有完全相反的看法，但我却不敢苟同。前段时间，先生和我出门时只带上了小儿子，我们把他放在背包里，背着他进了城。"嘿！太棒了！"我们感觉非常浪漫，就像我们只有一个孩子一样。（大儿子，6 岁；二儿子，4 岁；小儿

子，4 个月）

前几天，我和先生一起出门，我的姐姐暂时帮我照看儿子。我们只是到屋子前面的拐角处去买咖喱粉，但我们始终都牵着对方的手。14 个月以来，这是我第一次没有带着儿子出门，一路上我们都在谈论儿子，或者说，儿子和先生的工作。（小王子，14 个月）

爸爸与妈妈之间的冲突是不可避免的吗

一些人认为，爸爸与妈妈之间的冲突是不可避免的。的确，现实很不公平。难道就没有办法可以将照看孩子的任务一分为二，从而让爸爸们承担更多责任吗？如果爸爸和妈妈能平分照看孩子的责任，难道不是很有好处吗？居住在波士顿的艾米和马克瓦谢接受了这样的观点，他们创建了一个组织，名为“育儿责任共担会”。妈妈们在赞扬父母平等时，经过一番思考之后，她们通常会说，如果别人把她们与自己的丈夫平等对待，她们会感觉自己受到了侮辱。

我认为，现在的男人已经明白了，他们在下班回到家之后，应该承担起照看子女的一半责任。我先生确实想这样做，但他做不到急匆匆地赶回家后就马上投入家务工作。他必须先问我要做些什么。噢，我不知道。可能我对他不太公平，但是我整天和儿子待在一起，我确实知道他需要什么。（小王子，3 个月）

先生告诉我，我必须允许他犯错。他说：“我想成为你的伴侣，而不是你的帮手。”但是，我不想因为他的错误而让女儿感到不安，因为我最了解女儿的需求。我不想伤害丈夫的

看见他们了没？
你还记得吗？
我们过去就是
那个样子。

情感——但是，我确实只想让他做个助手。（小公主，3个月）

我不想让先生丢脸，但有时我想告诉他，不要那样抱儿子。于是我就这么说了，但先生对我说："你总是告诉我应该怎样做。而当我想按着自己的意愿去做的时候，你总是对我横加指责。"他是对的。可能是我太过分了——但是，我想得到一些尊重。毕竟，我照看儿子的时间更长，我更知道他的喜好。（女儿，2岁；儿子，3个月）

以上这些论述都很有意义。刚开始，妈妈们确实会感到失落与无助，但是渐渐地，她们开始了解宝宝，尽管她们还会继续诉说其中的艰辛。爸爸们对此一定会深感迷惑，他们可能会期望能够更加公平地分担照看孩子的责任。如果妈妈不向爸爸讲明这样一个事实——尽管她放弃了照看孩子的种种责任，但她已不再是个毫无经验的新手——爸爸可能就无法意识到妈妈所学到的丰富经验。或许爸爸们根本就没有期望自己的爱人在悄然间变得如此能干。

第一位妈妈：先生总是说我太小题大做了，这让我非常生气。这确实触动了我的神经。比如，当他在照看女儿的时候，他总说一切都很平常、简单。（小公主，4个月）

第二位妈妈：我先生也会说那样的话。他一直都说，照看女儿的时候，一切都相当简单。但他无法理解的一点是，这一切都是因为我早已做好了妥当的安排。所有那些被他称作"小题大做"的工作，事先就已经由我完成了。（小公主，6个月）

我已经把一切都安排妥当，因此，我身边的所有东西都已井然有序。折叠好的薄纱毛巾已经被放在尿布更换台的旁边，奶嘴也调整到了合适的角度。这就是我整个的工作体系，我不知道如何解释。但是，在先生照顾宝宝几个小时之后，一切都乱糟糟的，我想：噢！先生并不是存心把一切弄糟，他只是没有意识到而已。但是如果我把这些向他说明，他又会认为所有这些都是无关紧要的小事。（小王子，6 个月）

但是，这些事到底是多么无关紧要呢？有位妈妈曾用一个非常生动贴切的形象来描述这样的情形：

妈妈：在第三个儿子出生时，我先生负责照看大一点的两个儿子。

我：一切顺利吧？

妈妈：嗯……同样也让人心烦。

我：他做事的方式和你不一样吗？

妈妈：他根本不知道我做事的方法。他就像一个临时工一样，让你桌上的所有物品都变了模样。（大儿子，6 岁；二儿子，4 岁；小儿子，6 周）

如今，在人们的思维中，办公桌是个倍受尊敬的形象。如果一位临时雇员要使用其他某个职员的办公桌，那么，他应该将一切整理干净，在离开办公桌时，要让它回归原样。此外，桌上的陈设也不能随意改变。既然如此，为什么妈妈的工作体系就该受到不同的对待呢？

这里似乎出现了一些新的问题。从 20 世纪 90 年代起，我就开始召集妈妈访谈会，我注意到，与那时相比，现在的妈妈不会因为自己“只做妈妈”而向丈夫频频道歉。现代女性似乎期望自己能够在工作中凸显自己的能力，因此，当她们成为妈妈时，这种想法会赋予她们特定的标准。她们在学习如何成为好妈妈时，也会感到无比自豪。

如果我充满歉意地寻求先生的帮助，他会说："对不起，我没时间。"所以，现在我会说："我要去洗澡了，儿子在这里，你们好好玩。"对此，他却没有什么异议。（女儿，2 岁；儿子，6 个月）

渐渐地，我让先生融入了这个家庭。比如，如果他为女儿做了点事，我不会一直不停地向他说："谢谢。"当他告诉我他所做的事情时，如果说话的口气感觉像是帮了我一个大忙，我就会说："嗯，你可是她的爸爸。"幸运的是，我们都很幽默，所以，现在我们俩配合得非常好。但是，为此我必须有所付出。（小公主，8 个月）

我认为，现今的女性都时刻准备着要与男性一决高下。我的妈妈那时却不这样。如果爸爸要她做什么的话，她就会去做。我认为，现在的男性并没有意识到他们发生改变的原因。如果我和宝宝在半夜醒来，丈夫说他无法入睡，但是，需要离开的并不是我和宝宝。我会叫丈夫去别的房间去睡。（小王子，18 个月）

家庭不是父母双方相互竞争的战场

然而，或许并不是所有的一切都发生了改变。

第一位妈妈：丈夫一回到家，我就开始向他道歉："哦，实在抱歉，我没有时间去完成这些事情。"而他却对我说："不要替我把话说了！那是你说的，我可什么都没说。"（女儿，3 岁；儿子，3 个月）

第二位妈妈：我也会经常说："对不起……"（小公主，6 个月）

第三位妈妈：我也是一样的，我也会说：“哦，非常抱歉……”（儿子，22 个月；女儿，4 个月）

尽管所有的谈话都是关于平等地分担育儿责任，但是，妈妈们与孩子之间可能早已建立起了细腻的情感关系，这是妈妈们实实在在的成就。与此同时，爸爸的角色也发生了改变。在传统文化中，爸爸们常常会将宝宝留给妈妈或保姆照看。孩子们躺在妈妈的腿上，喝着母乳，开始了他们人生的第一课。等到孩子长大一些时，爸爸们才会参与到照看孩子的行列中。现如今，爸爸们也已开始分担育儿的责任，但是对于爸爸们应该承担多少责任，很显然，人们可能还处于困惑之中。

如果夫妻双方都是通过主观臆断来确定对方的“实际需求”，这时便会产生种种问题。妈妈一向觉得，为了减轻丈夫的负担，自己高尚地承担了育儿的主要责任。反过来，爸爸感觉自己也非常慷慨，他总是躲在幕后，在育儿方面，全凭妈妈做主。然而，对于自我分配的角色，他们都从来没有征求过彼此的同意。因此，夫妻双方都不会为对方的体贴而心存感激，相反，他们都会感到生气，因为他们不能理解彼此行为的用意。

这种事情很难处理。我和先生都感觉彼此之间有了隔阂，于是，我就觉得，先生只会做一些让我生气的事。相互交谈对我们之间的关系很有帮助。我们之间有个规定，如果其中一方说：“我很不喜欢这种方式，当你……”，并且接着说些让人生气的话，这时对方不许说：“嗯，有时你也真的让我感到非常厌烦。”这一点可能也非常重要，但它是另外一个不同的观点。首先，我们会给第一个说话人足够的时间来表达自

己的看法。（小公主，9 个月）

当父母双方都疲惫不堪并心存疑惑的时候，他们非但不会给予对方支持，相反，有时双方还会相互竞争，试图比对方做得更好，以打击对方的士气，从而让自己的内心好受一点。只要任何事情有点差错（因为必定会有这样的情况发生），父母双方都会感觉自己犯了错误。可是，有时双方都不会承认错误，反而会责怪对方。

第一位妈妈：如果在我照看女儿的时候，她摔倒了，并且还受了伤，因为这事是在我的看护下发生的，我会感觉特别不安。在育儿方面，先生和我总是存在着竞争。他会说："你为什么会让这种事情发生呢?"（小公主，8 个月）

第二位妈妈：在那种情况下，如果你们夫妻俩都在场的话，你就等着女儿摔倒时再采取行动。有一次，先生和我带着女儿去拜访一位朋友。女儿站在花园的台阶上。我俩开玩笑说，宝贝儿可能会掉下来，果然，小家伙一下子就摔了下来。我的动作比先生更快，没有让她的头撞到地面。那时，丈夫和我相互看着对方，并且开始意识到："我不能怪你……"（小公主，13 个月）

如果父母一方试图让整个家庭变成相互竞争的两个"小组"，这时，相互责备的范围就会不断扩大，让人感觉很不愉快。这种冲突还可能会在几代人身上延续。

第一位妈妈：我先生总是和我较劲。他想比我做得更好！（小公主，5 个月）

第二位妈妈：你先生听起来和我爸爸有点相似。他和我妈妈的关系就是那样。尽管他现在已经年老，而且体弱多病，但还是老样子。我希望他不要那样。要是他能改掉以前的做

法就好了。(小王子，5 个月)

我：你爸爸的这种做法有效吗？这是不是使得你对爸爸的爱更多一些呢？

第二位妈妈：不，完全没有。

我是爸爸最喜欢的孩子。我一点也不喜欢这种状态。我有“犯错”的感觉。这给了我沉重的负担，太沉重了。(女儿，3 岁；儿子，5 个月)

父母双方相互竞争，以博取孩子的欢心，这听起来好像是一种极不公平的方式。尤其是宝宝，他似乎会非常慷慨地给予父母双方同样的爱。

在工作领域，男性和女性已经可以互换角色。那么，在育儿方面我们为什么不能采取同样的方式呢？答案很明显，那就是大多数的妈妈都会体会生育的过程，之后，其中一些妈妈还会给宝宝喂奶。这样的过程似乎并不会让妈妈们拥有像爸爸那样活力四射的风格，而是让妈妈与宝宝之间有了更多身体上和心灵上的亲密接触。

我发现，女儿在椅子上已经开始有点不耐烦了，我很清楚她在那里已经待够了。她想被人抱起来搂在怀里。但是，先生认为我实在太小题大做。他觉得，宝宝必须达到痛苦的极限，他才会给予关注。(小公主，3 个月)

前几天，女儿坐在她的高脚椅上，先生一边喂她喝汤，一边在与他的姐夫说话。他转过头面向姐夫，我很清楚，他对他们的话题非常感兴趣，而这时女儿正张着嘴，想要喝汤。我在想，你就不能等 10 分钟再和他说话吗？先把女儿喂了再说！我觉得，在先生的眼中，女儿可以像他一样无限期地等待下去。(女儿，21 个月；儿子，13 天)

爸爸们也能够找到独有的方式来和宝宝融洽相处

然而，我们很容易用妈妈的标准来对爸爸做出评价。许多父母都是由自己的妈妈养大的，而他们的爸爸却很少提供实际的帮助。父母双方都需要一段时间才能意识到，爸爸们也能够找到他们独有的方式来和宝宝融洽相处。

在女儿还是个小婴儿的时候，我常常感到，我必须亲自为她打理一切。我把先生看作是家庭里的二等公民。我从来没有说过这样的话，但是他肯定了解我的感觉。但是，我已经达到了我精力的极限，再也不能给宝宝更多的东西。丈夫对我说："让我来，她跟我在一起就会好好的。"先生是一位电影制片人。有一天，他对我说："我想让你看看，在我照顾女儿的时候，她会非常快乐。"于是他就开始给女儿摄像，女儿从一个房间爬到另一个房间，显得非常高兴，并且对着镜头不停微笑着。他还带女儿去看艺术展，看得出来，女儿和他在一起真的很快乐。看到他给女儿摄影，我真的很高兴。（女儿，3 岁；儿子，3 个月）

儿子晚上醒来的时候，如果我知道他不饿的话，我会尝试着不给他喂奶，但是这根本没用。他身体会往下窜，寻找乳头。上星期，我发烧了。有天晚上，先生对我说："把他交给我吧。"于是，我就把儿子交给他，先生就抱着他上楼去了。他关上门，我听见儿子哇哇的哭声。我非常不安，于是发短信给先生说："把他抱下来吧?"他的回复是："不用。"半小时后，小家伙就睡着了。第二天晚上，先生抱着儿子，

他一会儿就睡着了。现在，我和先生的关系非常好，这种感觉太好了。(小王子，7 个月)

傍晚的时候，我会给儿子喂奶，好让他睡觉，这时先生就负责照顾女儿。有时我能听到女儿的哭声："我想妈妈，我要妈妈。"那时，我已经把儿子哄睡了，我非常想去抱抱女儿。但是我能听见先生正和她在一起，他们相处得很好。如果我闯进去的话，我会打扰他们。另外，这是他拥抱女儿的时间。在一番辛苦之后，他理应得到这样的拥抱。(女儿，2 岁；儿子，5 个月)

男人们会非常惊奇地发现，自己也非常乐于参与到孩子的照看中。他们可能已非常疲惫，但是他们似乎并不想让妻子把自己当作小孩一样呵护。

我感觉很疲倦，就对先生说："你能照看一下女儿吗?"于是，他就答应了照看女儿，我就径直去了卧室，饱饱地睡了一觉。刚开始，先生有点担心，但是他和女儿在一起非常快乐。之后，他告诉我："现在你真的可以和宝贝互动了，她对所有事情都很感兴趣。"(小公主，7 个月)

有段时间，我和先生之间的关系很糟糕。晚上，儿子每两个小时就会醒来一次，先生想让我培养儿子良好的睡眠习惯。之后，他读了一本书，这本书是一位爸爸写的，书中列出了爸爸能为孩子做的 23 件事。先生平常不读书，但是这个目录勾起了他身体里男性特有的某些感受。他好像在想："我是不是只做到了 23 条建议中的两条？我需要多做一些，以提高自己的分数。"因此，现在如果宝宝半夜哭了，他会爬起来，拍着儿子哄他睡觉。现在虽然很辛苦，但是他告诉我，他内心感觉好多了，他感觉自己真正像一个爸爸那样在付出。

这对我产生了很大的触动。虽然睡觉是件美妙的事，但这不仅仅是睡眠问题。这里面涉及双方的责任。在以前，如果宝宝半夜不停地醒来，那么，一切都是我的错。如今，我们半夜一起照看儿子，先生和我一起分担了照看儿子的责任。（小王子，9个月）

我负责管理宝宝的“内部”事务，而先生则管理“外部”。我给宝宝喂奶、喂饭，先生负责换尿布。（儿子，3岁；女儿，3个月）

爸爸的一个显著特征似乎就是能快乐地与孩子相处，而不会介意去做一些看起来似乎非常愚蠢的事情：

女儿让我很开心。她经常会让我们夫妻俩都开怀大笑。她总让爸爸把一个搅拌碗戴在头上。（小公主，14个月）

即便是那些为孩子付出了大量心血的爸爸，可能也不会意识到他们对孩子的重要性。

我带着女儿回我妈妈家去住。小家伙显得有点闷闷不乐，我们觉得可能是因为她正处于长牙的阶段。之后，在周末的时候，先生来看我们，我带着女儿去火车站接他。女儿一看到爸爸就露出了微笑——在接下来的几个小时，她都在不停地大笑。很显然，女儿一直都很想念他。（小公主，6个月）

父亲研究所主任安德妮·伯杰斯说：“很少有父亲清楚他们对孩子的重要性。”爸爸们似乎非常注重他们的重要性能否得到认同。如果孩子能把这种感觉表达出来的话，他们会特别兴奋。

我听见先生对儿子说：“爸爸很爱宝宝。宝宝喜不喜欢爸爸呀？”我在想：“这个问题真愚蠢！他不应该那样去激励宝宝。”但是，我却听到小家伙轻声地回答“喜欢。”这一幕让

人非常感动。(小王子，21 个月)

在整个旅途中，女儿在不停地哭，一直持续了好几个小时。这让人很心烦。她哭喊着：“妈妈，妈妈！”我一直在想，只要一回到家，我就会全身心去照顾她。先生把车尽快地驶下了高速公路。但女儿却又哭喊着：“爸爸！”。然后，我注意到，先生把车停在了附近的一家路边餐馆旁，他把女儿从车里抱了出来，然后在商店里买了他认为小家伙想要的所有玩具。(女儿，22 个月；儿子，2 个月)

一位妈妈向她的丈夫解释到，对女儿的付出不应该是偶然的，而应该是一种经常性行为。

我告诉先生这个家是由我们仨组成的。我真的希望，他能有更多的时间待在家里。我说，这就好比一个中央供暖系统。不管在暖气打开的时候你多么温暖，一旦关闭，你就会开始感到寒冷。如果先生不在，家里只有我和宝宝时，情况就像那样。(小王子，21 个月)

在爸爸们找到了与孩子融洽相处的独特方式之后，这种独有的行为方式便会博得妈妈们的信任。

到底要不要保证父母双方行为的一致性呢

先生是一个专业的演说家。每天清晨，我总能听见他与女儿的对话。他们的对话通常会持续 5 分钟。听起来非常美妙。(小公主，8 周)

早上的时候，通常是先生照看女儿，我经常能听到他在厨房生气时发出的声音。过去我常对他讲，在女儿面前不要那样讲话。但我知道，我也会生气。他生气时，很快就会恢

复过来，不久我又能听到他的歌声。我已经习惯了任由他生气。(女儿，2 岁；儿子，2 个月)

对于先生所做的一切，我学会了感激。今天早上，先生给宝宝穿的衣服不多。为此，我准备责备他。但是，我看了一下天气预报，今天的天气预计会很暖和。我庆幸我当时控制住了自己的情绪，因为我发现，先生给儿子穿的是一件夹克，看起来真的非常合适。(儿子，3 岁；女儿，3 周)

教科书和社会上流行的经验通常都会建议，父母双方在育儿方面要达成一致意见，这样，孩子才能从父母双方那里获得相同的回应，并且学会保持“一致性”。因此，一些妈妈们会尽力保证父母双方行为的一致性。

我不会让女儿咬我。我必须阻止她这样做。这是我非常坚持的一件事。她的牙齿很锋利。我看见过一些孩子打自己的妈妈。我不允许女儿打我，而先生却不太介意，但是我必须告诉他这一点，这样，我们才能保持一致。(小公主，9 个月)

然而，父母之间毕竟是存在着差异的。一些人声称，孩子需要一致性的教育，因为父母间的差异会让孩子感到迷惑不解。并不是所有妈妈都认同这种观点。一些妈妈注意到，小宝宝会仔细地研究他们的父母，然后学着辨别他们之间的不同。

女儿对爸爸的笑与对我的笑有点不同。先生经常和女儿玩的游戏都很疯狂和喧闹，女儿冲着他笑时的样子是……(她张大嘴，演示了女儿的笑声)，但是女儿对我笑时却是……(她又演示了女儿的笑声，嘴只张开的一半)。(小公主，4 个月)

我不允许女儿扯掉我的眼镜，在这件事上，我的态度非常坚决。这种行为会让我非常愤怒，尤其是在我给她喂奶的时候。先生却毫不介意，所以，女儿经常扯掉他的眼镜。但她却知道不能拉扯我的眼镜。(小公主，13 个月)

先生是希腊人，通常他会用希腊语跟儿子说话，但是我经常用英语跟他说话，所以，儿子在回应我们不同的照看方式时，经常会呈现双语的状态。(小王子，22 个月)

爸爸在照看孩子方面有着自己独特的方式，他的优势就在于当妈妈感觉疲惫和恼怒的时候，他能接管照看孩子的工作。

外面很吵，我不得不把窗户关上，在闷热的房间里，我一直都在试着让女儿能睡上一个半小时。但她却不停地哭，也不愿睡觉，所以我只有打电话给先生——他刚出去打曲棍球去了——我对他说："你必须回来一趟！"他一回到家就女儿一把抱了起来。15 分钟之后，女儿就睡着了，然后他又去打曲棍球去了。后来，在我们谈到这件事时，先生对我说："你知道是什么原因吗？我不会和她对着干。"这就是其中的原因。我总是保持"我必胜"的状态，我想，女儿也遗传了这样的性格。(儿子，3 岁；女儿，9 个月)

当女儿不按我的要求去做时，我会对先生说："哦，你来处理吧！"于是，我就把女儿交给先生。先生采取的方式非常幽默，他会花时间把要做的事变成和女儿一起玩的游戏，于是，小家伙就会按照他的要求去做。但是，她却不会按我的意愿去做。(小公主，20 个月)

不幸的是，如果爸爸动作迟缓，或者不愿积极地承担抚育子女的责任，妈妈就必须寻求他人的帮助。

在照顾儿子方面，我和我的妈妈是很好的搭档。儿子很喜欢她，她对儿子的照顾也很周到。我每天都去妈妈家，不喜欢回家。先生工作非常努力，我很支持他。但他在照看儿子时，完全不是心甘情愿的样子，相反，感觉是在给我帮忙。他从来都不会主动要求照看宝宝。前几天夜里，我非常疲倦……（哭了）。我问先生，星期六早上的时候能不能设法照看女儿一个小时，这样我就能多睡一会儿。他给我的回答是："我没法承担这个责任。"（小王子，6 个月）

重新牵起彼此的双手

并不是所有男人都是心甘情愿地成为爸爸的，这听起来可能会让人大吃一惊。过去，女性常常抱怨，她们被哄骗成了妈妈，因为丈夫想要孩子。然而，如今的情况却发生了逆转。似乎有一部分男性感觉自己被哄骗着当上了爸爸，他们不想要孩子，而是在妻子的一再坚持下才勉强同意的。

有时，妈妈在生产之后会患上疾病，或者感觉非常痛苦，因此不能照看宝宝。这时，照顾孩子的重任就落到了爸爸身上。许多爸爸会迎难而上，去化解这种危机。但是，假如爸爸情绪低落，情况会是怎样的呢？

先生希望我们还能享受原来的二人世界，他情绪很低落。他说，他对我的感觉已经和以前已经不一样了。他对我已没有任何渴望。（小王子，5 周）

第一位妈妈：我先生现在失业了。他躺在床上，伤心地哭了。这像是产后抑郁的症状，但他却患上了。他说："哦，有一个可爱的宝宝，我本应该高高兴兴的。"（小王子，5 个

星期六早上，你能不能照看女儿一个小时，让我多睡一会儿？
我……没法担负这个责任。

月）

第二位妈妈：先生在家工作，有他的陪伴感觉很好，但我觉得他的情绪经常很低落。（小王子，13 个月）

第三位妈妈：我先生的情绪经常也很低落。我确信他很抑郁。他也在家工作。（儿子，3 岁；女儿，11 个月）

白天躺在床上流泪的爸爸们似乎很难从妻子那里得到同情。对于辛勤工作并且希望得到支持的妈妈来说，丈夫的这种状态就好像是一种自我放纵。通常，妈妈会嘲讽地说道："就好像我有两个宝宝。"

当父母之间的关系变得疏远，这可能看起来是两人之间的私人问题。然而，他们已经组成了一个家庭，即便是年幼的宝宝，也能敏锐地觉察到父母之间紧张的关系。

当先生和我争吵的时候，女儿就会停止玩耍，变得非常安静，脸上也没有了笑容。她的眼睛会从一个人身上转到另一个人身上，就好像是在说：我现在真的好困惑。所以，之后我会让她坐在我的腿上，然后给她解释所发生的一切。我对她说："因为爸爸说了 X（某些话），然后妈妈又说了 Y（另一些话），于是爸爸妈妈就吵起来了。"于是，她又回到了之前的状态。我知道，她并不能真正理解我的话，但是这种做法仍然很奏效，因为笑容又重新回到了她的脸上。最后，她又准备继续玩耍了。（小公主，4 个月）

我和先生过去常在女儿面前吵架。每当这时，女儿就会变得脸色苍白、沉默寡言、一声不语地待在房间的角落里玩。一位婚姻指导顾问向我们指出了这点，听后我们都感到大为震惊。自从那天起，我们就约定，不许在女儿面前争吵。（小公主，20 个月）

我的朋友们都劝我离开先生，这对我来说太难了。如果说要把全部的爱都奉献给孩子并且离开丈夫的话，我轻易就能做到这一点。他现在就是个畜生。但是，女儿感觉到了我们之间的紧张关系，她总说："爸爸，亲一亲妈妈！"（女儿，3 岁；儿子，2 个月）

如果夫妻双方不进行交流的话，彼此间的紧张关系就会升级。有时，缺乏交流是因为时间的关系，有时则是因为其中一方不喜欢交流。夫妻双方都会感觉自己受到了伤害，同时，心里会滋生出无数的抱怨。夫妻双方都会将自己的真心收回，他们以往的亲密也开始变得岌岌可危。夫妻双方会发现，他们需要勇气，才能跨越那散落着无数受损自尊的荒野，重新牵起彼此的双手。

我很不喜欢我们家人的饮酒量。我的意思是说，我本人已经是一个很喜欢参加聚会的人了，但先生每天晚上都要喝光一瓶酒。这似乎不太合适。之后，他就不能照顾女儿了，于是，我写了一封信给他。我说，以前我发现他是一位很出色的爸爸，我希望他能像以前那样，我想让他回到原来的样子。我很想念原来的他。"当你喝醉的时候，你就不再是你。"我这样写道。所以，现在当女儿晚上睡着后，我们都会花点时间待在一起。这让人感觉好多了，但我知道这件事永远无法解决。（小公主，3 个月）

关于夫妻双方哪个更累的问题，我们不允许有任何争论。我们都是家长，我们都很累。（小公主，5 个月）

我对先生非常生气，因为我把儿子哄睡之后从楼上下来时，他正在看电视，而且对我毫不在意。所以，当时我们之间发生了非常愚蠢的争吵。这次争吵的结果就是，我们决定

每次我想要得到他的关注时，我就给他一个拥抱。这对我们俩真的很有效。（小王子，6个月）

在孩子出生后不久，一些夫妻就会重新开始性生活，但是许多妈妈都需要更长的时间，才能使自己的身心从分娩的痛苦中恢复过来。幸运的是，比起早几代的夫妻，现在的夫妻能够更加坦率地讨论性的问题。

孩子出生后，两人肯定会重新开始性生活。女儿就是个活生生的证据。但次数不会很多，即使现在也是如此。今年暑假里的一天，先生正在大口大口喝酒着红酒，而我在吃着糖果和巧克力。我跟先生提出做爱，他说："我很高兴你终于说出来了，因为我也在准备跟你说这件事。"我们都很怀念做爱的感觉，但是先生想要的时候，我又感觉太累了。（儿子，4岁；女儿，12个月）

我们开始（做爱）的时候，我有一种肿胀的感觉。先生问我："怎么了？"我说："不知道。我感觉很胀。"没人会告诉你会发生这样的事，还好我们自己意识到了。（小公主，15个月）

妈妈的美丽一文不值

有了孩子以后，妈妈会变得更加性感。尽管她们会感到疲惫，尽管她们会抗议说，自己看起来"一团糟"，但是，她们外表看起来热情而温柔，充满了女性的气质。她们抱着宝宝，显得比以往更加自信，虽然她们外表看起来很腼腆，但举止却非常优雅。如果爸爸发现，妻子已经从年轻的少妇变成了美丽的妈妈，他们夫妻之前的关系又增添了一道新的色彩。

不幸的是，由于现代社会将妈妈们生产前的美丽看作是一种理想化的状态，妈妈们不由得相信，她们应该努力恢复自己以前的模样。现如今，妈妈们可以花费高昂的费用去做“妈妈美容术”，这是一种特殊的手术，能帮妈妈们恢复到以前的模样。然而，难道妈妈们没有意识到自己现在的美丽吗？心理学家丹尼尔·斯特恩和他的妻子纳迪亚·布鲁施维勒·斯特恩用语言来描述妈妈们的改变：“（她的）脸相当独特，显得平静而从容，充满着无限的爱意，却没有丝毫的流露。这张脸拥有着一种神秘的美丽。”

他们的描述仅仅只是一种文字上的表述。如果爸爸们觉察到了妻子身上全新的女性美，或许他们能用文字或者照片描绘出妈妈们更加独特的一面，这样，我们其他人就能更好地认识自己眼中的妈妈。我的丈夫曾经组织过一个研讨会，与会者共有 30 人，其中有 16 人是带着孩子的妈妈。我丈夫被她们深深地打动了，之后他说：“我永远也无法忘记那美丽的一幕：16 位妈妈轻轻地摇着宝宝，给他们唱歌，跟他们说话。我们真需要一名伟大的画家来重现当时的一幕。”

妈妈的美丽一文不值，而且每位妈妈都有拥有这种美丽——这或许正是为什么妈妈的美丽得不到珍视的两个原因。

市场上并没有专门为妈妈们设计的时装，所以，她们经常都不知道自己应该穿什么。在谈到“妈妈”的形象时，人们经常会表现出轻蔑的态度。让我感到迷惑的是，没有人为妈妈们设计服装，好让她们与其他妇女区别开来；也没人为她们创造一种不同的风格，好让她们尽显妈妈的美丽。

很少有人会谈及新爸爸的形象。对于男人来说，在成为爸爸之后，他们的男性身份及社会身份并不会像妈妈那样，会发生巨大的改变。然而，变化确实存在。现在，爸爸终于明白了性爱的结果。对于小家伙的出现，他可能会感到深深的敬畏。当他向别人说：“这是我的儿子”或者“我是他的爸爸”时，声音中明显会带有一种快乐和自豪。这时，爸爸的形象也会有所变。他的眼睛会变得光亮照人，脸上容光焕发，肩上似乎也承担起了更多的责任，显得更加稳重。

我还记得，在我3岁的时候，我对父母说：“我知道你们是我的妈妈和爸爸，但是你们真正的名字是什么呢?”于是，他们就告诉了我。在那之后，我就再也不把我爸叫“爸爸”了。为此，他非常生气，他对我说：“这样，别人就根本不知道我是你的爸爸。”（小王子，8个月）

作为孩子独一无二的爸爸或妈妈，夫妻双方都在不断进步，当彼此注意到了对方身上所发生的改变时，夫妻间的亲密关系又会出现怎样的变化呢?

对于先生形象的改变，我感到很惊讶，看来他已经进入爸爸的角色。如果不是宝宝的话，我永远都无法看到他的那一面。（小王子，6个月）

前几个星期，我一直都在认真的思考一些事情。我发现，我比以前更喜欢我自己了，现在，我已经是孩子的妈妈了。我很喜欢女儿，这使得我更加喜欢自己。但是，先生同样也受到了影响。在这一年，他的自尊心在不断增强。我确实很喜欢看到这样的改变。（小公主，13月）

儿子在哭，先生对我说：“我觉得他哭的原因是胸口痛，而不是肚子痛。”这时，我的反应是：“哦！这才是我的男人！他现在完全进入了爸爸的角色。他做到了！”（小王子，23个

月）

重新感受到“我们”的存在

此时，夫妻俩再也不能独享彼此之间的亲密，他们之间的亲密关系变得更有弹性。夫妻俩在彼此之间留出了比以往更大的空间。一开始，面对这一未知的空间，他们可能会感到害怕。通常人们担心的是，以前那些令人痛苦的家庭关系会重新上演。在儿童时代，人的身心都很脆弱，如果一个人在这期间曾经受到过伤害，那么，当他成为家长之后，面对疲惫与紧张，一件小小的事情就会让他觉得，自己受到了爱人的责备、轻视、忽略（或者任何他以往经受过的伤害行为）。因为夫妻间的关系太亲密了，所以一不小心就会揭开对方以往的伤疤。大多数人似乎都会有童年时代留下的心灵伤疤。夫妻的一方可能会攻击对方，从而让伤痛重新复活。如果夫妻之间彼此伤害太深，那么他们每天都会带着伤痛生活，这种伤痛显然要比事情本身所带来的痛苦要严重得多。过去的阴影很容易使夫妻现在的关系变得暗淡无光。

通常情况下，如果夫妻之间的关系变得疏远，原因在于以往积攒的层层误会。如果他们能够冷静地坐下来进行交流，这些误会都会被一一解开。

如果夫妻双方意识到，他们之所以能相互吸引，是因为他们有着某些相同的价值观，这时，他们之间的亲密关系便开始萌芽。可能是由于受到公平与平等观念的影响，夫妻俩会通过交流的方式来构建彼此间和谐的关系，但是，孩子的出生会暴露出他们之间的差异。夫妻俩会看到，自己被分成了爸爸和妈妈。然而，正因为他们是不同的个体，所以这并不意味着彼此间的差异会对夫妻一方构成威胁和伤害。夫妻双方首先会学会容忍，然后彼此信任，最后逐渐变得依赖这种差异。这时，他们会重新感受到“我们”的存在，那就是夫妻俩虽然有着明确的自我身份，但同时又扮演着父母的角色。

爱人之间的关系需要很多的付出。如果夫妻一方在早期的误会中就决定退出，这会令人感到非常惋惜。即便是成熟的夫妻关系，也绝不是完美的或已停止发展的。对于外人来说，成熟的夫妻关系从表面看来可能比其内部更加牢固。然而，夫妻关系之所以有不稳固的感觉，是因为这种关系非常鲜活，并且处于不断发展之中。

无论什么时候，夫妻关系若能继续、深化并最终成熟，这无疑是生命中最美妙的创造性成就之一。夫妻之间的亲密似乎会产生并且播撒无限的宁静与温暖。

第四章

感觉自己的生活失控，妈妈应该怎么做

我的生活完全失控了

妈妈们在描述自己对宝宝的情感时，都会本能地使用到这个字——“心”。但是，妈妈之间存在着差异，并不是所有妈妈都能为孩子营造一间心灵之所。如果某位妈妈只为宝宝提供了容身之所而缺少心灵之所，这到底会产生多大的影响呢?

我已不再像我，我连自己都不认识了。我以前从来没有像现在这样，我想找回我自己。在很长一段时间里，我都是如此绝望。我可以穿着华丽的衣服，把自己打扮得漂漂亮亮，但现在，一切都不一样了。我的内心已经发生了变化，我的灵魂已经改变。我需要做点什么——去旅游——去找回我自己。但是，我应该什么时候去呢?什么时候?当女儿3岁、5岁还是15岁的时候?我丢失自我已经有18个月了。天啊，我的身体一直不停地在为女儿操劳，是的，一直都这样，但是我从未让女儿走进过我的内心。我不知道是否有人能理解我。我知道，一些妈妈会让孩子走进这里（她用手拍着胸部的左上方），但是我从来没有过。（小公主，18个月）

在这位妈妈看来，虽然自己能够为女儿做些实际的事情，但她发觉其他妈妈与孩子之间的关系更为亲密。更为重要的是，她一直想要回到以前的生活方式。她希望能够重塑“原来的自我”，却从未考虑过努力向前，去迎接一个“全新的自我”。

许多新妈妈都很担心母亲的角色会使自己远离以前多姿

多彩的生活。宝宝可能就像一个入侵者，转移了妈妈的注意力，或许还掠走了妈妈的心，使她再也不能专注于自己的事业。“我们（妈妈们）很害怕生活变成一条直线，”在英国某报社工作的一位记者这样写道。大多数女性在工作中都确立了自己的身份，相比之下，妈妈的角色看起来似乎太过单调乏味。

我都已经不知道我是谁了（哭了）。（小王子，5个月）

如何才能在做母亲的同时又保持自我？我看着镜子，却已不知道我是谁。我看起来已不像原来的自己，我感到好迷茫。（小王子，9个月）

外表冷酷、修饰得体、举止优雅、看起来似乎从未接触过小孩，似乎这才是当下漂亮女性的完美标准，难怪许多新妈妈都会迷失自我。

作家斯蒂芬尼·梅里特写了一本关于自己“产后抑郁”经历的书。宝宝的降生使她彻底改变了伦敦记者那种享乐的生活方式。她变成了一位单身母亲，住在家乡的小村子里。即使这是她自己的选择，但现实确实令人震惊。正如在本章开始时的那位母亲说的那样，虽然她在为宝宝不停地操劳，但她明白她内心缺少了某些实质性的东西。她这样写道：

只有我自己最清楚在对宝宝悉心照料背后那难以示人的动机，只有我自己最清楚我是出于内疚才给予宝宝过度的补偿，因为在我心里，我很清楚我不是一位好母亲。我一定是个很糟糕的母亲，因为我没有一个母亲本应拥有的感觉，事实上，我已麻木得毫无感觉。我唯一感到的是空虚和无所依从，就如悬空而置的一个易脆的藤条制品。我的内心本应是

强烈母爱的源泉，但现在却只剩下一片空白。而为了掩盖这种空白，我极力装作一位热心尽责的母亲。

以上的文字描述非常精确。正如在本章开始时的那位母亲斯蒂芬尼所提到的那样，心灵之所散发出来的是温暖与热情。斯蒂芬尼谈到内心是“一片空白”而非“爱的源泉”，这表明她已然能够察觉到缺失之物，但是她对此却束手无策。

其他新手妈妈描述的情况包括食欲下降、不能入眠、经常哭泣以及自我价值否定等。健康专家将此类情况解释为“产后抑郁”的“精神疾病”症状。妈妈可以寻求药物治疗，这对妈妈们找回原来的自我会有所帮助，但是，成功的药物治疗并不足以证明某位妈妈确实患有疾病，这种疾病的假说还有待考证。

如果某位妈妈试图忽视自己所面临的种种困境，相反，她还在心底告诉自己“一切都很好”“我应该快乐”，这种情况下，她便会开始感到焦虑。有时，通过对往事的回忆，妈妈能更清楚地看清自己当前所处的境况。

在我第一个孩子出生后，我确实是天天都在哭，这种状态持续了半年……但是，我感觉我“没有什么值得焦虑的”。此外，我也知道家访护士和其他人都怀疑我患上了精神抑郁症。等我回首往事的时候我才明白，或许这是我在面对人生中重大改变时一种相当理智的反应。我第一次肩负起照看宝宝的重任，我停止了工作，没有了家人的陪伴，不得不寻找一个全新的朋友圈，因为我的朋友整天都在工作，没人把宝宝带在身边……我感觉我的生活完全失控了。

对于那些能够从家人及朋友那里获得极大支持的妈妈们

来说，情况又是怎样呢？她们的忧伤能否找到合理的解释呢？妈妈们经常告诉自己：“我有一个漂亮的宝宝，我不应该有这样的感觉。”“我知道我应该积极地对待生活。”“我应该立刻结束这种状态。”通常，她们会将自己与理想中平静快乐的母亲角色仔细地进行对比，这意味着，当妈妈发现自己有烦心事的时候，便会感觉自己不是一位好妈妈。

上面几位妈妈讲述了她们忧心如焚的感觉。她们很清楚，自己的宝宝很棒，也很想全心地去爱宝宝，但又感觉与宝宝的距离越来越远。斯蒂芬尼·梅里特解释道：“并不是我不爱宝宝，我知道我深爱着他，但是我又很清楚，这种爱仅仅停留在萌芽阶段。”有趣的是，一些认为自己“不擅长照顾宝宝”或“不喜欢婴儿”的妈妈并不会讲述她们所面临的窘境。这些妈妈不希望感受热烈的爱，因此，她们的内心并不存在情感冲突，但是这意味着她们与宝宝的关系更加疏远，更难以擦出热烈的火花。因此，内心有着情感冲突的妈妈们会感到不安，这完全是合情合理的。

假如某位妈妈在网上倾诉自己所遭受的痛苦，跟帖肯定会蜂拥而至，跟帖者会劝她安心，因为她所经受的再正常不过了。但是这位妈妈绝不会认为自己一切正常，她会时常担心自己将要疯掉。除此之外，当她环顾四周时，她总觉得其他妈妈似乎都是那么开心快乐。和斯蒂芬尼·梅里特一样，哈里特·雷恩也写了一本关于自己产后忧郁的回忆录。她的一位朋友认为，与宝宝在一起的第一年是人生当中最美好的时光，这让她大为震惊，因为对于哈里特·雷恩来讲，这段时光绝对算不上美好。

儿子一哭，我就觉得他是在批评我

内心的情感斗争会使妈妈感受不到丝毫的轻松。她很难专心照看宝宝，因为她为自身感到焦虑，对此，她也会深感内疚。诗人杰拉尔德·曼利·霍普金斯曾将此种焦虑之感于文字之中：

噢，思想！

思想中的崇山峻岭、悬崖峭壁，

还有那飞流直下的瀑布，

高不可攀，令人生畏，无人涉足，

但尽管轻视它们吧——

因为你从未孤悬于此。

“轻视它们”确实是许多好心人所采取的方式，他们会告诉这位妈妈“你做得很好”，并且让她相信他们能够明白她对宝宝的深爱。但是，有些妈妈总会认为自己不是一个好妈妈，要聆听她们的倾诉并非易事。

显然，从这位妈妈痛苦的程度可以看出，她自己非常清楚某些地方一定出了问题。“没能做个好妈妈”的自责感促使她想要将这种情感宣泄、表达出来。说出内心种种阴暗的想法能让人感到轻松释然，因为它使得这位妈妈在母亲角色的理解上不再沉溺于脱离现实的理想主义状态。我们有什么权利要求她只看到事物积极的一面呢？如果她能，她肯定会这样做。她明白宝宝需要她的爱，但做起来比想起来要难得多。她非常清楚，她还没能感受到自己对宝宝的爱。

但是，身处此种困境之时，妈妈们都会寻求解决问题的办法。我问过许多妈妈有关解决问题的方式，通过聆听她们的倾诉，解决问题的第一步似乎就是要接受自己的感觉，朋友的支持也会有所帮助。同样，将自己的感觉与有着类似境况的妈妈们的感觉进行对比，然后发现“我并不是孤身一人”，这种做法也会大有裨益。

在一项公开发表的、简单的个案研究中，一位家访护士说，她听到一位妈妈在抱怨宝宝睡眠不好。同时，这位妈妈还说她对丈夫的态度令人非常担忧。这位护士说，这是第一次有人帮助这位母亲“思考所发生的一切并将情感表达出来”。她安排与这位妈妈再次会面，但是这位妈妈在见面之前打电话对她说，“我已和丈夫沟通过了”，同时，宝宝“晚上睡觉也安稳了”。该个案研究的两位作者评论道：“这位家访护士在前期的交流中并不只为宝宝的睡眠问题提供了建议，而是营造了一个倾听的空间”，于是，这位妈妈才能说出问题，并独自着手解决。

有时，分娩本身也会成为一个难题。不少妈妈可能都有过不愉快的分娩经历。分娩会唤起我们内心某些最强烈的感觉，如果我们未曾深受影响，这反倒让人觉得奇怪。曾有一位母亲说：“分娩对我的影响太大了。数月以来，我每天都心烦意乱，这使得我很难与宝宝建立起联系。从身体上讲，分娩的疼痛感一直持续了 6 个月才最终消失。”

曾经有个纪录片讲述了一群妈妈向心理治疗师倾诉自己的情感，片名叫作《帮我寻找母爱》。一位妈妈意识到自己对于流产一直难以释怀，这与她所经受的极度焦虑、强迫症以及忧郁症至少有部分联系。另一位母亲则回忆了她在 12 岁那年搬去与祖母同住，因为她的妈妈是个酒鬼。她说：“我与我的母亲从未有过积极健康的关系，我不得不自己照顾自己，因此，我感觉我很怕某个人依赖于我。”

在生活中，要坦然接受某些情感是不易的，例如面对爱人未尽责任时所表现出的愤怒，或自己的情感受到他人或自己父母伤害时所感受到的痛楚。通常情况下，伴侣和父母是在日常生活中能够真正给予妈妈们支持的人。

更糟的是，如果某位妈妈长期受到身边家庭成员的批评和指责，当宝宝哭泣的时候，她似乎很自然地就会想到，宝宝也是在给自己找茬。

以前每次儿子一哭，我就觉得他是在批评我。在他 1 岁的时候，我终于想通了。我突然意识到，哭泣是他和我交流的唯一方式。当然，我非常理智地认识到这一点，但我却花了很长一段时间才对此有所体会。（小王子，5 岁）

一旦妈妈在情感上有了这样的突破，并且能够认识到情感上的愤怒、恐怖或者伤痛，她就能以清晰的逻辑思维与自身达成更好的交流。同样，如果妈妈能够认识到自身的愤怒，她就能够着手弄清自己的行为，这样，妈妈的恐惧感也会有所缓解。于是，妈妈体内的部分能量得以释放，她的内心会变得更加坚强，她就会更容易爱上自己的宝宝。

许多妈妈都需要一些时间来为此做好准备。妈妈们不能仓促地完成这一过程，并强迫自己进行思考。幸运的是，从妈妈们的言语看来，我们似乎不必一开始就在所有的事情上都追求完美。此后，我们会得到许多二次机会，来弥补前期不足所带来的影响。

对于变身人母的人生转变，我丝毫没有准备，我认为这

你是在
批评我吗?

太难了。我突然变得抑郁起来，所以我要寻求帮助。这一切的出现与我童年生活有关，那时，我的妈妈没有为我提供太多的情感空间。小儿子降生时，我虽然陪伴在他的身旁，但并没有想过要为他做点什么。但在去年，我的大儿子患了阑尾炎，我陪他去医院并和他在那儿待了一周，我也一直守在他的身边。我觉得我们的关系确实得到了改善。我感觉我对他做出了补偿。（大儿子，6 岁；小儿子，3 岁）

另一位母亲讲道：

我的大儿子非常依赖我。我不能成为他心中想要的妈妈，也成不了我自己理想中的妈妈。我对他发火并冲着他大喊大叫，为此，我很惭愧，但是现在看着他时，我明白我们之间有一条特殊的纽带。我们是有着矛盾冲突的伙伴。我的小儿子就完全不同了，他性格非常安静，我们之间也有着一种特殊的关系。（大儿子，4 岁；小儿子，14 个月）

在孩子出生之后，一些父亲也会谈及情感上类似的痛苦，父亲们或许也会珍惜探讨情感的机会。

如何去爱，而不受伤害

有时，妈妈会因为不同的事而发火，这可能与年长的孩子有关，此时，母子关系也有可能走向崩溃的边缘。通常，妈妈与孩子很少进行交流，妈妈也会抱怨孩子隐藏了自己的情感，不愿与自己交流。每次当妈妈表现得更加友善，想再次给孩子机会时，孩子轻蔑的举动又会重新燃起母亲内心的怒火。

许多妈妈总想将母子关系中出现的种种问题归咎于孩子。

她们会采用各种不同的方式，但没有一种是公平合理的。妈妈是母子关系中强势的一方。如果孩子性格孤僻或不太友善，这也是他与父母交流互动所带来的后果。

在这种令人痛心的母子关系中，妈妈或许并未向孩子敞开心灵之所的大门，而是在内心为孩子设定了一个模型，并希望孩子能够与之相符。妈妈会不停地想：要是孩子的行为全是“对的”，那该有多好啊！这样，他离自己心中的“模型”会越来越近，她对孩子的感觉就会更好，并且母子关系也能得到改善。而令妈妈最为头疼的或许就是面对现实中的孩子，他是一个独特的个体，永远都不可能成为妈妈理想中的“模型”。

一位曾被诊断患有产后抑郁的妈妈说：“……我很喜欢有个宝宝的想法”。但是，她现实生活中的宝宝必然与理想中的宝宝有所差异。那么，她为什么不能用心去爱现实生活中的宝宝呢？

我认为你需要向孩子敞开怀抱，理解他的需求。但是，如果你满脑袋都是自己的想法，那你就很难听到他的声音。（女儿，3 岁；儿子，5 个月）

我觉得前 6 周非常艰难。6 周之后，你就像走出了黑暗。宝宝就如无数烦琐的任务，我很难有时间来守着他。我内心已经变得非常麻木。我的任务就是洗衣服、喂奶和睡觉。正如他们所说，“宝宝要求很高”，这是我未曾料想到的。宝宝一出生，他就用行动告诉我他不想独处，也不想被放下。其他孩子似乎更加乖顺，他们从不介意妈妈把他们放下。如今，我深爱着宝宝，我也不再想要把他变为一个乖顺的宝宝。（小王子，11 个月）

过去，我的头脑中常常充斥着“家庭氛围应该如何如何”的种种“应该”。在别人眼里，我说话非常刺耳。有了宝宝之后，我的性格比我想象的要温和多了。（儿子，7 岁；女儿，4 岁）

许多妈妈似乎都能找到脱离极度痛苦的办法，她们最终发现自己其实能够接受和爱自己的宝宝。

下面这位妈妈在言谈中透露着喜悦，但很难相信在孩子出生前及出生后的几个月内，她一直卧病在床，只要一走动便会疼痛难忍。孩子的父亲也离开了她。在几个月的时间里，她的小女儿每天都一如既往地依偎、陪伴在她身边。

女儿成就了现在的我。如果她一直是个乖顺的宝宝，我就绝不会成为如今这样的母亲。（紧紧搂着女儿并抚摸着她的头发）我非常感激她，感激她让我照顾她时那么艰难，因为我很喜欢我们现在的状态。（小公主，16 个月）

在斯蒂芬尼·梅里特著作的最后一页上，我们可以发现她身上所发生的改变：

在我年轻时，对于生活所得，我怀有一种固执的想法。我高歌独立的思想，却未能理解相互依存的价值。疾病迫使我接受了这种价值，纠正了我臆想如孤岛般生存的内心倾向，对我来说，这是人生中最重要的一课。

这听起来的确是人生中的重要一课——或者说，是这一课的再次温习。我们天生就要相互依存，没人能够像孤岛般地活在世间。约翰·多恩在他 1624 年的作品中使用了同样的意象：“没有人是一片孤岛，完全属于自己。”将自身变作一片孤岛，是人们在自己受到他人的伤害时对自我的一种保护。斯蒂芬尼·梅里特正是意识到了自己不能感受到内心对孩子的爱，才设法去解决这一长久存在的人际关系困境：如何去爱，而不受伤害。

关于如何去爱，孩子的到来可能会给妈妈带来更多的问题，但是它同样也可以成为促使妈妈做出改变的巨大动力。新生宝宝可能是妈妈在践行温柔和爱意方面最安全的个体。

第五章

育儿心经似乎不管用，妈妈应该怎么做

与宝宝一起欣赏知更鸟，意义何在呢

人们经常会说妈妈懂的最多，有时我也会这样讲。但是，几乎和所有的那些说法一样，这并非完全正确。毫无疑问，大多数妈妈在一开始确实懂得不多。

我之前以为我已做好充分准备，并且阅读了大量有关宝宝的书籍资料，但是在宝宝降生之后，我发现我一无所知。我不停地想，这到底是怎么回事？（小王子，2 个月）

我有许许多多自己不能解答的问题，这些问题全是关于日常琐事。我不知道的事实在太多了。（小公主，3 个月）

第一位妈妈：今天早上，我的丈夫回去上班了。我只能独自一人带着宝宝。作为妈妈，我已经达到自己的能力极限了。我不知道还会有什么事发生，我也不知道我在期盼什么。（小公主，2 周）

第二位妈妈：嗯，但是你知道吧？我至今还有这种感觉。（小王子，7 个月）

妈妈们需要花一段时间才能了解宝宝，这是一种非同寻常的过程。妈妈们需要了解的对象是完全陌生的个体，她们最早的发现通常非常细微，并且很难觉察。或许妈妈们自己也意识不到，她们正在不断地进步。

做妈妈真的是一种奇特的经历。我连 5 分钟的洗衣时间都没有，但我却能花上半个小时站在街边欣赏一只知更鸟。（小公主，7 周）

这位妈妈跟其他几位妈妈这样一说，她们立即开怀大笑起来。她们都听到了这位妈妈荒诞的发言，因为她们不需要听这位妈妈在这里解释如今洗衣机的用途有多么强大。然而，事实上，在抱着宝宝的时候，要将脏衣物丢进洗衣机却不是一件容易的事，而抱着宝宝却并不会妨碍欣赏知更鸟。小宝宝总是喜欢妈妈抱着自己，在座的妈妈对此似乎都没有任何异议。

对于刚才的开怀大笑，之后有妈妈发出了懊悔的声音。欣赏知更鸟——那会有什么好处呢？难道这不能证明妈妈的行为非常荒谬，并且是在浪费时间吗？妈妈与宝宝一起欣赏知更鸟的意义何在呢？

妈妈们应该做什么呢？她们需要完成的任务就是将新生宝宝带进社会生活。她们会通过与宝宝相处和交流来完成这一任务。刚开始，宝宝不知道如何交流——也没有意识到他们能够交流。他们通过哭泣或表现出满足来表达自己的情感，但是绝不会通过观察四周来确认自己是否会得到回应。

从子宫开始孕育生命以来，“对话”交流似乎是人生中的一次重大改变。人类文明的延续需要依靠一代人与另一代人之间的理解与交流。我们并非天生就懂得如何交流，而是需要依靠后天的学习。成为母亲意味着必须做一些最熟悉的工作，但是人们并未广泛认识到母亲帮助孩子进行交流的责任。甚至妈妈们自己也没能意识到她们正在履行这项责任。

以上分析能帮助我们理解欣赏知更鸟的这位妈妈。她已开始留意宝宝感到满足的瞬间，并且为此心存感激。当她抱着女儿欣赏知更鸟时，女儿看起来非常放松，此时她的反应一定是：“谢天谢地，终于找到你喜欢的东西了！我们就多看一会儿吧。”这个例子很好地说明了交流的第一步是多么微不足道，当时的情形看起来也可能毫无意义，但是这些微不足

看！知更鸟！

道的每一步都有着举足轻重的作用。

在宝宝出生之前，妈妈可能已经研读了许多育婴方面的书籍和资料，并且精心谋划好了如何打理自己拥有宝宝之后的生活，但是前方的道路也会出现某种意外。新生宝宝不能只是简单地“被打理”。他能够就自己所关心的事情表达强烈的看法，当然，宝宝的意见可能并不总是与妈妈的意见保持一致，这意味着婴儿的看护比表面上看起来要微妙得多，它并不仅仅是运用某种特定的方法，而是进行一场对话。有时，它还可能演变成一种争斗，或者变成两人之间一系列的磋商和协议。

不想让宝宝感到痛苦，就与宝宝进行“磋商”

但是，妈妈怎么与新生宝宝进行“磋商”呢？妈妈们能否就如何与宝宝“磋商”相互学习呢？经验丰富的妈妈是否会教新妈妈如何做，或者说，如何着手进行呢？这是个非常有趣的问题。你或许认为育儿经验可以轻易相传，同时，经验丰富的妈妈确实也想给予困惑的新妈妈们一些帮助。那么，她们为什么不这样做呢？

我的一个朋友4天前刚做了妈妈，她之前从没有向任何人寻求过帮助。我听着她的倾诉，从电话中我能听出她是多么迷惑与悲痛。我试着回忆自己当时的状态，那时和现在迥然不同。与那时的状况相比，如今就像一阵和煦的微风。（小公主，9个月）

一位经验丰富的妈妈曾有过这样的感觉：

新妈妈们咨询的许多问题都没有明确的答案。我还记得，在我初为人母的时候，我会咨询有经验的妈妈怎样处理某些情况，她们却常常回答说："我也不知道。"这让我非常失望。我认为，她们心中一定有确切的答案，只是不愿意告诉我罢了，但事到如今，我也会这样回答。我小姑子的宝宝有四个月大了，她最近问我怎样才能让宝宝多睡觉，但是我真的不知道。作为妈妈，我学会了坦然接受，而非费心解决。（女儿，4 岁；儿子，12 个月）

妈妈们进步成长的方式不尽相同，上述回应也不可能代表所有妈妈的状态。最重要的一点是，这些妈妈们都在不断地成长、进步，已经摆脱了最初的状态。但是她们成长的方式是怎样的呢？她们的改变为何如此之大，以至于都难以记起育儿早期那些紧张时刻呢？

一位妈妈正在轻摇着坐在她腿上的宝宝，她解释道：

宝宝一出生，你就会听到种种建议，这些建议让人非常困惑。你一直试着遵循这些建议，但如果不太奏效的话，你就会认为可能是你和宝宝出了问题。然后，到了一定的阶段，你会意识到，在你身边的其实是个小人儿，他并不是……不是需要你喂养和抚慰的某个东西。（小公主，15 个月）

"宝宝是个小人儿"，这听起来似乎是显而易见的，但是新妈妈们似乎很容易忽视这一点。正如这位妈妈指出的那样，关于如何打理宝宝出生后的日常生活，我们会得到大量专业的建议。这些建议表面上看起来可能非常有用，但实际上会让人感到困惑。给出建议的人并不能对某位妈妈身边特定的宝宝做出描述，相反，从她们的叙说或描写来看，好像不仅所有宝宝都很相似（因为他们在某些方面确有相似性），而且似乎所有宝宝都应该非常相似。

每位妈妈和宝宝都是独一无二的，这听起来同样是显而易见的，但妈妈同样可能会忽视这一点。比如，某位妈妈看见其他妈妈们将宝宝放在婴儿床内，但是每次她试着将宝宝放下的时候，宝宝就会哭叫。她不知道这是为什么，但是，她不想让宝宝感到痛苦，于是她就与宝宝进行“磋商”：“我竖抱着你的时候，你似乎很高兴，但是妈妈要吃东西，我们得找个两全其美的办法。”

起初，这只能是单边的磋商，因为宝宝还不知道给出其他可行的办法，但是妈妈们似乎在和宝宝对话，就好像宝宝们能够回答一样。或许这种做法会使宝宝再大一些的时候能更加容易地参与到双方的磋商之中。

我所有的育儿心经都到哪里去了

并不是所有的妈妈都能意识到她们能够做到这一点。深信“宝宝是个小人儿”的这位妈妈就在早些时候经历过一场信心危机：

上周，女儿和我似乎“退步了”。她无法入睡，对此，我不知所措，于是开始读一本关于如何让宝宝回归惯常状态的书。照书上所说，我将女儿包裹起来，此时她只是盯着我。然后，我开始轻拍她的后背。那一刻，轻拍后背的动作似乎会永无休止地进行下去，这一动作看起来是那么持久和单调。所有的快乐都消失了——我感觉很无趣。我所有的育儿心经——我在女儿身上开始逐渐发现的那些小细节——都到哪里去了？我一直都在着手去学习、了解，但所有这一切似乎

已经化为乌有。(女儿，5周)

“那些小细节”正是妈妈与宝宝之间进行交流的早期征兆。正如前面提及的那位“知更鸟”妈妈一样，这位妈妈也在逐步了解自己的宝宝。直到那一刻，她才意识到自己对宝宝已有所了解。

初为人母的感觉是无比强烈的。出生之时，宝宝的情感就如他的皮肤一般，非常娇嫩。他可能会痛苦地放声大哭，尽管妈妈会尽力安慰他。宝宝哭泣之时，新妈妈通常也会泪流满面，这些眼泪会促使妈妈们更加温柔、细腻地对待宝宝，即使她们不清楚宝宝为何哭闹。一位妈妈在回首往事时这样回忆道：

对于给予宝宝的爱，我并未做好充分的准备。如果你不得不做一些令宝宝不快的事，你会感觉非常糟糕。我的下嘴唇就会开始发抖并且……任何话语都无法对此做出解释。你感觉自己是一位很糟糕的母亲。(儿子，5个月)

通常，在宝宝度过新生儿阶段之前，妈妈并没有足够的时间来仔细回想这段时光。

起初，我一刻不闲，就像是在烧红的炭球上跳舞，想要满足女儿的一切需求，但如今，她和刚出生时已经有所不同，她看起来更加沉着，而我已经非常疲惫。(小公主，2个月)

尽管这位妈妈感觉她是在“烧红的炭球上跳舞”，但是这也是她自己的独舞——如果你也是一位妈妈或者我的妈妈，你的舞蹈定会与之不同。这位妈妈试图满足女儿的一切需求，但与宝宝一样，妈妈也是一个独一无二的个体，因此，她做母亲的方式必定与他人不同。当女儿变得更加沉着，这位妈妈意识到，宝宝已经渡过了新生儿阶段。妈妈知道自己终于可以放松一下了。然而，她一旦放松下来，就会意识到自己一直以来的疲惫。没有任何语言能够能诠释这段令人疲惫不堪却又意义非凡的时光，会令妈妈们在以后的人生中经常提及。这是一个重要的里程碑。

但是，妈妈们应如何学习“跳舞”呢？每个刚降生的宝宝都是一个全新未知的生命。对于这个需要依赖他人的新生命，未知的状态会使妈妈们感到恐慌。这样的窘境一直存在，比如，小说家盖斯凯尔太太就曾在日记中倾诉了同样的感受，这篇日记写于 1836 年 8 月一个星期二的傍晚，此时，她的第一个孩子才 11 个月大。

评判女人的一生，至少在我看来，应该参看她为人母亲的那段时期（那是她履行人生中最伟大、最重要职责的时期）。我感觉，我那时对诸多事情都是那么无知与困惑……

如今，许多妈妈也会感到“无知与困惑”。毕竟，有关婴儿看护的知识很难在学校课程中学到。许多妈妈到了怀孕期间才了解到一些基本的育儿常识。这种状况并不理想，但值得庆幸的是，网络资源和健康专家们提供的信息让这种状况还不至于演变为一种灾难。一些专业的育儿知识可以成为学校课程中非常有价值的信息补充。

养儿育女成了一次冒险的经历

但是，养儿育女并非只是提供看护，而是需要与一个陌生的新生命和谐相处。对于眼前这个尚不能开口说话的小生命，妈妈们一无所知，这会让她们感觉到一种挑战。但是，这种未知的状态对妈妈与宝宝之间的相处会构成障碍吗？或许，承认自己的一无所知反而会有好处，这是公元前5世纪雅典哲学家苏格拉底的伟大见解。

对于妈妈们来说，苏格拉底的这一发现非常有用。许多妈妈通常都会一下子陷入无知的境地。大多数的妈妈会从书本、医院开设的讲座或相互之间的交流中学到一些育儿的基本方法，这些方法通常让育儿显得非常简单，并且千篇一律。然而，当妈妈面对一个独一无二的新生命时，她会发现自己几乎一无所知。甚至在妈妈对宝宝有所了解之后，当她与宝宝的关系进入一个新阶段时，妈妈会再一次陷入困惑。

我不知道自己将何去何从。（小公主，11个月）

我感觉我不了解儿子。在他小的时候，我总是能准确理解他的意思，而现在，尽管我一直试着理解他的一举一动，但我真的弄不明白。（小王了，16个月）

我们身处一片未知的领域。（小公主，18个月）

这些妈妈都读过育儿方面的书籍，但是这些书讲述的都是宝宝的共性。如果妈妈将宝宝与自己的理想以及愿望结合在一起考虑的话，情况就完全不一样了。每位妈妈都是孤身一人行走在一条与众不同的为母之道上，她非常清楚自己对前路一无所知，因此，她的担忧和恐惧会不时来袭。但是，这似乎是初为人母的重要开端，它从一开始就赋予了妈妈们一种谦虚爱学的态度。有了这种态度，学习就变得更加容易了。

由此，养儿育女成了一次冒险的经历。我们不会受制于事先设好的种种结局。在学习如何将自己塑造为完美母亲的道路上，妈妈们享受着自由。

过去，我总认为学习是逼出来的，但是成为妈妈之后，

我发现我无时无刻都在学习。（小王子，22 个月）

母爱促使母亲去学习。许多妈妈都深爱着宝宝，因此，我们相信，她们的学习同样也会深入。母爱能促使妈妈将观察到的细节转变为相互理解的基石。

宝宝做起事来总是慢半拍。他的手脚伸展得很慢，吃奶也很慢。由于我们有缘，我能理解他为什么比预期晚了两周出生。（女儿，21 个月；儿子，13 天）

儿子总是不想睡觉。不管哪里有点风吹草动，他都会把眼睛睁得大大的，不愿入睡。但在他实在太困的时候，他就会变得非常安静。在意识到这一点之后，我感觉身心都得到了解放。（小王子，3 个月）

第一位妈妈：如果女儿在揉眼睛，我就知道她累了，该睡觉了。但是如果我忽视这一信号的话，她就会哭闹并表现得很痛苦。别人认为我有点神经质，可能是因为从表面看来宝宝似乎一切正常，而我却在那里瞎忙活。（小公主，3 个月）

第二位妈妈：是的，我也是那样。如果女儿想睡觉了，她就会轻轻地吼两声。在其他人看来，这种表现说明她不能入睡，于是他们总想把她抱起来。但是我知道，她就是需要轻吼两声才能安然入睡。（小公主，5 个月）

妈妈们经常会发现，理解的加深也伴随着爱的增长。

女儿出生的时候，我爱她，因为她是我的宝宝，而如今，我爱她所有的个性。我将她视作一个独立的个体，并深爱着她。（小公主，8 个月）

适时、坦然地接受事实

然而，妈妈们早期的进步可能非常微不足道，因此，她们有时很难意识到自己已经有了良好的开端。甚至对宝宝已有所了解的妈妈们有时也会感叹说自己很失败。这意味着什么呢？在育儿过程中，“成功”与“失败”意味着什么呢？

通常，妈妈们对成功的定义就是将宝宝变成大家普遍认同的孩子。比如，她们会说：“我感觉很失败，因为宝宝拒绝用奶瓶喝奶。”但是，母乳喂养的宝宝本身对奶瓶可能就会很反感。和妈妈一样，宝宝也是一个独立的个体。从这种意义上讲，妈妈并没有失败。相反，她很成功，因为她已认识到，宝宝是在表达自己的个人选择。

妈妈们会说：“但是他必须吃东西。”“他必须睡觉。”“他必须学会相信他人。”说这话时，她们的声音中带有一丝恐慌。没错，所有的这些事宝宝都得做，但是通常妈妈们都会出于上述种种担心而为宝宝制定一个时间表。如果宝宝能在“合适的”时间做“合适的”事，一切固然会变得更加容易，但是，宝宝却不知道他应该在什么时间上床睡觉，因为一切都是妈妈决定安排的。然而，不管妈妈如何恼羞成怒，这并不意味妈妈就是失败的，此时，她已从宝宝那里收到了一条明确的信息。处于此种困境中的妈妈会发现：假如她能尊重这一信息的话（无论她有多不情愿），那么，她就能与作为独立个体的宝宝们进行持续的交流。

几个月前，当我认为女儿需要睡觉的时候，我就会试着让她睡一会儿。而现在，如果她不想睡，我就会说：“好吧，

你不想睡觉。如果你想起来，那我们就起来吧。”（小公主，9个月）

女儿有自己的入睡方法，这对她似乎确实很奏效。在讲完睡前故事之后，她会爬起来在床垫上使劲蹦几下，好像是在耗尽最后一点精力。这与书上所说的正好相反，书上总会告诉你要缓缓地、安静地进入梦乡。但是，这种方法显然对她毫不奏效。之后，她就准备睡觉了。我已经学会相信她的做法。（女儿，3岁；儿子，6个月）

对于应该何时信任我们的孩子，我们仍有许多东西要学，这就要求我们将宝宝视为独立的个体，并用心去了解他们。如果我们能做到这一点，那么，许多问题都可以迎刃而解。

在养育第一个宝宝的时候，我一直在寻求问题的解决方法。现在，我已不再试图去寻找解决方法。因为根本不存在什么解决方法。（大儿子，2岁；小儿子，3个月）

不管怎样，对我来说，为人父母的真正困难之处，在于面对种种不确定时的继续坚守。我们总想做点什么来解决这些问题，免得为此再继续花费心思。然而，这样做通常只会让事情变得更糟。时间将会为你解开所有的难题。你必须等待，尽管捉摸不定的状态会让人很难受。（大儿子，11岁；女儿，8岁；儿子，8个月）

通常，你什么问题都解决不了，时间却能解决一切。你四处奔走，想让孩子过得更好。但是，问题总会过去。过去我也是个总想要解决问题的人，但如今，作为孩子的妈妈，我正在学习的是适时、坦然地接受事实。（女儿，3；儿子，8个月）

这是一项非常重要的发现，但实践起来并不像听起来那么简单。在变化不定中继续等待而又束手无策，这是母亲更

好吧，
我知道你不想睡觉，
那我们就起来吧！

难忍受的事情之一，因为她会为孩子非常担心。

很显然，妈妈们不会总是忍受和等待。她们会代替孩子积极地介入其中，这是妈妈们在育儿过程中为人熟知的一面。然而，她们同样也有着平静、柔和的一面，这一点鲜为人知但却同样重要，此外，这似乎也是经验丰富的妈妈们所具有的共同特征。

如果孩子生病，平静的“等待”就显得尤为重要。大多数新手妈妈都会极力地去保护宝宝，但是，宝宝的健康甚至生命并不总是在妈妈的掌控之中。这时，无知和经验的匮乏就会让妈妈感到恐慌。如果宝宝的病非常严重，那么，妈妈们还需了解一些专业的医疗知识。基于上述原因，妈妈们通常很难做出决定。对于需要肩负的此种重任，她们不可能有充分的准备。

妈妈可能一会儿在为种种抉择而慌乱地寻找各种信息，一会儿又只是静静地守候一旁，静观宝宝的状况。

等待是一种煎熬。但是对于病床上的宝宝来说，妈妈的陪伴显得弥足珍贵。妈妈并非像自身认为的那样无知和无助，尽管她可能需要不断的鼓励，才能消除对自身的怀疑。如果宝宝处于痛苦或悲伤之中，妈妈的声音会让宝宝的痛苦得以缓解。即使在极度危急的情况下，甚至时间已所剩无几，妈妈只要能得到热心的支持，便能用母爱的力量去帮助宝宝。宝宝的健康或许只能取决于医疗科学，但妈妈却能给予宝宝私密的情感力量。

我一直都在努力想让女儿成为一个真正的人，而不仅仅是一个代号。当别人谈到她时，就好像她是（疾病的）代号一样，我过去常常有这样的想法：不要对我的宝宝说三道四！

（大女儿，2 个月时夭折；二女儿，4 个月）

儿子注射疫苗后就生病了。我一直希望他能多睡会儿，但是他生病之后，我发现我整晚都没办法将他放下。我只好抱着他，摇晃着他，不停地走动，而毫不在乎我自己的疲倦。对于他，我深感愧疚。但好在我觉得我们之间的关系更近了。我也意识到，只要能让儿子高兴，我可以付出一切。（小王子，3 个月）

我们是否真的需要“完美无瑕”的宝宝呢？

通常，宝宝生病时，妈妈会再次意识到，宝宝是一个独特的个体。宝宝出生之时，妈妈们能轻易地意识到这一点，但是随之而来的忙碌生活很可能让妈妈对此有所忽视。

那么，当我们在谈论宝宝的时候，为什么我们会觉得他们是不听使唤的机器而亟须我们去修理呢？“我的宝宝不睡觉。”“我的宝宝拒绝吃固体食物。”“我的宝宝不能很好地和小伙伴分享。”我们是否真的需要“完美无瑕”的宝宝呢？我们身边的宝宝有着我们已经熟知的个人偏好，难道他们并非是我们真正深爱的人吗？

虽然我并不信奉宗教，但上天让我拥有了我的女儿，我感觉很幸运。快乐时，她会开怀大笑。几天前，我坐在公共汽车上，一个男人看着我的女儿，然后对我说：“上苍很眷顾你，真的很眷顾你。”我同意他的话。我确实感觉我得到了上苍的眷顾。虽然这样的话带有宗教意味，但是这正是我的感受。（小公主，7 个月）

许多妈妈都会徘徊于两种情感之间，一会儿她们觉得拥有宝宝是如此幸运，心情无比愉悦，一会儿又会因为生活中的琐事，顿觉如入地狱。

当你坐下来给宝宝喂奶时，几乎就在那一刻，你发现身边有个脏杯子需要清洗，还有成堆的面巾纸和衣服也需要整理。于是，你就老想要起身把一切都收拾干净。（女儿，2岁；儿子，2个月）

每当女儿快睡着的时候，我就开始谋划着做家务。但是我又想：别傻了吧，她可能会随时醒来。在上完厕所之前，千万别打开洗衣机！（小公主，4个月）

在照顾宝宝的过程中，妈妈会发展出新的自我意识。许多妈妈发现和宝宝待在一起非常快乐，这远超出了她们的预期。

如果当初对宝宝的了解更深入，我就会再休一年的产假。现在，我已心甘情愿地回到了工作岗位，但是我曾经有过想要抱着女儿逃走的念头。（小公主，4个月）

在此，我们面临着一个更大的问题：是否有些妈妈会因为经济原因而不得不回去工作，而这正好与她们的内心情感相抵触。其他一些妈妈则发现，与宝宝待在一起并不是一件愉悦的事，因此，她们巴不得早点回归工作。

在育儿的道路上，妈妈们从最初的无知到慢慢地学习，其间饱含着无比的艰辛。尽管如此，我想，假如我们都能给予妈妈们更多的尊重和支持，更多的妈妈都会加入到这个冒险之旅中。相反，妈妈为了解宝宝而付出的心血要么被人们忽视，要么就被视为理所应当。因此，妈妈们会感觉人们忽视了她们对社会的贡献。

用爱去哺育儿女的每位妈妈都在做着巨大的贡献。对外人来讲，妈妈的爱或许听起来有些过度，但是这似乎是妈妈心甘情愿的付出，同时也是孩子内心的需求。孩子们似乎不太喜欢自我节制，他们眷恋他们得到的那炽热的母爱，似乎这是他们一开始便拥有的急切渴望。如果我们珍爱他们幼小的身躯以及他们早期时候学习和探索的热情，宝宝们就会放出耀眼的光芒。

母爱并非奢侈品，它是妈妈亲近新生宝宝的必然选择。起初，妈妈和宝宝之间会建立非言语对话，但慢慢地，这种对话会发展成为普通的语言。这样，宝宝就与其他所有人都建立起了联系。最终，他便走进了我们的成人世界。但无论如何，妈妈首先必须主动地亲近宝宝。

这并不意味着妈妈就能完全了解自己的宝宝。即使在如此亲密的关系中，宝宝仍然一直是个谜。

第六章

为婴儿做抚触，妈妈应该怎么做

抚触也是一种语言

妈妈们会通过行动来传递对宝宝的爱，但她们自身或许对此了解得还不够。

宝宝有时会非常调皮，白天从不睡觉。他简直让我筋疲力尽。我丈夫每天工作时间很长，况且我的家人又住在国外。一切对我来说都很艰难（哭了）。我头脑中总是有种担忧，担心我不能给予宝宝足够的爱。（小王子，8周）

我能够理解这种担忧。在我初为人母的时候，每当宝宝在我怀中熟睡之后，我便坐下来，任由思绪飘飞至那无尽的远方。和这位妈妈一样，我会问自己是否给予了宝宝足够的爱。与这位妈妈面对面坐下之后，看着她温柔地怀抱着稚嫩的儿子，浓浓的爱意尽显其间，我有了新的发现。她确实是在向儿子传递着一个信息：即便妈妈已筋疲力尽，但依然会对你“不离不弃”。这是儿子人生中必须学习的重要课程之一，他不可能无师自通，在此，这位妈妈担当起了老师的角色。但大多数的宝宝无须学习这一课程，因为他们能够从妈妈的爱抚中感受到舒心的温暖。

抚触也是一种语言，是我们在学会说话之前便可掌握的语言。从生命伊始，持续性的爱抚就显得尤为重要。对持续性抚触的渴求在我们的语言也有所体现，尽管随着年纪的增长，我们不再局限于使用它的字面意义。成年人经常会说：“保持联系哦”，这通常指的是通过电话或电子设备的方式。尽管如此，这使得一些弥足珍贵的东西仍能继续存留在我们的生活之中。我们通常不会说“保持收听哦”或者“保持我能嗅到你哦”，这样一来，抚触就显得尤为特别。

我们是在何时开始学习抚触这种语言的？是谁教会了我们呢？在出生之前，我们就有了抚触的行为，但根本没人教过我们。还在妈妈肚子里时，我们就会借助于舌头、小手和脚丫去触摸自己的身体、脐带、胎盘以及妈妈，因此可以看出，早在出生之前，我们便有了抚触的行为，那时，妈妈根本不可能教会我们这些。

妊娠期的妈妈能感觉到宝宝在子宫内的运动，并能猜出他们在做什么。现如今，许多妈妈都会定期去做 B 超检查，她们能够看到肚中的宝宝。米兰大学儿童神经医学教授亚历山大・皮翁泰莉引述了一位产科医生的话，当时，这位医生正看着电脑，屏幕上显示出了一个 25 周大的胎儿的超声图片。我们明显能够感到这名医生言语中的兴奋之情：

看，那里是脐带……他好像在拉它……他正握着脐带……就像拉着一根绳子一样！……现在他把手放在了头上……他好像总是在寻找可以抓住的东西……他的脐带……或者头……

宝宝的抚触会令妈妈愉悦吗？妈妈们应该如何回应呢？在一次聚会上，参会人员中有位已怀孕 37 周的准妈妈，她是其中唯一一位处于孕期的准妈妈。其他妈妈都在抱怨宝宝晚上老是不睡觉，而轮到她说话时，她这样说：

我的宝宝晚上也不睡觉。我一躺下，他就变得非常活跃。这是他的舞蹈时间。

但并不是所有妈妈的反应都如此积极、乐观。在一次孕期讲座上，老师问道：

老师：有没有哪位已经感受到了宝宝的活动？

妈妈：我不清楚我的感受，但是宝宝似乎很不喜欢我。

老师：哦？你是怎么知道的？

妈妈：他已经开始狠狠地踢我。他一定是在生我的气，所以才那样踢我。

因此，无论妈妈的情绪是积极的还是消极的，或者两者兼有，在真正的会面之前，妈妈与宝宝早已能够感受到彼此的存在，这似乎已为宝宝出生后母子之间更有意识的交流奠定了良好的基础。

宝宝一旦降生，他便从子宫紧紧的束缚中解放了出来，他双手及手臂的肌肉似乎摆脱了之前的束缚，变得更加舒展。但是，此时发挥全新重要功能的肌肉是宝宝的口腔肌肉，他可以借助这些肌肉完成吸吮和吞咽的动作。哺乳期的妈妈或任何一个将手指放进婴儿嘴里的人，都会惊奇地发现这些肌肉的强劲，因为至少在宝宝出生后的前半年，这些肌肉是宝宝与外界沟通的最可靠的工具。

宝宝一旦降生，妈妈就能抱着他，于是，通过母子间皮肤的接触，一套语言便由此建立起来。宝宝需要这种抚触，妈妈似乎也不例外。妈妈的双手会以比思维更快的速度向宝宝传递她的各种感觉：温暖、光滑、柔软、多汗、不结实、紧张、滑嫩、激动……或许，此时的宝宝也能察觉到对方的信息。幸运的是，还没人想到要教授宝宝学习这一行为，因此，每个宝宝都在不断地自学。或许我们会在偶然间发现，作为一种交流方式，抚触真的非常有效。

有天晚上，我感觉很烦躁，因为哺乳之后我的乳头总是很痛。我发出了一声尖叫，这时，女儿举起小手，搭在我的手臂上。这可能只是巧合，但我却感觉很甜蜜。（小公主，9

天）

作为妈妈，我们并非毫无经验，因为和宝宝一样，我们也学会了基本的抚触语言，尽管不太完美。成年人应该掌握一些有用的技巧，比如，在给宝宝洗澡时如何托起宝宝的头，如何抱宝宝更安全。但幸运的是，在刚开始的几周，妈妈们通常一边胡乱应付，一边重新探索如何通过抚触来与宝宝交流。

抚触是一种非常诚实的语言。然而，理解该语言的障碍之一在于，在拥有宝宝之前，女性在工作中或许已经磨灭掉了自己的敏感。任何一个涉入职场多年的人都会学会压抑自己身体的各种感觉，即便饥饿、口渴，也必须挨到休息时间。但是有时女性又得出席应酬，尽管她一点儿也不饿。通常，虽然内心觉得很无聊，但她却必须表现得饶有兴趣。而有时，她虽然非常担忧，但又必须表现得毫不关心。下午时分，虽然她好想趴下好好睡个大觉，但又不得不强打起精神。她可能会对一个并不好笑的笑话开怀大笑，也可能在面对滑稽荒谬时表现得一本正经。此外，其他的一些生理反应，比如哭泣、生闷气或恐惧，都需要在一定程度上加以控制。

在经过多年的情感压抑之后，对于像宝宝在情绪未加控制的情况下所发出的信号，妈妈可能很难感受得到。其实，要破译宝宝发出的信号可能并不难，但是妈妈们必须回归到单纯与率真。

通过抚触所进行的交流，与言语交流有所不同。当你说话时，我必须静静地倾听，以便接收到你的信息。但是如果你一直不停地说，你就不能听到我所讲的话。顺利的交谈需要交谈双方的角色互换，但是抚触却是同时发生的，而且我们的反应通常比思维更快。抱着孩子的妈妈可能会感觉怀中的孩子正在下坠，此时她或许不会想到：哦，他已经睡着了，但由于感觉孩子变得越来越重，她的双手则可能把孩子抱得更紧。

摸摸我，妈妈，看看我还在不在

与言语交流不同的是，即使在妈妈熟睡的时候，抚触语言的交流仍会继续。在这种交流中，感到安心的不仅仅是宝宝，也包括妈妈。

第一位妈妈：我和先生这周决定让宝宝开始睡自己的小床。（在此之前，他一直和爸爸妈妈睡在一起。）他在小床上睡得很好，但是我很想念他。过去，我常在我们的床上给他喂奶，然后他就会在我的怀里入睡，我也跟着他一起睡。自从宝宝在小床上睡觉之后，我的睡眠没有以前那么好了。（小王了，8 个月）

第二位妈妈（说得非常快）：我同意她说的话。（女儿，3 岁；儿子，6 个月）

同样，宝宝也了解我们。有时，妈妈潜意识中的交流内容可能与自身所流露出的情感有所不同。但是宝宝总是能抓住这些具体的情感信息。比如，一位妈妈带着宝宝去参加家庭聚会，决定好好享受一下热闹的气氛。但是她可能会想到，亲戚们会在宝宝的养育方面对自己评头论足，因而不知不觉中显得有些紧张。宝宝感受到了妈妈的紧张，于是，家庭聚会一开始，他便伤心地大哭起来。在妈妈与亲戚道别并走出大门之后，宝宝安静了下来，因为此刻他感受到了妈妈的放松。

对于妈妈和宝宝，有时人们可能会获得一种错误的印象，这或许是因为母子间交流的无形，也或许是因为交流的转瞬即逝。一些人将妈妈与宝宝描述为一个“整体”。从表面上看，的确是这样，妈妈和宝宝在长相及举止方面都很像一个整体。一些妈妈甚至说，她们感觉宝宝就是自己身体的延伸。但是事实并非如此，妈妈和宝宝经常会为彼此的行为感到惊讶，原因在于他们都有着独立的反应，他们是分离的个体。如果妈妈和宝宝看起来的确很像一个整体，这是因为灵敏的触觉使他们能够快速理清彼此发出的信号。

这种交流是隐秘的。但与此同时，妈妈可能还会在与其他成年人进行交谈。尤为特别的是，她同时主导着两个层面的对话。

我正在孕期讲座上讲述我分娩时的情形，因为这是我事先答应做的。但是，我的讲述听起来像是事先排练过的，因为似乎我根本没经过思考，便能脱口而出、滔滔不绝地道出整件事的来龙去脉。然而，真正的对话在这里（即：她怀里的宝宝），我一直在想：该是喂食的时间了，该是打嗝的时间了，该换另一只乳头吃奶了。我真正的心思全在这些事上。（小公主，5 周）

许多妈妈发现，只有持续的身体接触才能让小宝宝放松和平静下来。宝宝为什么能平静下来呢？我们在思考这一问题时，一定会发现：宝宝降生来到人世，远离了温暖的子宫，这种感受一定非比寻常，而在子宫内，抚触一定是生命必不可少的一部分。

朋友们的不理解会让我非常生气。他们会说："你为什么说连澡都洗不了呢？你只需把女儿放下 10 分钟即可。能出什么问题呢？"他们这样说，好像女儿很想让我将她放下似的！（小公主，4 个月）

诗人塞缪尔·泰勒·科勒律治创造了"心灵之所"一词，他曾经讲述过一段经历，并将之视为普遍现象：

许多妈妈都听说过这样的故事：一个 3 岁的孩子半夜醒来，他躺在婴儿床里（婴儿床就在大床的旁边），用哀求的声音说道："摸摸我，用你的手指摸摸我。"我亲耳听见，在同样的情况下，另一个同龄的孩子也使用了那些特殊的话语来回应妈妈（妈妈的询问中夹杂着安慰与责备）："我不在了，摸摸我，妈妈，看看我还在不在！"

如果有人注意到了这一点，这将非常有趣。在幼年时，或许我们当中许多人常常都需要温暖的抚触来感受自身的"存在"。

我一直都在抱着宝宝。我一把他放下，他就开始哭闹。甚至当我准备将他慢慢地放进小床时，他就开始哭闹了。（小王子，3 个月）

我只想马上回到宝宝的身边

如今，在妈妈工作时，许多宝宝都能得到个人或机构的专业看护。这会破坏母子之间的交流吗？生活并非总能十全十美，然而许多妈妈在闲暇时都会尽力维系与宝宝的关系，尽管她们已非常疲倦。但是，许多妈妈害怕回去工作，因为

我不在了，
摸摸我，妈妈，
看看我还在不在！

这样她们就再不能把宝宝留在自己的怀抱。

在我疲倦的时候，别人会主动要求为我抱宝宝。我知道这是好意，但是他们没意识到我对女儿的感觉。这种感觉就如同我身上长出了一个新器官，一个爱的器官，这意味着，只要我能和女儿在一起，我就是最幸福的。（小公主，2个月）

有一次，我预约了按摩，于是，我就丢下女儿、丈夫和几个朋友就去了。到达之后，我发现我把时间弄错了，我还得等上1个小时。我差点疯掉了。我马上打电话给丈夫，朋友们向我保证他们带足了宝宝的食物——他们也带着自己的宝宝——叫我不用担心！我知道我很不理智，但是我根本无法控制。离开女儿太久，我感到很不安，我没能好好享受这次按摩。这次经历让我很不愉快。（小公主，11个月）

虽然我们在之前谈到许多妈妈感觉身为人母后受到了束缚，但是我们要明白的是，并非所有的妈妈都有同样的感觉。

当我离开女儿外出时，我想这真是太好了。我太喜欢这样的感觉了。能够偶尔外出一次真的感觉很棒。但之后，当我认为该回到女儿身边时，我就想马上能见到她。不管我以何种方式回到女儿的身边，路程总是显得太过漫长。我想狂奔回去，我只想马上回到她的身边。（小公主，7个月）

我想我应该去健身，于是我找了一家带有托儿所的健身房，我就把宝宝暂时放在那里。但是，宝宝紧紧地黏着我，根本无法分开。于是，我只好打消这个念头，继续和他待在一起。（小王子，17个月）

在一些文化中，这种灵长类生物基本的依附反应很难有机会得到进一步的发展。例如，西方文化长久以来都有着这样的传统：就是将宝宝放在摇篮、婴儿床或推车里，而不是抱着他们。对于在这种传统文化下长大的新手妈妈来说，宝宝的行为会令她们迷惑不解，因为新生宝宝一旦被放下，便会伤心大哭。妈妈们之所以感到迷惑，是因为根据她们以往的经历，独自待在小床里太正常不过了。

小时候，我经常被放在花园里睡觉。即使我号啕大哭，也没人能听见。现在我的本能告诉我，绝不能那样对待宝宝做。我把宝宝放在吊兜里抱着。他不喜欢平躺，所以我必须让他直立起来。为此，我内心很矛盾，我脑中始终回响着一个声音，大声地提醒着我：你错了。（小王子，3 周）

一些宝宝需要陪伴的时间远超出了妈妈们的想象。

宝宝哭泣的时候，我总会把他抱起来，但是我没想到现在这样的结果。你可能觉得我应该把他放在地毯上，如果我陪着他的话，他就会表现得乖乖的，但是我根本就无法将他放下，他希望被一直抱着。我很担心我太溺爱他了，他也许很难学会独立。（小王子，5 个月）

有没有一些宝宝本身就比别的宝宝更喜欢被抱着的感觉呢？一些宝宝一旦平躺下，便会表现出强烈的反抗，这在患有胃食道反流疾病的宝宝身上表现得尤为明显。然而，即使没有这种疾病的影响，大多数宝宝也喜欢被抱着的感觉。在约翰·鲍尔的著作《依恋》当中，我们可以发现如下的脚注："我和助手特别挑选了那些在妈妈们眼中不太可爱的小婴儿，但和我们一起时，他们却非常可爱。事实上，是妈妈自己不喜欢搂抱宝宝。之后一段时间，我们发现这些宝宝变得不再渴求拥抱，并且一旦投入别人的怀抱，他们便会不停地扭动身体。”之后他又补充道：“当然，一些脑部受损的宝宝会表现得非常亢奋，并且从一开始就不喜欢别人的拥抱。”

这一观察非常有趣。其实，小宝宝们的共同特征并不多。妈妈们的进一步观察能否证实鲍尔的观点呢？这个问题很有趣。

搂抱是爱的形式之一

在原始、传统的社会里，妈妈们通常会用吊兜或披肩将宝宝绑在身上，这样，妈妈就能一边干活，一边和宝宝待在一起。近年来，宝宝背带及吊兜的大量使用又重新点燃了这种简单、纯朴的想法。吊兜得以不断改进，市场上的吊兜种类也是琳琅满目。丰富的吊兜产品很有必要，因为妈妈和爸爸的体型会有很大差异。对于一个人来说非常理想的吊兜，对另一个人来说或许并不舒适。

各式各样吊兜的出现同样传递出这样的信息：如今的新妈妈们更加意识到宝宝们或许不愿离开妈妈的怀抱。但是，我仍然记得我第一次看到吊兜时所感受到的惊奇。那是1971年，正好在我女儿出生之前，一位美国妈妈向我展示她的“宝宝背带”，这令我非常兴奋，我还问她在哪里能买到。我记得，当时我从加州订购了一个，那时似乎只有一个款式。他们警告我，在宝宝3个月之前千万别用，但我迫不及待地就开始使用了。我走在街上，肩上挂着吊兜，不断有行人将我拦住问：“你胸前抱的是只小狗吗？”那时，每个人都认为宝宝应该放在婴儿车里。

你胸前抱的
是一只小狗吗？

近来，婴儿吊兜的流行显示出人们期望的变化。妈妈们现在认识到，宝宝们可能不仅希望在户外时能贴近父母温暖的躯体，在家时也如此。大多数吊兜都能使妈妈轻易地看到宝宝，并与其进行交谈。当妈妈与宝宝有身体上的接触，两个人的头紧靠在一起时，彼此间的交谈才变得更加舒心惬意。

妈妈：我不再害怕做妈妈了。

我：发生了什么改变呢？

妈妈：我想，我已经变成了一位好妈妈。

我：（我非常惊讶。这位妈妈在几周前似乎还表现得毫无自信）你怎么知道你已经变成了好妈妈呢？

妈妈：嗯，我之前带宝宝去医院接受第二组的注射。那里的很多妈妈都这样抱着她们的宝宝……（她做了个将宝宝平躺抱着的手势，手的位置离身体很远。）我把宝宝竖抱着，让他靠在我的肩上。我轻轻抚摸着他的后背，并在他的耳边轻声说：宝贝儿，你会没事的。这一次，他几乎一声都没哭。（小王子，3个月）

这位妈妈明白了，尽管给儿子进行注射是医生的事，但在帮助儿子做好准备的整个过程中，她也起着重要的作用。

如果你看见一群妈妈在咖啡馆或游乐场聊天，你可能会发现，至少有一位妈妈是站着的，她会不停地上下抖动以抚慰怀里的宝宝。有一种观点说得非常好：我们大多数人在出生后，都会感觉极其不舒服，因此，妈妈们需要用大量时间来搂抱我们，以使我们平静下来。

如果我们不能得到任何形式的安慰，那么，缺少身体抚慰的悲伤之感便会令人难以忍受。宝宝会自己摇动身体、拍打自己的后脑勺或者选择独处，这些行为在孤儿院里都很常见。帕特拉斯库·佩伯迪是一对英国夫妇从罗马尼亚孤儿院领养的一名孤儿，以下是他在成年之后重返孤儿院时所做的描述："对于许多仍在里面（罗马尼亚一家绝症患者收容所）的人来说，他们什么都没有。他们只能在恶臭的环境和黑暗的角落里度过。他们坐在那里，前后摇晃着自己的身体。"

为什么搂抱会有如此大的作用？在一定程度上，妈妈手臂的压力似乎能让宝宝重新体会到被子宫包裹的安全感。至于妈妈如何给予宝宝合适的压力，我们将在后面的章节单独讨论。但是，搂抱的作用还远不止于此。妈妈温暖的肌肤也有其独特的作用，它似乎在传递一种深度的炽热。对于宝宝而言，仅有温暖似乎并不够，他们需要的似乎是炽热。这种炽热不仅能通过妈妈的手臂传至宝宝的皮肤表面，而且还能渗透至宝宝的内心。感受到此种炽热的宝宝似乎会表现出内心的充实和满足。缺少搂抱似乎会传递出相反的信息——可怕的阴冷以及内心的空虚。文学作品或自传里多有这样的描述，而且使用的语言通常都非常生动，因为遗失某物的感觉会令人非常心痛。比如，维吉尼亚·艾恩赛德曾这样写道：

要说我渴求得到母爱，渴望母亲的手臂拥抱着我，这并不确切。我知道，我内心空虚，但是我却不知道用什么来填补。

幸运的是，许多宝宝身边都有妈妈或者看护者的陪伴，她们都很乐意搂抱宝宝。有时，搂抱能够让哭泣的宝宝平静下来。即使不能，妈妈通常也能感到，比起不给任何抚慰地将宝宝放下，继续抱着宝宝总会更好。妈妈在抱着宝宝时，可能会有一种坚定的信念：这对宝宝有好处。

宝宝很痛苦，这让我无法忍受，但我无能为力。我抱着他，对他却没什么帮助。他继续大哭，直到慢慢入睡。（小王子，6周）

女儿正在长牙。昨晚，我真的不想把她抱起来。我忙碌了一整天，已感到筋疲力尽。我想吃晚饭，而且抱着她会让我非常疲惫。她不停地哭，我就坐在那里，心里盘算着该怎么做。最后，我还是把她抱了起来。我很高兴我这样做了，她确实需要我。最终，我也吃了晚饭，不过很晚。（小公主，4个月）

女儿小的时候，傍晚时经常哭，我不知道问题出在哪里。我经常抱着她，但还是不能让她平静下来。丈夫常说："把她放在小床上，反正她都要哭，那就让她在小床上哭吧，你可以睡会儿觉。"或许是我不太理智，但是我不能那样做。如果女儿在哭，我就想抱着她。不管怎样，只要她女儿在哭，我就睡不着觉。（小公主，5个月）

的确，对于情绪敏感的小宝宝来说，妈妈传递出的这条信息有着深远的意义。如果妈妈能够与他一起共渡难关，并对他不离不弃，无疑会给宝宝留下这样的感觉：他在别人眼里似乎还不是个大麻烦，他们会一直陪伴在他的左右。

宝宝都是通过触觉来获得感知的

然而，并非所有的妈妈都能这么做。一些妈妈发现，与处于伤心、痛苦状态的宝宝待在一起非常困难。如果妈妈不能应对类似的痛苦，那么，她也会用其他方法来传达自己对宝宝的关爱。

温尼科特曾说：“搂抱是爱的一种形式，尤其是对婴儿身体上的搂抱。这或许是妈妈能向宝宝表明爱意的唯一方式。”毫无疑问，搂抱是一种爱的形式，这一评论完全正确，但是，它真的是唯一的方式吗？正如鲍尔比在他的著作《依恋》中指出的那样，一些母亲不喜欢给予宝宝搂抱。而其他人则有可能因身体上患有疾病而不能将宝宝抱起，但这并不意味着他们不能用其他方式来表达爱。

今天早上，我去见理疗师，她告诉了我一些坏消息。她对我说，搂抱儿子会对我的身体不利。我不知道该怎么办，因为他哭闹的时候我总会抱着他。回到家不久，宝宝就开始哭闹了。这和他以往哭闹完全不同。我一点力气也没有了。我不能把他抱起来。我该怎么办？他不停地哭，我也跟着哭。我们俩哭到了一起，但毕竟我是成年人，我的哭声几乎盖过了他的哭声。后来，我意识到自己必须先安抚好儿子，然后才可以处理自己的眼泪。我试着让宝宝明白，他绝不是让我哭泣的原因。最后，我找到了让他安静下来的方法。我对着他的前额吹了几口气，他非常喜欢，之后就睡着了。（小王子，4 个月）

还有一位母亲，多年前她在一场车祸中受了重伤而得以幸存，却落下了终生残疾。她想做一位“正常的”妈妈。但是一天下午，她突然失去了积极的人生态度，放声大哭起来。

第一位妈妈：我希望我能弯下腰。我没法和宝宝坐在地上玩，我必须叫别人把宝宝抱起来。我想做的事情太多了。（小王子，14 个月）

（其中一位妈妈递给她一张纸巾并轻轻地抚摸她的肩膀。

当她情绪恢复得差不多时，其他妈妈开始继续她们的谈话。）

第二位妈妈：但是，你的儿子看起来非常快乐。你给了他所需要的一切。（小公主，14 个月）

第三位妈妈：这正是我想说的。你给他的爱已经够多了，很少有小孩能得到如此多的关注。（小公主，15 个月）

第二位妈妈：你的儿子已经学会了忍耐。他比我们的宝宝都有耐心。他知道你不能抱他，于是，他只好等待其他人帮你把他抱起来。

这些话很有道理，因为我们所有人都看到了这小家伙耐心的等待。如果宝宝每时每刻都要求搂抱，身体健全的妈妈有时也会感觉有些沮丧。但是，对于受身体健康影响而不能抱宝宝的妈妈来说，无法抱搂宝宝的感觉似乎令人更为痛苦。

前三个月的时候，我不能抱起女儿，于是我就找了一个保姆来帮我，她非常漂亮，但是我不喜欢她。我不在乎她有多漂亮，我只想抱着宝宝，给她洗澡并照顾好她。（小公主，13 个月）

对一些妈妈而言，她们自己的妈妈就不喜欢搂抱宝宝。

我认为，所有的宝宝都是通过触觉来进行感知的，但是我的妈妈从小是被别人领养的。她从来没有抱过我们。她总是和我们保持着距离。（小公主，12 个月）

我的妈妈小时候是被人领养的。我想，她的养母对她并不热情。小时候，她从来没得到过拥抱，于是她只好将自己封闭起来。如今，我能从她身上看到这一点，并且这种影响相当深远。她说，她过去常常强迫自己抱我和我的兄弟，因为她明白她应该这样做。（小王子，2 岁）

通常，人们会花上几代人的时间来弥补曾经的某种缺失。

并非所有常被妈妈搂抱过的孩子就一定会在以后的人生中获得幸福和美满，当然，这无疑会有所帮助。但是，许多书都在不吝笔墨地强调抚触的种种好处。然而，令人困惑的是，对宝宝真正重要的并不是抚触次数的多少，而是妈妈与宝宝在一开始是否都乐意去抚触对方。如果其中一方从中不能感受到快乐的话，那么，他们之间的爱就无法得以传达。

昨天，我感受到了非常美妙的一刻。傍晚时候，女儿待在自己的房间，我就坐在她的身边。她在哭，身子不停地扭动，而我一直在想，可能我是个坏妈妈，因为我没把她抱起来，让她和我一起睡。我感觉真的很糟糕。但突然之间，一种想法忽然向我袭来：不，我是她的妈妈，与其他妈妈并没什么不同，我就是她的妈妈。那一刻，我将手放在女儿的肚子上，我确实感到一股爱的暖流从我的身体流向了女儿的身体。这种感觉确实非常美妙。（小公主，7 个月）

有时，不愿进行亲密接触的也可能是宝宝自己。

最近，我一直都在读关于依恋式养育方面的书籍。我非常喜欢其中的一些观点，我想用书中的一些方式让宝宝感到安心。但最关键的一点是，小家伙并不总是依恋我。我起初认为他应该会非常依恋我，但我偶然发现，事实并非如此。有一天，把他放下之后，我发现他很喜欢这种方式。他要么自己玩，要么就独自安静地睡觉。（小王子，4 个月）

很显然，对于妈妈与宝宝应如何交流，并没有固定的规则，重要的是，要找到适合自己的方式。

给宝宝始终如一的怀抱

温尼科特不仅认识到了对孩子搂抱的重要性，而且也发现，如果妈妈要将宝宝拥入怀中，她必须首先完成将宝宝抱起的过程。温尼科特对这一过程如此细致的描述，是我平生从未见过的。“这里有位妈妈和她的女儿，”他开口说道，声音非常洪亮，听起来就像电台的播音员。

如果她要将女儿抱起，她应该怎么做？她会抓着女儿的脚，把她拖出婴儿车，然后抛起来吗？她会一只手拿着香烟，另一只手去将女儿抓起来吗？肯定不会。她抱起女儿的方式非常特别。我认为，她会预先给宝宝一个信号，告诉她，妈妈来了，在她抱起女儿之前，她会用双手环抱女儿，并让她平静下来。事实上，在她将女儿抱起之前，女儿也给了她积极的配合。

这样细致的观察太美妙了。如果被突然抱起的话新生婴儿会受到惊吓，他们会突然甩动胳膊或双腿，就如同受到了危险的刺激。许多妈妈发现，缓缓地将宝宝抱起，将双手置于宝宝身下，然后再把宝宝向上移动前，暂停一下，免得吓到他们。我认为，温尼科特非常聪明地意识到了，如何抱起宝宝本身就是一门艺术。

对于将宝宝放下的过程，我没能找到类似的细致描述。无疑，这一过程也是一门艺术。在一定程度上，妈妈能灵敏地察觉到宝宝是否准备就绪。在某些妈妈眼里，将宝宝放下只是个再简单不过的行为，而其他妈妈则时常抱怨说：“宝宝从不让我把他放下。”

女儿的尖叫声似乎是专为我量身打造的。当周围有其他人有的时候，她会很开心。而只有我们两个的时候，我一刻都不能将她放下。我不知道该怎么办。我变得脾气很暴躁——我是个急性子，这也是我过去一直不想要宝宝的原因之一。我忍不住冲她大喊："不要这样！"我感觉我的状态越来越糟——她才只有8个月大。（小公主，8个月）

许多妈妈都会受困于类似的情感斗争而不能自拔。这种斗争最初源于妈妈们认为自己知道宝宝"应该"如何做。比如，在进食之后，宝宝"应该"被放下睡觉。但是，宝宝发出的信号可能会截然不同，他更喜欢轻松地躺在妈妈的怀抱。当宝宝的实际需求不同于妈妈的预期时，妈妈就会无法接受。在这种情况下，妈妈很容易对宝宝失去信心，也会怀疑自己能否成为好妈妈。

"妈妈温柔的爱抚"几乎是个老生常谈的话题，但是，妈妈并非所有时候都能给予宝宝轻柔的爱抚。作为身体接触的另一种形式，体罚又是怎样的呢？体罚的形式是多种多样的，小到偶尔在宝宝的小手上轻拍一下，大到对孩子的经常性殴打。所有的体罚形式都有着共同的特征，就是更大、更强壮的个体想把惩罚性的痛苦强加于弱小敏感的个体之上，其目的是为了"给孩子一点教训"或"让孩子明白谁才是权威"。

通常，妈妈并不清楚为什么孩子会做出一些非常"淘气"或"出格"的行为。在这种情况下，她不会停下来思考，而是立即为此想到一个负面的理由：她和孩子已经很久没有"身体接触"了。她暴力的解决办法就是要征服孩子，而不是去理解他，并与他沟通交流。孩子表面看起来是被制服了，但愤怒之火却郁积于心。表面看起来，体罚可能是处理“问题”孩子最快速、最有效的方法，而且小孩可能确实也能按照妈妈的期望去做。但是，我们似乎天生就有一种正义感和公平感。对于小孩来说，他认为做的事完全是合理的，但却遭到妈妈愤怒的巴掌，这就失去了正义和公平，为此，孩子会减少对妈妈的信任。如果类似事情经常发生，妈妈与孩子之间的亲密关系就很难修复。

让抚触在生命中留下一生的印迹

妈妈对孩子的反应并非总是那么完美，但是她能通过抚触获取孩子发出的信号。如果妈妈并非以此种方式来“倾听”孩子的声音，那又会发生什么样的事呢？那么，妈妈就很难注意到宝宝发出的信号了。此时，妈妈不会去破译信号中所蕴含的意义，相反，她会觉得是孩子的行为不当。她也会长时间地抱着孩子，但此时，母子间已经没有没有真正意义上的“接触”了。

朱莉娅·霍兰德在自己与次女（患有脑瘫）进行交流方面做了非常真实生动的描述：

由于经常感到饥饿和不适，她会频繁醒来，并且她身上缺少了一些重要的东西——她不会进行眼神交流。她的眼神不会聚焦在任何物体上，也不会随物体移动。她甚至没有笑容。在如此痛苦的分娩之后，她的身心发展可能会缓慢一些。随着时光的流逝，我的期望与日俱增——她什么时候才能回应我给她的吻、我唱给她的摇篮曲以及我始终如一的怀抱呢？她还要过多久才能表达她对我的爱呢？

将女儿拥入自己“始终如一的怀抱”时，霍兰德太太必定是肝肠寸断，但是，她在痛苦中意识到了女儿的缺陷，同样，她也意识到了自己的所有付出，终究是得不到任何回报的，因为这可能已超出了宝宝力所能及的范围。她还有个大女儿。毫无疑问，两个女儿情况的对比令她无比痛苦，因为她不得不接受二女儿发育不全的现实。由于霍兰德太太始终纠缠于这件事消极的一面，母女间的交流似乎也受到了一定的阻碍。

之后，这位宝宝被寄养到别的家庭。养母觉察到了宝宝一些更基本的需求：“我们决定照顾她，她不会再饱受冷落。我有一个布吊兜，这也会成为她的家。她躺在我的胸前，吸吮着我的手指。在接下来的几个月，我一醒来就会抱着她。”

宝宝的生母和养母都长时间地抱着宝宝，但是养母对宝宝有着更加积极的态度。养母会关注宝宝所发出的讯号，而不是为她的生理缺陷而感到沮丧。因此，对于宝宝而言，养母抱她的方式一定使她体验到了更为丰富的情感交流。在她第一个生日来临之前，养母在她的记录中写道：这个小家伙笑了。

随着宝宝的成长，母女间抚触的目的性变得更强。婴儿抓握的能力似乎从出生起就已存在。如果妈妈将手指放在她的旁边，她就会张开手抓住。妈妈能在宝宝的抓握中感受到柔软、温暖、舒适，更让人感到惊奇的是，这种抓握竟如此强劲。渐渐地，宝宝开始伸出双手，接触妈妈以外的新事物，这时妈妈会意识到，为了宝宝的安全，她需要提高警惕了。

我与宝宝一起坐在桌子旁，凡是我认为她不应该摸但又可能会拿到的东西，我都会立即把它们转移到宝宝够不到的

地方。（小王子，6个月）

女儿的好奇心吸引了我的注意力。在浴缸与墙壁之间，装有一个热水管。小家伙伸手去摸，发现水管很烫，于是，她大哭起来。但是，当热水阀关闭的时候，这个地方就一点儿也不烫。她就会不停地用手摸这个地方，因为她没弄清这到底是个什么东西。（小公主，11个月）

随着宝宝语言能力的发展，他们便有了一个更快捷的交流模式。语言能够跨越距离。宝宝能够大喊："妈妈，我要你！"即使他不清楚妈妈去了哪里。随着月龄的增长，宝宝会更多地使用语言而减少抚触的需求。当宝宝们能借用语言向他人表达自己的想法时，这意味着在与妈妈以后的交流过程中，宝宝所能掌控的交流范围会变得更广。

然而，一些麻烦也会随之产生。有时，宝宝会因害怕与妈妈分开而黏着妈妈，有些时候妈妈也可能会黏着宝宝。宝宝与妈妈都需要一些时间来结束这种密不可分的状态，然后才会找到彼此感觉舒适的距离。

在此之后，抚触会变成一个更为抽象的概念。"我被深深地触动了，"这是我们常说的一句话，但是我们所要表达的意思绝非字面意思。然而，抚触却是两人之间完成某些亲密表白的最佳方式，因为在这种情况下很难隔着距离大声喊出我们的心声。"我爱你""对不起"以及其他类似的表白，更容易通过身体接触的方式来向对方吐露。

在我们开始成年人的性生活之后，抚触也显得非常重要。小时候很少得到爱抚的女性在长大之后，会对抚触怀有一种渴望。在与性伴侣的轻柔爱抚中，她们有机会第一次感受到这种奇妙的感觉。有趣的是，只有和伴侣一起用抚触的语言重温往昔之后，我们大多数人才变成了妈妈。

在我们处于生活的困境时，比如当我们感到渺小、害怕、无助或者忍受痛苦、奄奄一息时，我们同样会渴望得到抚触。我们会感觉，自己的智力还不足以弄清这些强烈的情感经历。或许，此时此景会重新唤起我们尘封已久的非言语记忆，那时的我们刚刚来到这个陌生、喧闹和令人迷惑的世界，显得那么的弱小和无助。在那时，我们感受到了彼此交流时的惬意。我们对抚触的敏感会给予我们极大的帮助。

有一种说法叫“不得不抱”？在肩负照看宝宝的重担时，人们用它来表达一种消极的情感，但是，当我们将宝宝抱在怀中时，我们却在从事着一种最为积极的行为，这使得我们有机会向宝宝表达欢迎之情。宝宝能够感觉到我们的信息，这种感觉会在他的生命中留下一生的印记。

第七章

感到疲惫时，
妈妈应该怎么做

我已不记得我是谁了

你如何能指望一个衣暖食饱的人去理解一个饥寒交迫的人的感受呢？这是索尔仁尼琴在他的小说《伊凡·杰尼索维奇的一天》开篇提出的问题。此外，在小说结尾时，他再次重申：“衣暖食饱的人根本无法理解饥寒交迫的人。”

在对他人的理解方面，妈妈也面临着同样的挑战。对于成年人来说，他们已经学会了用语言来思考和与他人进行交流，而新生宝宝还不具备其中的任何一项能力，因此，成年人要想真正体会到新生宝宝的感受实非易事。因此，我们在发生了不可逆转的转变之后，即从子宫内的生活进入到了子宫外的生活，就很难再记起我们曾经的感受。

我试着从女儿的角度来看待问题。她一定就像来到了一个陌生的星球，突然，她想找到属于自己的食物（母乳）来填饱肚子，而之前她都是通过脐带来获得食物的。（小公主，5个月）

妈妈真的能完全理解宝宝吗？之前，索尔仁尼琴提出的这个问题很好：真正的理解是否真的存在呢？妈妈们需要学着去爱宝宝，并要为其负责。一旦身为人母，女人就很难首先为自己考虑，慢慢地，她会学着与宝宝融为“一对儿”，也开始学着为母子俩打算。

关于妈妈对宝宝的感觉，任何文化都会有所论述。早在公元前8世纪，圣经中的大预言家——以赛亚——就曾以一首诗向我们表明，这种关切的思维似乎已成为妈妈的“标记”。以赛亚用文字向犹太人保证，上帝并没有忘记他们。他选择了两个形象来传递他的信息：一个是能记起自己羊群的牧羊人，第二个则是能记起自己孩子的妈妈。以赛亚关于妈妈的记述如下：

母亲焉能忘记她那嗷嗷待哺的婴孩？

不怜悯她所生的儿子？

是的，即或她们（妈妈）忘记，

我（神）也不会忘记你们（犹太人）

该信息的成功传递在于，它听起来让人觉得非常真实。环顾四周，如果犹太同胞们能看见大多数妈妈都在看护着自己的孩子，那么，他们就会重获信心。然而，如果妈妈的这种行为并非常态的话，那么，信息传递所使用的这个形象就是失败的，人们仍会觉得上帝遗忘了他们，从而倍感绝望。通过逻辑分析，我们能得出这样的结论：在他那个时代，人们很可能已经看惯了警觉的牧羊人和时刻将孩子牵挂于心的妈妈（很少有例外）。

以赛亚的话已有近三千年之久，但时至今日，人们还是普遍认为，妈妈做起事来可能会神思恍惚，因为她总是惦记着自己的宝宝。

昨天我开车去了超市，我将宝宝放在推车里。我选购好商品之后，就去排队结账。我认为我已经很高效了，但紧接着我却发现，我把钱包忘在家里了。在我前面的那位女士正在打包自己购买的商品，她对着我说：“啊，这么说，你有宝宝，是吧？”（小王子，2个月）

很显然，前面的这位女士也认为，有了小宝宝之后，妈妈会变得健忘。看见购物车里的小宝宝，就意味着妈妈无须再对未带钱包的购物经历做出任何解释了。

妈妈们会试着打理好每天的琐事，但即使如此：

噢，天啊，当我正要抬脚出门时（带着宝宝），我才注意到自己脚上没有穿鞋！（小公主，13 个月）

妈妈们怎会如此专注于宝宝，以至于忘记了钱包和鞋这样的必需品呢？她们的大脑失灵了吗？此外，连续数小时关注某个东西倒是可能，但是许多妈妈说，她们会整天整夜地想着宝宝。她们的话可信吗？

许多妈妈会讲述内心强烈的感受，她们整个心思都在新生宝宝身上。她们抱着、盯着、想着宝宝，但是对宝宝密切的关注会让妈妈们付出代价，她们在很大程度上会失去原本正常的生活。

有许多次，我站在房屋中间问自己："我要做什么？"（小王子，3 周）

我的生活都是围绕着宝宝转。我已不记得我是谁了。几天前，先生和我谈论起宝宝，他说："我们说点别的吧，你介意吗？"我俩都沉默了。我们都想不出该说些什么！（小王子，8 周）

我经常用'东西'这个词。我说："把那个红色的……东西递给我，""我黄色的……那个东西哪里去了？"我就是想不出来那些词。（小公主，9 个月）

这位妈妈是和我聊天的三位妈妈中的一位，她们都是初为人母。碰巧的是，她们生的都是儿子，而且三个宝宝都只有 8 周大。一位来自英国家庭，一位来自法国家庭，最后一位则来自亚裔家庭，但是她们都以相似的方式讲述了身为人

我要做什么？

母的感觉。她们都说自己很累：

我的精力全都耗尽了。

我没有记性了。

我听不到别人对我说的话。看起来似乎我在听，但是我一个字也没听进去。

我问：“哦，那么你们的注意力哪去了？如果你没有倾听，你的注意力是否游离到别的事情上去了呢？

她们回答道：

我在想宝宝，一刻未停。

我在想宝宝想要什么，以及下一步该做什么。

我正在试着理解宝宝的需求。

在我们谈话期间，我看到了妈妈们思考的结果。一个孩子突然哭了，紧接着，另一个也哭了。在确定宝宝的需求方面，这三位妈妈都显得非常纯熟。每一次发生情况时，在妈妈做出回应后，宝宝就会停止哭泣，并表现得非常平静，因此，这足以证明，妈妈能够理解自己的宝宝。

他饿了。

他在告诉我，他想坐到吊兜里。

我：一个8周大的宝宝是如何告诉你这些的？

（这位妈妈用疲惫的眼神看着我）我不知道。但我知道确实就是这样。

他需要打个嗝，之后他又会感到饿。

这三位妈妈都感到，她们与宝宝的关系都开始变得容易掌控了：

我想，我已度过了最艰难的时期。

现在一切都变得容易多了。

比以前好多了。

我问她们："是什么发生了改变？什么让这一切变得容易多了？"

他更加像一个小人儿了。他现在能认识我了。

他会冲着我笑。

我们回了一趟丈夫的家。丈夫抱着宝宝，他告诉我，小家伙的眼睛跟着我整整绕着房间转了一圈。我觉得，他知道我是他的妈妈。

新妈妈们为什么会如此疲惫呢

为什么身为人母会如此艰难呢？为什么新手妈妈们会如此疲惫呢？如果她们大部分时间都在想着宝宝，那么，仅仅是挂念宝宝而已，为何会令妈妈如此疲惫呢？

从妈妈们的描述来看，她们如此疲惫的原因之一就是，妈妈们肩负着照顾新生命的责任，但这个小家伙一开始并不会有意识地与妈妈进行交流。因此，她很少有闲暇来关注自身的想法，也必须舍弃那些不必要的自我想法。妈妈必须不停地问自己，宝宝需要从她那里得到什么。或许，宝宝自己也不知道答案，这意味着妈妈必须进行更加细致的观察。

慢慢地，在经历了数个月的紧张之后，妈妈的观察终于迎来了回报。妈妈发现，她已经能够认清宝宝的各种反应，并且能够理解那些一连串富含意义的行为。当妈妈做到这一点时，便会表现得兴奋不已。在妈妈实现了对宝宝的理解时，全身都会焕发出新的力量。正如一位妈妈所说的那样：

我想，我对宝宝的每次理解就像那小小的沙粒一样，它

本身并不大，但是它迟早会变大，最后成为一座城堡。它会慢慢地长大，每一颗沙粒都在发挥着作用。（小王子，14 个月）

妈妈们到底发现了什么样的“小小沙粒”呢？通常，它们都是些极不起眼的细枝末节，但是，这表明妈妈的确已经踏上对宝宝的理解之旅。

人们经常会谈到发脾气的宝宝。但你如何得知宝宝生气了呢？他可能会表现出生气的模样，他的小脸蛋可能会涨得通红，表现出怒气冲冲的样子，但事实是他饿了。（小儿子，3 周）

我想当宝宝哭泣的时候，你会去寻找他哭泣的缘由，但是我的经验是：刚开始时，宝宝的哭泣可能会因某事而起，但是原因也会发生改变。假如在某一时刻，宝宝不想吃奶，而我却非让他吃的话，他便开始尖叫，但是下一刻，他可能突然又想吃了。（小王子，7 周）

女儿非常清楚自己的存在，她是通过身体来感知的。这是一个巨大的改变，我不知道怎样用语言来对此做出解释。我终于弄明白了。她知道，假如她踢球的话，球就会动，她之所以知道这一点，是因为她已经踢过球了。（小公主，8 个月）

宝宝会创造一些新东西。一天早上，他醒来的时候说：“爸，蛾。”我在想：“爸蛾？这到底是什么意思呢？但是，宝宝想说的是两个词：‘爸爸’和‘飞蛾’，我突然意识到，他把两个词拼凑到一块儿了。”（小王子，20 个月）

宝宝能通过研究自己，来获得大量新的知识和体验。如果妈妈们意识到这一点，那么，她就找到了那些“沙粒”中的一部分，它们非常有用。

女儿学会了用点头的方式来表示“是”。刚开始，我还以为她可能是患了某种痉挛，但是她现在非常擅长做这一动作。她一定是观察到了我们的行为，并且意识到了我们经常这样做。（在妈妈告诉我这件事的时候，我亲自数了一下，我点头的次数是4次！我以前从未注意过我和这位妈妈之间相互点头的频率。）（儿子，4岁；女儿，12个月）

儿子一直不停地在拍打自己的脸，我知道他一定是在学习新东西，但是我不知道是什么。有一天早晨，我正在往脸上拍爽肤水，我低头一看，小家伙也正在以同样的动作拍打他的脸。我突然明白，这就是他学到的东西。（小王子，13个月）

妈妈必须有耐心，才能完成对宝宝的观察。有时，妈妈不愿去理会宝宝的行为，因为妈妈需要花上很长一段时间才能将其弄明白。

有几天晚上，女儿睡眠不是太好，我就一直说：“乖乖，请安静，我们该睡觉了。”人们说这是因为宝宝正在长牙，但我不太确定。那时我想：成年人心里有事的时候，便会辗转难眠。女儿要处理的新事物太多了，我想她想的事一定是太多了。这样一想，我便平静了许多。我们最近几个晚上过得都很平静。（小公主，4个月）

如果儿子没能得到他想要的东西，他就很容易生气。今天早上，我用香蕉给他做了早餐，但是他开始摇晃高脚椅上的盘子。他想要豌豆！我一把豌豆给他，他马上就不哭闹了。在我精力充沛的时候，我能够猜出他的意思。但是在我非常疲惫的时候，我就会想：你真是没事找事！（小王子，10个月）

通常，妈妈或许不会意识到她对宝宝的了解程度，但当她主动要求帮忙照顾别人的小孩时，她就会明白她对自己宝

爸蛾？
到底是什么
意思呢？
爸，蛾。

宝的理解到底有多深：

一位朋友请我帮她照顾一下宝宝，我只好答应下来。在此过程中，我意识到了我对女儿的了解到底有多深，因为我一直都在看着朋友的孩子，我一直在想："你想要什么？"但是如果换作是我女儿的话，一切都会容易得多，因为我知道她需要什么。（小公主，10个月）

不过，即使是最上心的妈妈也不可能完全理解宝宝，也不可能完全清楚他的感受。或许这种缺憾反倒非常有益，如果妈妈太了解宝宝，她或许会感觉"透不过气来"。

妈妈思考的过程本身就很艰难。随着宝宝的成长，妈妈们需要更新大脑中的信息，去超越原本习以为常的状态。

我认为，困难之处在于事物的不可预见性。你一边喂奶，一边讲故事，花了大量的时间为宝宝营造一个舒心的氛围。几个月前，这个时候宝宝可能已经睡了。但现在他却突然醒来，从小床上爬起来，晃晃悠悠地去摆弄东西。他一点也不疲惫，但是我还没有吃饭，而且什么事都干不了。（小王子，16个月）

身为人母并非是一项工作任务

妈妈必须注意到宝宝的种种改变，并努力去适应。

女儿现在能够到处走动了，所以，我要考虑到种种潜在的危险。这小家伙真是天不怕地不怕，我为她的大胆倍感骄傲。但是我会想：她在做什么呢？我是应该保护她，还是放手让她自己去探寻周围的世界呢？她可能会受到多严重的伤害呢？一想到这些问题，我就感到筋疲力尽。我太累了。（小

公主，10 个月）

你的思维会朝所有方向发散，你会考虑种种可能性。你的思维必须得比现实超前大约 20 步。（小公主，20 个月）

妈妈在头脑中把种种潜在的危险一一列举出来，这将是一个缓慢的过程，但在此基础上，她可能必须以闪电般的速度立即做出反应。不可避免的是，慢慢地，宝宝的移动速度比任何人预想的都要快。

宝宝学会了翻滚，这周更是发展到了自如地左右翻身的阶段。他变得更加独立了，但是因为现在他已经学会翻滚，所以对他来说，唯一安全的地方就只有地板了。（宝宝，4 个月）

有一次，我刚转过身，宝宝就爬上了楼梯的第五个台阶。第五个！我还以为她一个台阶都上不了呢。这着实让我吃了一惊！（小公主，13 个月）

我把咖啡杯放在笔记本电脑的旁边，然后就匆匆离开了，因为我听到小儿子在哭。我回来后，大儿子对我说："妈妈，咖啡，地上，对不起，对不起，妈妈。"我的电脑上满是咖啡，地板上也是。这不是孩子的错，我不能对他发火。这是我的错，我之前应该考虑到放咖啡的位置。因为我太累了，当时我想都没想就把咖啡放在那里了。（大儿子，2 岁；小儿子，3 个月）

随着孩子的成长，我们会注意到，妈妈或者妈妈的替代者始终会将他们牵挂于心，并设法提供保护。

妈妈：我还能记得，在我还不到两岁时，我从祖母家的楼梯上摔了下来。那时，我已经知道跌倒时该如何保护自己，因此，我没有受伤。我还记得我当时是想弯腰整理自己的鞋，我的身体前倾得太厉害了，于是就摔了下去。

我：其他的，你还能记得多少？

妈妈：我还记得祖母的脸。

很显然，比起自己跌倒时的恐惧或疼痛，祖母脸上表现出的恐慌和担心在她幼小心灵上留下的印迹更加深刻。

我们会吃惊地发现，孩子自身拥有的经验太少了。妈妈可能会认为，宝宝很清楚自己行为的后果。比如，宝宝用玻璃杯使劲敲打桌子的行为，在妈妈看来，一两次的碰撞就会让玻璃杯破损，但是宝宝似乎并没意识到这一点，他只是不停地敲打，想看看接下来到底会发生什么。

妈妈会不停地做出推测，并为宝宝未来的每一步都设定好时间表，比如，宝宝什么时候会感到疲倦，什么时候会饿，什么时候可能会冷，等等。她试图将这些考虑全都纳入自己每天的生活计划之中。此时，妈妈是在为两个人同时做出打算，她需要不停地做出决定，好让母子俩能快乐地享受每一天的生活。

当别人问我是否疲惫时，我就会发笑。这不是一个关键性问题，如果适当睡觉就能将疲惫一扫而光的话，那就太简单了。不，真正的问题在于我所付出的所有心血。我时常想，我所做之事是否正确。(小王子，3周)

妈妈的疲惫并非生理上的，因为身为人母并不是一项工作任务。这种疲惫是心理上的，在你的脑子里，有太多的决定要做，从未间断。比如，我是否应该做这件事？是时候该做那件事了吗？所有的决定都需要你来做。我成天都在做这些微不足道的决定，一天下来，我已是筋疲力尽。昨天，我丈夫问我："我们要再买点腊肉吗？"我回答道："哦，你决定吧。"我感觉我不能再为任何事做决定了，甚至是关于我自

己的事。(小王子，11 个月)

然而，没有人能够如此专注于身边的某个人而无须休息。许多妈妈都讲过，她们也有心不在焉的时候。就在那片刻的时间里，她们会什么也不想，完全放松下来想点别的事。这非常必要，它能使妈妈从辛苦的精神工作中恢复过来。

我确实可以将宝宝托付给我的姐姐照看，她是我见过的最心平气和的母亲。我把女儿放到她的怀中，然后开始和小侄女说话。当我突然看到姐姐手里的宝宝时，我忽然想到：哦，我有个宝宝。我只和小侄女说了 10 分钟的话，但我感觉，我像是刚刚度完一个长假。(小公主，3 个月)

我一定是在推着婴儿车的时候睡着了。突然之间，我醒了过来，我在想：天啊！我在哪里？我是一个生活在伦敦，并且有着两个孩子的母亲。(大女儿，2 岁；小女儿，3 个月)

妈妈：如果宝宝在睡觉，我就想放松下来，然后看点轻松（无须动脑就能明白）的电视节目。

我：那是因为作为母亲，你在不停地用脑吗？

妈妈：是的。(小王子，4 个月)

做一做烘焙，让自己从照看婴儿的疲惫中恢复过来

通常，妈妈们会主动为自己的注意力留出一点休息时间。一些妈妈会做一些缝纫、编织、烹饪，特别是烘焙。她们称，这有助于照看婴儿的妈妈们从疲惫中恢复过来，同样，对于正在照看蹒跚学步的小孩或更大一点的孩子的妈妈们来说，这些方法同样适用。

玛丽拉·杜马尼斯在她的作品《母爱在希腊》中很好地证明了这一点：

我不禁回想起……我为孩子烘焙的那些蛋糕。我将所有精力都花在了烘焙的细节上，因为我想做出最好的蛋糕。我非常专注，于是就忘记了（或试图忘记）那些正等着吃蛋糕的人。

有些孩子活力十足，极具冒险精神，要跟上他们的步伐会让人格外疲惫。这时，独立完成一项工作便能让人内心平静下来，比如，烘焙蛋糕。

妈妈只有在偶得闲暇、暂时不必牵挂宝宝时，才能感受到自己在平日里巨大的付出。

大概两个月前，我受邀参加一个聚会。丈夫能照顾女儿，于是我就去了。首先是香槟招待会，我很清楚地记得，我站在那里，手里握着一只高脚杯，思绪万千。我唯一需要做的事情是站在那里与别人交谈。这太容易了。我不必不停地扭头，来确定女儿是否一切安好。（小公主，5 个月）

拥有如此多强烈的想法是可取的吗？或许，妈妈为宝宝想得太多了。这种想法可能会成为一种迷恋，而非一种学习的过程，但是外人真能判断它到底是哪种行为吗？

另一位妈妈带着她的儿子来和我的女儿玩。刚开始，我觉得这位妈妈太小题大做了。无论她的儿子走到哪里，她都紧跟其后。之后，我注意到这个小家伙眼神不太好，老是会碰到东西。于是，过了一会儿，我的想法发生了改变，我认为，这位妈妈的担忧可能恰到好处。（女儿，3 岁；儿子，4 个月）

由于为宝宝想得过多，妈妈们通常会受到各种指责。她们可能会被称作“神经质”“无事忙”或者“二十四孝家长”。朋友或许会告诉他们：“太过专注于孩子并非健康的行为方式。”但是这一结论未免太过草率。诚然，面对一个凡事都得依赖他人的婴儿，妈妈会为许多事情而担忧。如果在对一件事不太确定的情况下，妈妈的担心是很正常的表现。她之前可能有过生育困难、流产以及难产，或者宝宝可能最近患过突发的疾病或者遭遇过其他事故。类似的经历会让妈妈许久都难以平静。很显然，妈妈的担忧可能会超出合理的范围。然而，如果一位身肩重任的员工声称他常为工作中的种种事务而烦忧，他就会受到他人的尊敬。难道我们在这方面就不能更公正一点，在妈妈们被“认定有罪之前仍将其视为清白之身吗”？那时，我们就能把妈妈的种种担忧看作是合理的反应。

在女儿刚出生时，我经常检查她的呼吸，以确保她一切安好。有时，我会不由自主地想：我今天自信多了，我也学会了宽心。但是，我转而又想：哦，这可能正好是事情会出错的时候，也就是我过度自信而不去检视的时候，于是，我就会跑到女儿身边再检查一遍。（小公主，12 个月）

在我女儿 9 个月大的时候，她患上了肠胃炎。这场病整整持续了 10 天，为此，我一直处于恐惧之中。在她的情况有所好转时，我还记得，正走在大街上的我问了自己这样一个问题：女儿要多大，我才能不用这么担心？正在这时，一辆汽车戛然停在了我的跟前。一位妈妈带着她的儿子走下车，这孩子，大概在 7 岁左右。“感觉还好吗？”她问儿子，此时，我看到她的脸上也浮现出同样的担忧。那时，我找到了问题的答案：永远不能。作为一位妈妈，内心的担忧是一刻也不会停止的。（大公主，3 岁；小王子，2 岁；小公主，10 天）

妈妈们在讲述她们如何牵挂自己的宝宝时，很显然，她们都认为这是一种自愿行为，但在外人看来，这一行为并非心甘情愿，而是妈妈自身似乎已被宝宝“替代”。琳·克雷格在《当代妈妈：孩子对成年人时间的影响》一书的结语中写道：“个体追求自我满足的基本思想在母亲身上并不适用……在婴儿出生之后，爱、依恋以及责任随之而来，女性甚至会牺牲自己去照顾婴儿。这一切都表明，成为母亲的过程更像是饱受折磨后的上瘾，而并非自由、连续的选择。”

妈妈的负面关注会伤害孩子的情感

在外人看来，养育孩子可能看起来就像“饱受后折磨的上瘾”，妈妈可能还会付出自身的健康作为代价。有时，她们会抱怨自己没法选择。我听到许多妈妈说：“宝宝哭泣的时候，我没有选择，只能将他抱起。”但实际上，她们的确能做出多种选择，践行自己的自由意志。她们会在孩子的悲伤与自己对睡眠的需求之间做出权衡，最后判定前者更为迫切，同时，又可以在事后好好补上一觉。妈妈们通常会无数次地延缓自己的需求。令人遗憾的是，这种道德高尚的选择却经常被人误解，并被草率地看作是妈妈们无法控制的“上瘾症”。

如果妈妈在牵挂宝宝的同时，又想与他人交流，情况就变得更为复杂。

人们看到你正与朋友一起喝咖啡，但是他们不明白，你们之间很难有时间进行眼神的交流，因为你们都要照顾各自的宝宝。（小公主，6 个月）

打电话的时候，你的耳朵却在倾听不同的声音。你一边在听宝宝说话，一边还得倾听电话那头的讲话。（小王子，16个月）

妈妈：工作的时候，我会让女儿陪着我，我希望，这对她来说是一种乐趣。

我：那你能集中注意力吗？

妈妈：噢，有时，我感觉我的脑袋……（她将两个拳头放在前额，然后又将它们从相反方向伸展出去，以此表明她的注意力被完全的一分为二。）（小公主，13个月）

至此，关于对宝宝的牵挂，我们看到的是，妈妈们在以一种积极正面的方式观察宝宝，但是妈妈们对宝宝无时无刻的牵挂也可能呈现出一种负面的方式，对此，我在《蒙哥马利元帅回忆录》的扉页发现了一个很好的例证。蒙哥马利在家里九个孩子中排行老四，他在回忆录中写道：“确切地说，我的童年并不快乐，这都源于我与妈妈之间意愿的冲突……如果看不到我的话，她（妈妈）会说：‘去看一下伯纳德在做什么，告诉他赶快停下来。’他最后如此评论道：“渐渐地，我……缩进了自己的躯壳。”

让人印象深刻的是，这位有着九个孩子的妈妈的确非常牵挂她的儿子，但是她负面的关注似乎深深地伤害了儿子的情感。有趣的是，我们发现，在第二次世界大战中，蒙哥马利给予了敌人类似的负面关注。他指出，总指挥“必须努力读懂敌人的心思，预测敌方在应对行动方面可能会有的种种回应，并制定好计划，以便能采取快速的行动，从而阻止敌方的干扰。”尽管最终他以这种负面的思维方式获得了阿拉曼战役的完全胜利，但是这听起来几乎就如同当年母亲试图阻止他童年时的活动一样。

然而，在成长过程中，并不是所有的孩子都能找到负面关注中所蕴含的积极信息。为此，许多孩子可能会缩回自己的躯壳——并永久地待在那里。

有些人似乎会觉得，孩子的行为一定蕴含着负面的动机。怀有此种观点的妈妈很容易对宝宝感到厌烦，同时，她会将某种根本不存在的负面动机与宝宝联系起来。一些更有经验的妈妈则给出了其他可能的解释，这对该问题的理解会有所帮助：

第一位妈妈：女儿假装咳嗽，我知道她并非是真的咳嗽，是她假装的。她咳嗽的时候，我抱着她，然后轻拍她的后背，但我知道她是假装出来的。我在想，只有四个月大的女儿是怎么学会用作假来掌控他人的呢？（小公主，4 个月）

第二位妈妈：可能她是在玩。（小王子，15 个月）

第三位妈妈：可能她是在练习咳嗽。（小公主，17 个月）

第四位妈妈：可能她只是喜欢听自己的声音。（小公主，13 个月）

对于 4 个月大的宝宝会掌控妈妈的想法，妈妈们都提出了质疑。然而，她们并没有与这位妈妈展开争辩，而是机敏地给予她情感上的支持，并给出了另外的解释。

如果宝宝失去了妈妈的牵挂，那会怎样呢？只有当妈妈不作为的时候，我们才能意识到其严重的后果。有位女士幼年时便成了孤儿，之后便被送去与严厉的祖母一起生活。她观察到，充满爱心的妈妈总是会“牵挂着宝宝”。她在完成我布置的课程论文时，前后三次使用到了这一短语。在字里行间，我能感受到她为这种缺失所承受的痛苦，这也深深触动了我的心灵。

如果妈妈已开始了解自己的宝宝，但在孩子成年之前却撒手而去，那么，妈妈的牵挂顿时便会化为乌为。“妈妈开创了你的生命故事，然后又把生活中的种种故事织成一张巨大的网”，多萝茜·罗威在《母亲之死：女儿们的故事》一书的序言中这样写道。当妈妈离开人世，故事就交到了孩子们的手上。我们不仅要讲述她整个故事的结局，而且还要延续我们自己的故事。不管我们多大年纪，一旦妈妈离开人世，生命中就再也没有妈妈的身影来倾听我们下一段的人故事，这种状况会令人倍感陌生。

罗莎·爱恩莉对此进行了很好的描述。妈妈在她 8 岁时就离开了人世，撰写《母亲之死：女儿们的故事》一书正是她的主意。她对妈妈有着这样的论述：

我渴望她的陪伴，但是我同样希望她能了解我，了解我的个性、我的生活和我的爱好……她的离去以及随之而来的种种改变，让我始终感觉自己与周围的一切格格不入，我好像失去了生活的重心，并且那么孤立无助，这一切让我完全不能适应。难道这是我对她离去而产生的怨恨吗？或者因为她的离去，即使我非常清楚自己的个性以及我的未来之路……但我也变得非常迷茫、脆弱和彷徨？

如果孩子在自己人生道路上缺少了母亲和其他成年人的指引，一种支离破碎、茫然失措的感觉便会油然而生。当妈妈将孩子生活中的各个部分串联在一起的时候，她似乎就和孩子紧紧地联系在了一起。只有妈妈才知道最初的一切：生命的开始、孕育以及期间的种种事情，这是她和宝宝拥有的共同经历。

妈妈的牵挂会让宝宝有安全感

如果安然健在的妈妈对孩子毫不牵挂，那么，孩子也会感到怅然若失。卡蜜拉·芭特曼赫里奇创立了一家儿童公司，这是专为伦敦贫困家庭儿童所设立的游乐中心。在她的著作《破碎的生命》中，她讲述了自己与陪伴孩子前来中心游玩的家长们谈话的详细细节，然后对观察到的母亲们做了如下的评述：

不幸的是，许多宝宝长期缺少关爱。如果情况稍微良好一点儿，你也会发现，这些妈妈们要么是早已有了自己的精神寄托，要么是情绪沮丧、心情低落，或者沉溺于物质的追求，她们情系宝宝的能力为此已大大减弱。妈妈太过于关注自身的生存或贫困，导致她已没有足够的情感资源去满足宝宝的需求。宝宝会感觉自己被妈妈悲惨地驱逐出了关爱的情感空间。妈妈原本应把注意力与宝宝一分为二，而现在却再也无法为宝宝提供心灵的避风港，由此，宝宝会感受到一种永远无法释怀的痛苦。

芭特曼赫里奇女士与许多孩子的家长都有过交谈。她通过敏锐的观察与直觉，对已有的大量经验进行了总结，然后得出了自己的结论。对她来说，妈妈的牵挂明显会让宝宝有一种安全感。

如果妈妈仍然健在，她必须在自己的内心至少为宝宝留出部分的空间。然而，宝宝可能会感觉，这个空间太小了，或者说，妈妈为他付出的精力太少了，这时宝宝可能会有被遗忘的感觉。许多人似乎都很害怕自己会被他人遗忘。但是孩子或许会发现，倘若他变成了一个反社会的人，人们反倒能记住他，不过这种记忆是消极负面的。这时，被人遗忘似乎反倒更好。

对于此种窘境，有一个非常有趣的实例，是我在阅读一篇关于一群成年囚犯的报道听到他们的对话录音时发现的。这群囚犯在监狱中参加了一场特殊的会议，会上，他们就希望在何处居住和何时被释放展开了讨论。其中有两个犯人坦言，他们很害怕被送到一个全然陌生的地方。其中一人说：“我马上就可以出狱了，你知道我最怕的是什么吗？就是失去自我形象。在我原来居住的地方，人人都认识我，而现在要到一个陌生的地方，我的一切都不为人知，这是我最害怕的一点。以前，我非常喜欢被人熟知的感觉……他们都很怕我，害怕我会杀了他们，或对他们有所不利。我最害怕的就是失去这种形象，而成为人们毫不在乎的普通人。”

这位囚犯说，他希望人们能把他牢牢记住。他希望人们记住他是个可怕的人，因为他注意到了，内心充满恐惧的人们确实将他记在了心里。相比被人们抛至“视线之外，思想之外”，这是更好的选择，在他的经历中，似乎从未有人把他当成好人记在心里。记者德卡·艾肯黑德并没有询问这位囚犯他的妈妈是否没能给予他足够的关怀和牵挂，然而，从话语间我们感觉到，事实很可能就是这样的。

通过上述个案我们就能明白，母亲将孩子置于心间到底有多么重要。将某人置于心间，这到底意味着什么？宝宝是个鲜活有形的生命，而心灵只是一个比喻。在我们的身体里，实际上并没有一个被称为“心灵”的空间，那么，我们如何能将一个有形的宝宝置于无形的心灵之中呢？

按照字面意思来理解，我们确实不能将宝宝置于心间。但不管孩子多大，妈妈都会时常牵挂宝宝。这并不是说妈妈在这方面表现得总是非常完美，也并不意味着妈妈们在出生时就被神秘地赋予了更弱的自我中心意识。妈妈们必须学会以敏感的方式思考，然后在孩子成长的过程中做出细微的调整。

随着时间的流逝，妈妈能够看到，孩子正逐渐建立起对她的信任，而她并不需要立即做出快速的回应。妈妈可能并非有意识这样做，但是她确实会感觉更加轻松，而且发现自己又有时间为自己考虑了。

今天早上我望着镜子，看着自己的脸，心想：很好，我还是原来的那个我。如果你想想平时照镜子的频率——进厕所以及出厕所时会照一遍，一直是这样——我想，自从成为妈妈以来，我已连续数周都没有时间照镜子了。（小王子，2个月）

当另一个宝宝降生，情况会是怎样的呢？我们不能同时给予宝宝同样的关注。妈妈们似乎会为对某个孩子的偏爱找出合理的解释，关于这一问题我们将在后文中予以讨论。

宝宝也会将妈妈置于自己的心间

那么，他人能否理解妈妈的这些想法呢？毕竟，许多孩子都有两个家长。爸爸们又如何呢？他们能像妈妈那样牵挂宝宝吗？在一次会议上，许多妈妈说，当她们的丈夫或男朋友在身边时，她们会感到更加轻松。我就问她们："你能轻松到什么程度呢？你能完全放下妈妈的警觉吗？"让我大为震惊的是，她们所有人都大声回答道：“不能！”其中一些妈妈说道：“我只是让我的先生做一些实际的事情。”“我们的责任丝毫没有减轻。”

先生不会分担责任。承担责任的只是你自己，今天是这样，明天是这样，未来5年是这样，未来10年还是这样。（小公主，7个月）

如果先生没和女儿在一起，他就不会想到她。他很爱宝宝，并且也喜欢和她在一块，而我却经常想着她。即使在先生和女儿在一起的时候，我也会想（假装查看了一下她的手表）：他们还好吗？我是该打个电话给他们，还是不要去打扰他们呢？我希望他们不要开车。实际上，一切安好。但每次我都会这样忐忑不安！（小公主，11个月）

爸爸的回答可能会截然不同。不管怎么说，在将宝宝置于心间这一复杂的过程中，似乎总会有个人来负责协调。自从孕育开始，妈妈与宝宝就有着千丝万缕的联系。无疑，妈妈正是这一过程中最直接的协调者。

如果一个家庭主要靠妈妈养家糊口，情况又是怎样的呢？产后迅速回归工作岗位的妈妈们必须考虑其他种种事情。对宝宝的牵挂的确会让妈妈倍感压力。在工作期间，妈妈会不时向宝宝“报到”，或许这不仅仅意味着注意力的快速转换或者一个电话。

一位妈妈将宝宝留在家中，由丈夫照看，她全神贯注地投入到了工作之中。在回到家时，她不得不在心理上做出一定的调整，对此，她有如下描述：

下班之后回到家，就如同加入了一支全新的管弦乐队，演奏着一首全新的曲子。如果你的演奏跑调，你就会……我一时想不到那个用来指演奏不协调的词。这时，能让演奏谐调的方式就是让自己先停下来，过一会儿再加入，这样，你就能够听到女儿和爸爸正在演奏的曲子。我必须提醒自己，在进门之前驻足停下，如果我先停下，然后再进屋，一切都会变得异常和谐。（小公主，12个月）

但是对于一个已经12个月大的宝宝，妈妈真是必不可少的吗？的确，这个月龄的宝宝已经完全具备了寻求专业看护的条件。此外，许多职业看护人员也非常尽心尽责。在看护过程中，一些看护人员非常热心，并且会全身心地照看宝宝。然而，至于对宝宝的牵挂，他们也许会发现，自己所做出的努力很难与妈妈等同。

如果保姆代替妈妈来照顾宝宝，在看护的过程中，她将会了解到宝宝的成长。那么，她很有可能会像妈妈那样对宝宝进行同样细致的观察，并与宝宝展开交流。然而，相对于孩子的妈妈，这一过程对保姆来说或许会困难得多。

妈妈：我过去也做过保姆。

我：这与照看自己的宝宝有什么不同吗？

妈妈：完全不同。为人母亲意味着，你会有完全不同于保姆照看婴儿的感受。你思考时所用的大脑部位不同。作为妈妈，你会与宝宝保持一致，你知道他的需求。你们之间总会有种联系。但作为保姆，你必须努力地去了解宝宝。而且甚至在你努力之后，有些事你也永远无法明白。（小王子，9个月）

作为妈妈，你学到的技巧之一就是你知道女儿能做什么而不能做什么、哪些东西对她来说可能是危险的而哪些不是、什么时候应该帮助她而什么时候应该让她独自解决。对于这一点，你只有在委托别人帮你照顾宝宝之后才能够明白。这是以一颗“冷静的心”来面对这些问题的人永远都无法理解的。(小公主，17 个月)

虽然宝宝不能立即被他人理解，但是他们却会因此受益。面对那些对自己不甚了解的人，他们学会了与其进行有效的交流。然而，宝宝要想具备此种能力，有一点是必不可少的，那就是在与宝宝的交流过程中，妈妈必须理解宝宝，并具有诠释宝宝早期意图的能力。如果没有妈妈的帮助，在面对一个不能理解自己的成年人时，孩子可能会有所畏惧，不敢向他人做出解释。一些孩子情感会因此而变得压抑，并且很少提出需求，他们会将精力“储存”起来，等待与妈妈的再次相聚。

当妈妈开始将宝宝的种种反应串联起来，并赋予其意义，宝宝或许会感觉自己得到了一种承认：我已经是一个行为连贯并且富有意义的人。艾莉森·戈波尼克、安德鲁·梅尔佐夫以及帕特丽夏·库尔在书中这样写道：“即使是很小的孩子，甚至是还不能阅读，或者还不能算出 2+2 等于几的小孩，他们对自己的思维以及他人思维都有了深刻的理解。”

同样，宝宝们也学会了将妈妈置于自己的心间，而且这一学习过程非常快速，完全超出了人们的想象。

我注意到，以前宝宝会拼命地哭喊着找我，即使我就在身边，而如今，一听到我的声音，他就知道我马上会到，他的哭声就会戛然而止。(小王子，6 个月)

女儿会记住我说的话。比如，当她爬上桌子时，她知道这种行为不会得到认可，于是就会不停地说：“不行!”再比如，她站在高脚椅上，嘴里也会说：“下来!”凡是她做了我认为错误的事，我都会告诉她，这种行为让妈妈很伤心。所以，如果她做了错事，她就会指着我的脸说："伤心。"我总是会禁不住发笑，因此，我的努力也全白费了。（小公主，17个月）

儿子非常了解我。前几天他对我说："妈妈，你生气了吗？"我说："不，宝贝，妈妈没有生气，妈妈只是心情不太好。"然后他把身子往前一倾，紧紧盯着我眼睛以上的部位。他说："不对，妈妈，你不是心情不好。你的额头上有两条皱纹，你在生气。"（儿子，3 岁；女儿，8 个月）

生活中，如果我们发现他人身上具有的某种东西似乎在我们自己身上也有所体现，我们就会获得一种"真实"感。是不是只有孩子才喜欢被人牵挂的感觉呢？

"帕特！"

"克莉丝，你好！"

"很久不见了！你看起气色很好。"

"我很好，你怎么样？"

"还不错。相当不错。你是和以前一样忙，还是可以过来一起喝杯咖啡呢？"

"我很想，但是，如果这样的话，我就要迟到了。"

"哦，好吧。很高兴遇见你。我刚才就想：那肯定是帕特。"

"很高兴见到你，克莉丝。保重。我得走了。"

以上这个对话是我根据日常所见的种种交谈构想出来的，但有趣的是，写下这个对话 1 小时后，我去银行办事，我无意间听到有两个人竟然真的在以同样的方式彼此问候。交流可能只有短短的两分钟，首先，大声兴奋的话语使得彼此的交谈不断深入；随后，双方的热情逐渐减弱；最后，交谈在彼此的沉默中结束。然而，邂逅似乎会令交谈双方精神振奋，双方都会感觉到，自己得到了对方的承认，都会感受到自身的重要。带着对彼此的全新印象，双方分手道别，与此同时，他们都会感到，自己全新的印象已在对方的心中留下了印记。双方看起来都神采奕奕、满面笑容，显得比以前更加活泼了。

英国诗人约翰·克莱尔在一首十四行诗的开头这样写道："我存在，但我是什么，无人知晓，也无人在乎……"在这简短的字里行间，他表达了自己的观点：对于一个人而言，仅仅存在是远远不够的。对他而言，最重要的是他人的了解和关心。的确，每个人都是如此，我们喜欢某些人，是因为他们了解我们，并且关心我们的境况。在我们的生命中，我们会以无数种方式记住一些重要的人。如果我们感觉已被他人遗忘，心中似乎难免会产生一种迷茫与漂泊之感。

妈妈是将孩子的整个生命故事串联起来的人

随着孩子的成长，最终许多妈妈都会找到牵挂孩子的方法：心理上给予他们恰到好处的支持，而不用闯入他们的生活。虽然母子分离的次数越来越多，但是孩子无论做什么，比如，当孩子外出郊游或离家前往学校时，妈妈似乎都在牵挂着自己的孩子，如同守卫在他的身旁。一些孩子回到家后，会向妈妈讲述自己惊心动魄的冒险经历。对于孩子来说，向妈妈们倾诉自己的冒险经历似乎能让自己悬着的心"安然落地"。妈妈才是将孩子的整个生命故事串联起来的人。孩子有着独特的能力，能让妈妈无数次失眠、焦虑，但是，对于妈妈的担心，孩子似乎也能感同身受。

我们会观察他人、牵挂他人并学会理解他人，这种技能并不是通过正规教育而获得的。和学习其他的社交技能一样，早在很小的时候，我们就能将它熟练掌握。此种技能的获得会有助于我们今后与他人的交流。

妈妈对孩子的牵挂会持续多久呢？2007 年，我有幸与创立国际母乳会的七位妈妈中的一位——艾维娜·弗罗利克交谈。她已是 92 岁的高龄，但她热情和蔼，易于交谈。我问她："你是否仍感觉自己还是妈妈？我的意思不是针对母乳会，也不是指你有了孙子。我的意思是，对于你自己的孩子，你感觉自己还是妈妈吗？"她回答道："嗯……我的三个儿子都已五十多岁了。我再也不必告诉他们如何做，或对为他们所做之事提出批评。"随后她又解释说："我的三个儿子就住在附近。如果他们其中一个向我走来的话，我总会感觉这儿（摸着她的胸口）有股东西在涌动。我有种自豪感，因为他们是我的儿子。哦，我得回答你刚刚提出的问题。我不需要每天和他们交谈，但是我会和他们每周聊一次。通常，我会每周打一次电话，询问他们的情况。如今手机非常方便。我喜欢知道他们的情况。"她谈起了其中的一个儿子，并讲述了在儿子有空的情况下自己每周都会找一次机会和他通话的情景。

我：所以，是你发起了母子间的交流？

她：是的，我想知道他们的情况。如果我不知道他们的情况，我认为这有点可笑。

我：我能否引用你所说的那些话？它们听起来相当重要。

她：当然可以。

于是我们的对话一结束，我就坐下来，记录下了这次对话的内容。

整个对话都充斥着最朴实的语言，却表露出了一位九十多岁高龄的母亲内心的强烈情感。一位母亲在自己的一生中从未停止过对孩子的牵挂，这令我非常感动。在艾维娜·弗罗利克和我交谈的9个月后，她永久地离开了人世。

那么，我们应如何回答索尔仁尼琴所提出的那个简单的问题——你怎能指望一个衣暖食饱的人去理解一个饥寒交迫的人呢？很显然，答案就是：如果不去努力，你就永远无法指望获得这种理解。如果衣暖食饱的人能像妈妈那样夜以继日地去了解饥寒交迫的人，如果他们能够想到那些“细小的沙粒”并把它们集中起来，那么，即使是暖彻心扉的人也能理解古拉格集中营外那位囚犯所遭受的寒冷。

此种非同寻常的理解正是许多妈妈们在日复一日的辛劳中所取得的成果。

第八章

感到心力交瘁时，妈妈应该怎么做

强忍眼泪是妈妈们常常暴躁易怒的原因之一

一旦身为人母，妈妈们时常会感觉不知所措。她们发现，孩子都希望妈妈能无时无刻地陪伴在自己的身边。如果妈妈做出这样的选择，那么她会为此花掉大量的时间。傍晚和周末已不再是“休息时间”，假期的闲暇也不复存在。虽然母亲对孩子的深爱让这一切都变得非常值得，但是，母爱同样也带来了艰辛，因为这种陪伴会无休无止。一位慈爱的母亲总会面对做不完的工作。很显然，妈妈绝不可能坐下说：“太好了，我把能做的一切全做完了。”

第一位妈妈：前几天，女儿一个人睡着了，她之前从没有出现过那样的情况。我不知道该做点什么，所以只得躺在床上独自思考。做了妈妈以后，我与以前相比已经大不一样了。

我：哪些方面不一样了呢？

第一位妈妈：我在这里。我还活着。在女儿到来之前，无论我在做什么，我总能够随时停下手里的工作。但是，女儿却是我永远的工作对象，我总有做不完的工作。我们永远都不会有工作全部做完的那一刻。养儿育女……是个艰巨的任务。但我至今都还没弄明白，这个工作到底有多么艰巨。（小公主，2 个月）

第二位妈妈：对我来说，这个工作太艰巨了，我至今也未完全理解。（小王子，16 个月）

幸运的是，妈妈的某些工作非常实际。然而，这些实际的工作完全取决于妈妈的决定（她会决定工作的内容）。此外，妈妈要不停地替宝宝权衡种种抉择，这也不是一件容易的事，因为许多事情并非鸡毛蒜皮的小事，它们会影响到孩子的未来。但通常妈妈们必须在“黑暗中”做出决定，因为她们要么没有足够的时间进行调查研究，要么没有足够的信息作为参考。

我在读一本关于疫苗的书，读完之后，我感到心烦意乱，我太无知了。之前，我对女儿接种的疫苗只是全盘接受，因为我相信这些疫苗。我需要指导，需要一个有经验的指导者来讲述类似的复杂问题。（小公主，16 个月）

我来告诉你这是怎么回事。我们的生活中存在着种种评价，工作是这样，学校生活也是这样。可如今，我们一下子被赋予了一项重要的工作：我们自己必须对此做出评价。（小王子，18 个月）

妈妈们没有了评价标准——没有顾问或指导者，没有生产线管理员，没有要书写的报告，没有可以相互交流的部门会议——但是，她们经常需要做出种种重要的决定，于是，妈妈们会非常严格地评价自我。

对于失败我还不太习惯，但作为妈妈，我已遭遇到了许多次失败。（儿子，3 岁；女儿，5 个月）

我不停地把自己与其他妈妈进行比较，我觉得我不是一个好妈妈。宝宝在夜里总是频繁醒来。我非常善于分析，但是我还始终不能明白，我到底哪里做得不对。（小王子，6 个月）

当我对女儿生气时，我发现，这是因为我内心有个评判的声音，它不停在我耳边说：你不是个好妈妈，你不应该那样做，而且你应该把事情做得更好。（小公主，9 个月）

只要我能够驱走内心那个唠叨的声音，一切就会好起来的。（小公主，20个月）

为什么妈妈们会对自己有着如此严格的评判呢？这确实不足为怪，因为大多数女性在成为母亲之前都没做好充分的准备。刚开始时，她总会根据他人的标准来评价自己。这些标准与她自己的价值观可能完全不同，但由于她经验太少，所以还不能对他人的标准置之不理。可是，假如依据这些标准行事，妈妈很可能会遭遇失败。通常情况下，如果妈妈说她失败了，她所依据的一定是一种标准的价值观，而并非自己内心的价值观。

幸运的是，妈妈们如今都能在网络留言板上倾诉自己的情感，并寻找同伴。这对妈妈们很有好处，可是误解也会常常发生。

很少有团体能为妈妈们提供一个安全的场所，让她们面对面地交流育儿经验。但是，面对面的交流其实更为敏感，妈妈们能从对方那里捕捉到视觉信号，她们尤其会注意其他妈妈与宝宝的互动。如果妈妈们内心充满安全感，她们就会表现得非常热情，并且乐于接受对方的想法。

妈妈：此刻，我内心的蜡烛已经快要燃尽了。

我：你的意思是……

妈妈：我的精力已经很难恢复……我知道和女儿在一起是一件无比快乐的事，但是……（哭了）。我永远都不法恢复到以前的状态了。我先生的工作时间很长，我母亲住得又很远。我一直都在不停付出。我知道，这样说起来很糟糕，但是我的确已筋疲力尽，从来没有感受到轻松的感觉。

（后来：）在这里将我的问题说出来对我有很大的帮助。

我在表达自己的想法时，每个人都在仔细地倾听我的讲话，当我回到家时，我感觉轻松多了。（小公主，5个月）

另一次聚会上，在座的一位妈妈神情紧张、面色苍白，我想她可能是生病了。她说：

我太累了。我只是非常……（眼泪一下子夺眶而出）。我不知道……（她哭了大约三分钟，其他妈妈都沉默地坐在座位上，以示尊重。）我想，我只是太疲倦了。我不知道我原来是需要哭泣的。自从女儿出生以来，我从来没有像这样哭过，真正地哭过。（小公主，6个月）

她的发言仍在继续。她苍白的脸上重新泛起了光彩（刚才在她哭完之后，前一位妈妈接替了她的发言），似乎她已经恢复过来了。我认为，妈妈需要一个安全的地方，在那里，她们的哭泣能够得到“包容”。没有哪位妈妈会意识到自己想哭的愿望，但是身为人母，便意味着肩负重任，我在想，强忍眼泪是否就是妈妈们常常暴躁易怒的原因之一。

第一位妈妈：这一周对我来说非常艰难。在此之前，我生了两次病。我和宝宝都病了。我感觉胸口憋闷，什么都记不起来。我会忘记平时非常熟悉的词语。有时，到了商店，我却忘记自己想要买什么。我感觉喉咙被什么东西堵住了，似乎想要阻止我哭泣。我再也不想当妈妈了。我对宝宝非常暴躁，尽管有时我也会深感内疚。宝宝感受到了我情绪的变化，变得更加烦躁。昨天，我出去散了一会步（和第二位妈妈一起）……

我想要买什么呢？
哦，天啊，我再也
不想当妈妈了！

第二位妈妈：非常抱歉，这次散步路程太远，坡度太陡。

第一位妈妈：噢，不，这次散步挺好的。我到家之后就赶紧去洗澡。我在浴缸里放了点特别的东西。进入浴缸之后，我的眼泪顿时就哗哗地流了出来。我就在那里不停地哭泣。然后，我又爱上了宝宝。（小王子，22 个月）

宝宝的哭泣并不全是我的过错

妈妈们的见面并非只为哭泣。妈妈们也喜欢交际，对她们而言，如果能与他人共同分享生活中那些美好的瞬间，也是一件绝妙的事。

有时，你的孩子会在公共场合做出惊人的举动，这时，你会环顾四周，寻求他人的分享。你会感到体内有股气泡在往上蹿（用手势表示气泡从腹部上升到了喉部）。如果最终没人与你分享的话，这些气泡便会爆炸，然后消失。（小公主，10 个月）

我带着儿子去了宝宝健身馆。当你看到另一个宝宝有特别的举动时，他的妈妈也会注意到你。她显得非常得意。（小王子，15 个月）

同样，当妈妈们在一起时，也能创造出实实在在的幽默。一群妈妈坐在一起哈哈大笑，这显得非常特别。一方面，它包含着对说话者的同情，另一方面，它又显示出了妈妈们相互交流的意识。在下面的例子中我们就可以看到，一群疲惫的妈妈们坐在一起哈哈大笑的场景：

我女儿出生几周之后，一位非常要好的朋友打来电话："我现在还不能来看你。你可能还沉浸在幸福之中吧！"我很想冲她大吼一句："沉浸在幸福之中？你到底是哪个星球来的啊？我都快要疯掉了！我只想找个人说说话。"（女儿，2岁；儿子，4个月）

妈妈们经常会互相帮助，以维持内心的平衡。

如果你对宝宝的哭泣置之不理，这时你会想：就这样吧，我是世界上最糟糕的妈妈。当你去参加某个聚会，并和其他妈妈谈及此事时，在场的各位都哈哈大笑起来，这时你又会想：一次哭泣还不至于毁掉宝宝的一生。于是，你又会重新找回内心的平衡，一切又重新回归到正常。（小王子，17个月）

如何让宝宝睡得更久且醒的次数更少呢？对此，你们有没有任何好的建议呢？（现场一片沉默，没人回答。）好，那么，这就是说，我们没有任何解决办法，是吧？这很正常。看来，我并没有做错什么。我总是深感内疚，因为总觉得自己什么都没做对。（小王子，2个月）

第一位妈妈：我一直有轻度焦虑，并不是为女儿，而是为我自己。在我给宝宝喂奶时，如果我的心怦怦直跳，我就会想：如果我突发心脏病死亡，女儿该怎么办？（小公主，4个月）

第二位妈妈：其实，你并不是真的在为自己感到焦虑，而是考虑到了对宝宝的影响。我也会感到焦虑——我知道，我并不是在为自己担忧。（小公主，20个月）

在场的妈妈都非常认同第一位妈妈关于焦虑的描述，这使得现场的紧张气氛马上得到了缓和。如果所有人都能感受到这种焦虑的话，那么，这一定是所有妈妈都无法避免的情况。

如果我突发
心脏病死亡，
宝宝该怎么办？

通常，妈妈们并不能直接解决掉所有难题，而是基于相互的理解来给予对方鼓励。

第一位妈妈：在照看第一个宝宝那会儿，我想，我被这个爱哭的小家伙给缠住了，无论在哪里，他总是希望你抱着他。别人告诉我说：“别担心，再长几个月，他就会改掉这个习惯的。”（大儿子，12 岁；小儿子，8 周）

第二位妈妈：如果和刚出生的宝宝待上几个月，哪怕只是一整天——每一天都显得毫无意义。你会感觉，自己一秒钟都不愿再忍受下去。（小公主，2 个月）

在一次聚会上，一个 6 周大的宝宝在不停地哭，问题似乎是由腹痛引起的。另一位妈妈问道：“你愿意让我帮你抱一会儿吗？”第一位妈妈同意了，第二位妈妈就抱着宝宝，上下抖动，并轻拍她的身体。在第二位妈妈把宝宝交还回来时，我询问了第一位妈妈的感觉。

这确实给了我很大的帮助。我一直都在看着小女儿，突然，我发现小家伙正在遭受腹痛的折磨。我确实一直在看着她。就这样看着她，我终于明白了一个道理：她的哭泣并不全是我的过错。（大女儿，2 岁；小女儿，6 周）

从那时起，这位妈妈搂抱小女儿的方式变得更加轻松自如。女儿将头靠在妈妈的肩上，进入了甜美的梦乡。

当妈妈认定自己所做之事无一正确并毁掉了宝宝的生活时，内心便会产生恐慌。但是妈妈们通常会发现，若能得到其他妈妈的同情，那才是获得了最大的帮助。

我不能再继续下去了，我不能，这太难了（哭了）。宝宝不能入睡，除非我用吊兜竖抱着他。几周以来，我都没有真正地合过眼。我和丈夫再也没有亲热过。他已经变成了一个搂抱宝宝的机器，而我对他的态度则是：“喂！把他带上！”。自从宝宝出生来，我们之间的拥抱也成了一种奢望。一直以来，我都赞成依恋式养育，但如今我感觉，作为妈妈，我是失败的。是我，让宝宝对我和吊兜产生了依赖，用其他任何方式都无法让他入睡。（小王子，6 周）

瞧！在某些事情上我还是做得不错的

一些人可能会认为，这位妈妈很失败，而且觉得她本应该让宝宝睡在自己的小床上。于是，带着强烈的兴趣，我倾听了与会的其他妈妈们和这位妈妈的对话。我注意到，没有人对她所选择的依恋式养育方法进行评价，也没有人给她任何的建议。她的眼泪唤醒了“同行旅伴们”内心的情感，之后，每位妈妈都讲述了自己所遭遇到的困难。

让我感到惊奇的是，在会议结束之时，刚才第一位发言的妈妈站了起来。她说：“这次聚会使我恢复了自信，我不仅明白我正在做什么，也明白了为什么要这样做。”我想，她已经意识到了，做妈妈并不是件容易的事。此外，其他妈妈也纷纷表示，自己也正遭受着种种困难的折磨，显然，她所经历的种种困境也是在情理之中的。

同样，在交谈中，妈妈们也重新考虑了自身的境况。她们表示，自己会努力地去适应宝宝，而不是向他人不停地讲述自己所遭受的“困难”。她们注意到了，每个妈妈和宝宝都会找到自身独特的适应方式。然而，她们很害怕，害怕一些人会因为生活重心不同而不赞同她们的做法。当然，观念的转变并不能解决妈妈们生理上的睡眠问题，但是为了获取继续前行的力量，这似乎正是她们此刻的需求。

如果某位妈妈的问题更为复杂，这种聚会交谈的方式或许还远远不够。在这种情况下，单独对话的效果或许更好。然而，对于每天情绪都很低落的妈妈而言，与其他妈妈的会面则是一剂滋补的良药。

如果妈妈们无依无靠，她们就得自己去寻找恢复精力的方式。

今天早上，我和宝宝都睡过头了。昨夜是令人痛苦的一夜。女儿全身发痒，她频频醒来，在身上乱抓乱挠。我整夜都在给她唱催眠曲，之后她便进入了甜美的梦乡。早上起床后，我为自己泡了杯茶。这茶太棒了。茶！我能够感觉它在我的体内从上至下地流动着，让人感到温暖、舒心。（小公主，7 个月）

宝宝睡觉时，我做了一个重大的决定：不必赶着时间去洗碗或洗衣服。在此期间，我会写日记或读书。只有通过这种方式，我才能感受到自我。我确实需要这样做，只有这样，和宝宝在一起时，我才更能感受到自己的存在。当我找到完整的自我时，生活将会发生巨大的改变。如果我不好好利用时间，我就会感到迷茫和乏味。（小公主，8 个月）

作为妈妈，我感到非常失败。我失去了信心，于是，我把自己埋进了厚厚的日记本里。我写下日期，并记下身为人母的过程中一切让我感到小有成就的事，这些事太容易被人遗忘了。我想：瞧！在某些事情上我还是做得不错的。（小王子，11 个月）

我很容易陷入日常的烦琐事务中。如果我突然想到某些要做的事，心中便会冒出这样的想法：哦，算了！我还有更多要做的事。于是，我简单地选择直接将它遗忘。然而，每次当我忘记了日常的工作，而做了些令人愉快的事，我会为自己的行为感到高兴。（儿子，5 岁；大女儿，3 岁；小女儿，3 个月）

如果妈妈对自己完全丧失了信心，原因可能在于身边总有一些人对她们指手画脚。

我觉得自己如同行走在钢丝上，因为哪怕是一个小小的（负面的）评价，都会将我彻底击垮。（小王子，6 个月）

慢慢地，妈妈们会学会如何避开他人的评论。

身边的人不停告诉我，要遵循他们照看孩子的方法，并且我也乐意选择他们所使用的方法。但是有一天，我想：好吧，你们按你们自己的方法去做吧。儿子是我的，我应该有自己的方式。这样一来，我感觉好受多了，我终于能真正地欣赏我的宝宝了。（小王子，7 周）

我在参加宝宝按摩课的时候，他们有一个环节叫作“俯卧时间”，就是把宝宝翻过来，让他趴着，这样他就可以把上身抬起来。但是，宝宝一点也不喜欢那样做。他喜欢看人，不愿意趴着。那时，他们告诉我如果不这样做，宝宝的肌肉就长得不结实，并且永远都学不会走路，为此，我感到非常烦恼。之后，我想了很多，最终，我说服了自己，他们说的全是废话。（小王子，4 个月）

身边的人对我说：“宝宝哭的时候，你非得把她抱起来吗？你可以把她放在另一个房间去，然后把门关上。你知道的，哭泣对她不会有什么伤害。”我回答说：“你看，我觉得我不愿意成为这种妈妈，宝宝的哭声本身就会给妈妈带来不安的感觉。所以，这就是我自己的方式。”（小公主，6 个月）

人人都会犯错，妈妈也不例外

一旦妈妈为自己构筑起一道防卫之墙，她们就更容易包容自己。

如今，我觉得自己是一位自信的妈妈。我承认，刚开始时我非常害怕，我一点也不喜欢那样的状态。以前让我倍受折磨的种种事情，现在都已经烟消云散了。（小王子，15 个月）

女儿出生之后，我常常觉得房间里有个摄像头，在监视着我的一举一动。但是有一天，我突然意识到，并没人在监视我。屋里只有我自己，我可以做任何我想做的事。（女儿，3 岁；儿子，13 个月）

我总觉得，身边有个“隐形委员会”在拿我与他人进行对比，并且总在找我的缺点。然而，在心情舒畅的时候，我的身心会完全放松，只去享受与宝宝在一起的时刻，这时，不知怎的……“隐形委员会”……突然就人间蒸发了。（大女儿，9 岁；小女儿，7 岁）

妈妈们会相互寻求支持，但是如果她们感觉这种方式并不安全，在谈及育儿方法时，她们似乎会坚持自己唯一“正确的方式”。此时，妈妈之间就会丧失掉建立友谊的机会。

当某位妈妈在育儿方面表现得更加自信时，对于那些仍深陷于痛苦之中的妈妈来说，她的自信或许难以理解。然而，自信的妈妈在话语间总会流露出一种特别的坚定，因为在历经了艰难的起始阶段之后，此时，她觉得自己已得到了解脱。

上次我来这里时，我说我非常喜欢做妈妈的感觉，但是说出这话之后，我感到非常担心。在其他妈妈看来，我或许有点儿沾沾自喜。（小王子，2 个月）

我发现，我越来越喜欢自己了。我一直是个喜欢自我批评的人，我往往会给自己设下一些不能达到的高标准，但是，当我看到女儿的时候，我对她非常满意。我内心感觉非常好，因为女儿是我和先生的结晶。当然，她就是她自己，但是我现在对自己感觉相当满意。（小公主，13 个月）

内心更加坚定的妈妈们会以宽广、包容的胸怀去接纳新手妈妈。

身边的人告诉我，宝宝看起来很快乐，但是我认为，他之所以看起来快乐，是因为他本身就是一个快乐的宝宝。他的性情开朗。我不能把他的快乐归因于我所做的任何事。（这立即遭到所有妈妈的反对。她们认为，她和宝宝互动得很好。最后，这位妈妈害羞地说道：）很高兴能知道这些。（小王子，7 个月）

在这里，你会听到妈妈们说自己非常疲惫，但之后你会发现，她们仍有充沛的精力去细心地照料宝宝，去抚摸他们、安慰他们。举手投足间，无一不流露着爱意。（小王子，15 个月）

一位更有经验的妈妈（在一个多小时的时间里，她倾听了其他妈妈们失败的感受——她们感觉自己失败的原因在于晚上不能让宝宝安然入睡）：我只有一句话想对大家说。永远不要认为你是一位坏妈妈。（小公主，3 岁）

这些妈妈的做法仅仅是为了表示她们的友好吗？我并不这样认为。我认为，当妈妈们相互注视着对方时（假设所有的妈妈感觉都不太自信），她们能够在彼此身上发现许多优秀的品质。为此，妈妈们似乎需要向对方倾诉，因为她们很难在自己身上发现这些优秀的品质。

在相互的倾听中，妈妈们会明白，人人都会犯错。突然之间，她们意识到，自己把育儿的基准设得太高了。这一基准需要降低到一个可控的水平，只有这样，自己才可能达到。我不止一次地听到妈妈们讲述自己的失败，然而，每次失败都会被群体的力量轻易地消解。

独自在家、孤立无援时，妈妈们可能会给予自己种种苛刻的评价。然而，身处于群体之中，集体的力量就会淡化这些评价。此时，妈妈身上的担子得以减轻，她们也更容易把爱撒向自己的宝宝。妈妈的疲惫依然存在，责任依然存在，未能解决的问题也依然存在。然而，妈妈在家时内心的失败感却发生了改变，这种改变会让一切都焕然一新。

第九章

培养孩子的学习能力，妈妈应该怎么做

母亲的身份把我们变成了母老虎

有些妈妈认为，自己一旦成为母亲，就得尽可能地去为宝宝争取各种有利的条件。一位记者曾这样写道："母亲的身份把我们变成了母老虎。你喜欢也好，不喜欢也罢，我们天生就想让自己的宝宝有所成就。"

每天你都会发现，专为孩童甚至婴儿设计的各种活动可谓丰富多彩，包括游戏、故事阅读、音乐课堂、宝宝健身操以及其他激励性的活动。如果妈妈居住在城市，面对种类繁多的活动，她根本不可能全部参加。如果妈妈不能带宝宝去参加这些活动，她是否剥夺了宝宝迈向成功的机会呢?

我想做些对宝宝有利的事，但是我始终不清楚我的努力是否足够。在多大程度上算是激励过度？在多大程度上又是激励不足呢？（小王子，4 个月）

刚开始，这就如同陷入了进退两难的困境（人们在面临过多选择时，经常会陷入这种困境），这在当代社会非常典型。在激励孩子方面，妈妈经常会感受到压力，这使得她们倍感焦虑。她们会思考自己是否有能力帮助孩子发展、进步（并且不会对他们构成阻碍）。然而，妈妈们在激励孩子方面所感受到的压力似乎干扰了她们自我放松的能力，使得她们很难以平和的心态去爱自己的宝宝。

我认为，如果给女儿一个益智玩具并和她一起做一些游戏，这会让她有所收获。但是，如果我整个早上只是和她外出闲逛，即使我们非常开心，也绝不会有任何收获，在这种情况下，我会觉得我没能做个好妈妈。（小公主，5 个月）

这段话非常有意义。一个益智玩具为什么比一起外出“闲逛”有意义得多呢？为把宝宝引入种种“教育性”体验的大门，妈妈们时常面临着巨大的压力。妈妈们担心宝宝会对她们感到厌烦，并且觉得她们给予的刺激不够。在充满竞争的岗位上工作还不满一年的妈妈们通常会讲述她们内心的恐慌——她们担心自己的孩子可能会落后，并且在这场看不见终点的竞赛中输掉比赛，因为其他孩子都在拼命地冲向那条隐形的终点线。

在我所见的宝宝中，女儿是唯一一个还不会爬的，她快学会了。她的身体绝对健康，但是，当我看见其他宝宝在她身边爬来爬去，而她独自一人坐在中间时，我想：噢，不！如果这样下去的话，她上学后将会变得孤立无援，没有任何朋友。（小公主，9 个月）

妈妈们想要变得自信，这并不是件容易的事。妈妈如何才能得知自己的宝宝是否发育良好呢？对于许多行业而言，如果某人学识过浅，雇佣专业人士便可解决问题。那么，在宝宝的激励方面，是不是将宝宝全权委托给训练有素的专业人士会更好呢？

人们通常认为，专业人士会比父母本人做得更好。我有一位朋友说，她心情总是很差，因为她总觉得自己对宝宝的激励不够。她没有时间与宝宝一起做创造性的游戏，参与玩沙子和戏水、学习音乐基础、读故事、看戏剧、认识数字。她想要找一名帮手，以便能给女儿更多的激励机会。（女儿，3 岁；儿子，7 个月）

相反，精神分析学家雷诺·史必兹说：“妈妈的存在，仅仅是她的在场都会对宝宝的反应形成一种刺激。她最细微的动作——哪怕毫无意义——即使和宝宝毫无关系，对宝宝来说也是一种刺激。”

如果这种观点正确的话，那么，哪怕妈妈给予的刺激非常细微，也必定会对宝宝产生深远的影响。然而，现如今你并不会有这样的感受。走进玩具店，你会看到各式各样“刺激性”玩具，颜色非常鲜艳。你轻轻一碰，它们便会发出哔哔声、唱起儿歌、变幻出耀眼的灯光或者往前运动。这些玩具倡导这样一种观点：平淡的生活不能提供足够的刺激。

我记得，在宝宝还小的时候，每天我的内心都会感到无比空虚，我必须填补这种空虚，但又不知如何去做。我常常会梳妆打扮一番，然后去逛商场。商场！这是我和宝宝每天非常重要的活动场所。（小公主，23 个月；小王子，3 周）

尽管这位妈妈是在嘲笑自己逛商场的行为，但是这倒不失为填补内心空虚的一个好办法。即便对于婴幼儿来说，他们也能学到不少的东西。她可能会察觉到妈妈行为举止的改变：妈妈会把注意力从女儿身上移开，并认真地计划、挑选和盘算自己能够买得起的东西。或许，妈妈也会与店员交流，这会让女儿了解如何与每天所见之人融洽地相处。每天，这位妈妈会出于本能而带宝宝去逛商场，这种行为听起来合情合理，一点也不荒谬。

因为我们爱宝宝，所以他们能够自主学习

当然，每天都带着宝宝外出购物并不是一剂适应于所有

妈妈的普适良方。现如今，人们倾向于将某位妈妈的特殊选择变成一种“必要”。一下子，整个事情会变得非常复杂，一些人会提倡让妈妈参与一系列无休止的活动，于是，游戏也变成了一种任务。

玛戈特·森德兰医生很想给妈妈们一些鼓励，她这样写道：“在婴儿时期，一切都始于面对面的舞蹈。如果你与宝宝之间拥有多次愉悦的面对面交流，在宝宝的高级大脑中便会形成许多通道，这是宝宝学会与他人相处的关键。”根据这种思维方式，母子双方对面对面交流的感受就变得无关紧要。这种交流本身就被定义为“愉悦的”，因此，母子双方都会渴望参与其中。

幸运的是，在现实生活中，“相处的技能”在更多情况下表现为一种本能。不管是面对面，还是背对背，抑或其他任何方式，妈妈与宝宝都能融洽地相处，因为某些事情需要他们共同完成。在任何情况下，母子之间的关系总是在不断发展的，它会影响到孩子的大脑、心脏以及其他器官。事实上，孩子身体的每个部分都会受到影响。

然而，妈妈并没有责任要为孩子提供所有的刺激，也没有必要雇佣专业人士。宝宝们有能力形成自己的思想，并创建各种各样的活动。

妈妈：女儿从出生起就非常独立。

我：何以见得呢？

妈妈：嗯，在她出生后，我想让她躺在我的胸膛之上，但是她不停地抬起头，似乎是有意识地这样做。她的颈部肌肉非常强壮。（小公主，15个月）

我看着躺在尿垫上的女儿，她踢着小腿，挥舞着双

手，眼睛注视着周围的人。我想，现在她有了一种全新的体验。如果我一直抱着她，她便不会有这种感受。（小公主，6 周）

女儿最喜欢待在我和先生身旁独自玩耍，而我们也可以干自己的事。（小公主，10 个月）

有时，妈妈很可能会忽视宝宝自身的活力，而将宝宝看作一个空置的容器，妈妈的任务就是要不停地用丰富的娱乐活动把它填满。如果妈妈持有这样的观点，那么她每天都会迫使自己参与各种各样的活动。但是，妈妈若能明白宝宝自身所具有的活力，母子双方就能放慢忙碌的步伐，尽享轻松的感觉。身为精神分析学家及儿科医生，唐纳德·温尼科特讲述了自己观察宝宝们玩耍一只普通汤匙的情景，他得出了这样的结论："给予宝宝全方位体验的机会，并且参与其中，你（妈妈）会为宝宝奠定一个良好的基础，使宝宝最终能从容地去感受生活中的种种经历。"

我曾读到过这样的信息：如果你把铅笔和纸交到一个 6 个月大的孩子手中，他会学着如何使用，并能发展成为一名艺术家，于是，我决定进行一次尝试。然而，我却忽略了除了画画之外宝宝会利用铅笔和纸的其他方式。小家伙把纸揉成了一团，然后放到嘴里尝了一下。他以各种各样的方式摆弄着铅笔。我则在一旁吃惊地看着他。（小王子，8 个月）

看着宝宝进行这样的尝试是一种绝佳的体验。但与此同时，我们也很容易忽视妈妈在场的重要性。艾莉森·戈波尼克的话非常简洁："因为我们爱宝宝，所以他们能够学习。"安妮·曼内也以同样的方式写道："因为孩子的大部分世界都

是靠种种关系连接起来的，而且孩子的情感、社会化及认知发展相互交织在一起，所以，最为重要的因素就是对这些关系的敏感性与认同感。”在我看来，“交织在一起”向我们描绘出了一幅美妙的画面：宝宝实现了爱与学习的统一。

我认为，儿子需要一个充满刺激的环境，但是我发现，只有与爱他的人在一起时他才能去享受这种环境。（小王子，13 个月）

孩子能与各式各样的人建立起关系，因此，他与外界的沟通并不局限于与妈妈的联系。然而，妈妈非常了解自己的孩子，并能把爱与理解以一种特别的方式融合起来。在孩子愉快地与身边的玩伴融为一体之前，这对宝宝的发展是大有裨益的。

当宝宝一个人专注地玩耍时，如果妈妈放慢脚步，静静地观察宝宝，她同样会有新的发现——在真正感到厌烦时，连婴儿也能够表达自己的抗议。对于妈妈而言，似乎这时就该想着为宝宝找点别的刺激了。

女儿已经睡足了觉，吃饱了奶，我也给她换上了干净的尿布。这时，我想她可能感到有点无聊了。如果我拿点东西给她看的话，她会表现得非常专注。（小公主，2 个月）

更小的时候，儿子显得非常稳重。但现在，他经常发出细微的声音，如果我不立即做出回应的话，他便会大声尖叫，这听起来让人很不舒服。如果我给他一个玩具，他马上就会停下来。之后，他手中的硬币丢了，他又感觉无聊了。似乎无聊会让他受到深深的伤害，他需要不停地探索，并拓展自己的兴趣。（小王子，4 个月）

有这样的宝宝——我想你们也听说过——他会花整个上

午的时间来研究挂在婴儿床上的响铃（或其他益智玩具），此时，妈妈可以做些自己的事；妈妈把他一放到床上，不到半分钟，他便呼呼大睡；如果妈妈让他和别人待在一起，他会非常高兴。长大一点之后，当妈妈鼓励他去冒险尝试一下游乐场的滑梯时，他也从来不会惊慌失措地退缩；与小伙伴待在一起时，他也不会出现忐忑不安的感觉。这个宝宝的身体里流淌着一种自信，他很少向妈妈求助。他一点也不招人烦。假如我们的宝宝与这位宝宝略微有所不同，作为妈妈，我们往往就会感觉信心不足。

人们总是把“让孩子学会自理”与“为孩子好”混为一谈

只要妈妈承认宝宝有着自己独特的情感，那么，她就会把孩子当成一个单独的个体来面对。如果她把宝宝拿来与梦幻般的天使相比较，便会发现宝宝的行为可能在许多方面都会显得另类。然而，宝宝是一个真实的个体，这意味着正如妈妈那样，宝宝有时也会表现出孤傲、倔强的态度。

我每周都会带宝宝去一次音乐演奏培训班。我感到有点生气，因为他从来都不会加入到演奏小组当中，也不会拿着乐器主动地参与演奏。他在演奏小组外边四处乱跑。或许我不应该再带他来了，毕竟我会为此支付学费。（小王子，15个月）

但是如果她的宝宝根本不喜欢去音乐演奏培训班，这是否意味着妈妈需要千方百计地给予宝宝刺激呢？当然她也是人，也有着她自身的局限。

我带宝宝去参加了一个游戏班。无论参加哪种团体，我总会感到很不自在，我相信女儿也注意到了这一点。我表现得很不自在，而且让我感到不安的是，女儿也一反常态，所以，她可爱的一面没能展示出来。之后，我的心情糟糕透了。我感觉自己毁掉了女儿的前程，但是之后我又想：不！那只是我的表现而已。我不喜参加集体活动，但是女儿必须走出一条与我不同的路。她是一个善于交际的孩子，她喜欢和别人在一起。（小公主，9 个月）

妈妈所面临的挑战之一就是要建立起对自身的信任，而不是努力地去迎合其他妈妈的做法。如今，有个非常流行的观点：孩子需要学会独立，与妈妈关系过于亲密可能会延迟宝宝独立性的形成。

人们都在谈论“分离”这个话题。所以，如果你仍然把 15 个月大的宝宝用吊兜背在身上的话（她就是这样），你会感到作为母亲的失败。你没能完成与宝宝的分离。人们有种看法，认为母亲会阻碍孩子的发展。这套理论没能考虑到这样一个事实：背着宝宝的妈妈会发现，宝宝自己会让妈妈清楚地知道他的发展是否受到了阻碍。（她向吊兜里正在闹腾的宝宝做了个手势）因此，妈妈们为什么不相信宝宝自己的判断呢？但是，即使我如此认为，我的耳边总是有个烦人的声音告诉我：你会阻碍宝宝的发展的。（小公主，15 个月）

如今，种种社会现实都表明，妈妈应该与宝宝分离。如果她们坚持与宝宝保持密切的关系，便会阻碍孩子的发展。

人们通常理所当然地认为，家长都愿意把宝宝送去托儿所。我可以带女儿去参加一个绘画班，我询问了一下能否带儿子一起去。我知道，在帮助女儿画画的时候，我能够轻轻地抱着儿子，但是我得到的答案是：“你没必要那样做，这里有个托儿所。”我所面临的问题不仅是我是否愿意把宝宝交到一个素未谋面的陌生人手中，除此之外，宝宝与他们也从来没有过任何的接触。这就好像宝宝并不是一个人，而是一个包裹。他们被一个成年人转交给另一个成年人，所有宝宝似乎都是一样的。（女儿，3岁；儿子，9个月）

每个宝宝都是独立的个体，他们都按着自己的方式在发展。我们没有必要去催促他们。妈妈可以期望自己的孩子追求独立，但是，孩子需要为每一个新阶段的到来做好充分的准备。不幸的是，无数的社会机遇似乎都在迫使妈妈们把孩子推向纷繁复杂的社会现实之中。然而，此时孩子还不能享受其中的快乐，因为他们自身还不够独立。同时，整个社会也是在大肆鼓励将孩子送进育婴所和托儿所，根本不管母亲的缺席是否会损伤孩子的信心。一位英国记者这样写道：“过去10年中，政府鼓励大规模发展宝宝的集体看护。部长们也坚持认为，尽早将宝宝送进育婴所，会促进他们的交流以及各种社会技能的发展，并且还能让他们在将来有更好的表现。”

一些孩子为此做好了准备，并且在育婴所和托儿所里过得非常快乐，但是，所有的宝宝都是如此吗？

上周，我把大儿子送进了托儿所，他非常讨厌那里。每天早上醒来，他就哭着说：“不要离开我！”在托儿所，他抱着我的膝盖，不肯加入其他的孩子中间。我在想：我哪里做错了？我们是否应该让他早一点上托儿所？他是否太依赖我了？我是否阻碍了他的发展？等他10岁的时候，是否还会这样黏着我？我不知道。我感觉很迷茫，真的很迷茫。（大儿

子，3 岁；小儿子，14 个月）

当然，我可以让女儿一周五天都在托儿所度过，这样，我就能够全职工作。（她现在每周工作三天，工作的时候女儿由爸爸照看。）她或许会非常快乐，但是这会付出一定的代价。通常，人们会把“让孩子学会自理”与“为孩子好”混为一谈。如果宝宝去托儿所，她会学习种种技能，但是这些技能更像是要让宝宝有这样的想法：“我能照顾自己，我能清楚地表达自己。”这只是外在的一种自信。但是我想让女儿知道，我们会一直守护在她的身边，直到她真正能够照顾自己。通过这种方式，我希望她能够获得内在的自信。请不要对做出不同选择的妈妈做出任何评价。（小女儿，17 个月）

一些人认为，把孩子放到托儿所里是有益的。他们说，孩子并不需要妈妈的小题大做，也不需要凡事都由妈妈给自己铺平道路。孩子必须学会自己照顾自己。他们的观点正确吗？很显然，孩子有着个体差异。我发现，这方面的话题都会勾起一些成年人痛苦的回忆，他们在小的时候被逼无奈，不得不自己应对各种各样的状况，内心非常缺乏安全感。

在我主讲课程的第一堂课上，一位妈妈以学生的身份参加了这堂课的学习。课堂上，她讲到了自己的童年，泉涌般的记忆让她重温了儿时的成长经历。她再也没有回来听完剩下的课程，我怀疑她可能是为自己的诚实而感到羞愧。以下是她的一部分发言：

我小的时候，每个人都说我很棒，因为我非常独立。对于我能完成的一些事，从来没有人期望让如此年幼的孩子去做。在我 3 岁的时候，我能够独自一人穿过城市中车流如织的公路，最后到达托儿所。这很好，我不想责怪我的父母。然而，事实上，我……希望那时有个人能在身边保护我，我希望有人说：“那样很危险。她太小了。不要让她那样做。”

这里产生了一个重要的问题。家长如何才能得知孩子独立的程度是否过火？这位女士在 3 岁时，一定为自己的独立感到非常自豪。那时，如果她有其他的想法，那似乎就是对父母的不忠，她“真实的”反应就是只有让自己像成年人那样去感受周围的一切，于是，她最可能想到的就是他人能劝说父母，让他们为自己提供更多的保护。

神经学家们进行了一些有意义的研究，以此说明小孩何时承受了过大的压力。有没有一种简单的方法供妈妈们使用，来检测自己是否有助于孩子的发展，而不是去检测自己是否阻碍了孩子的发展呢？

接受各种各样的早教并不是让孩子学习的唯一方式

在育儿过程中，帮助孩子学会用言语来表达自己的情感是极其有益的，可是并非所有的妈妈都会这样做。对于那些有此做法的妈妈们来说，在孩子能够开口说话之前，她们的帮助似乎总是开始于不经意的瞬间。

我认为，养育孩子与为人母亲并非同一概念。作为妈妈，我投入了太多的情感，我知道这是儿子需要的。当他冲着我笑时——我感到非常欣慰：这是个善于表达自己的小家伙。（小王子，9 个月）

当我心烦意乱或者生气的时候，宝宝会看着我说："妈妈有点心烦。"（或者我其他的一些感觉）。（小王子，14 个月）

大儿子过去面对事情时情绪总是非常激动。比如有一天我把他的借阅证忘在家里了，他没法拿到他想看的书，他的情绪似乎坏透了，对此我们无能为力。但是现在他快 3 岁了，他的语言能力在不断发展，他已变得相当冷静，我们能够在一起讨论不同的选择。（大儿子，2 岁；小儿子，12 个月）

通常我们会发现，当孩子在超市走丢时，他们的内心会有"恐惧"的感觉，或者有时内心会存在两种不同的感觉，比如愤怒和悲伤。只有孩子自己能真正明白当时的感受，但是妈妈最擅长帮助他找出合适的词语来形容自己的感受，这样孩子就能用言语的方式将内心的感受传达出来，而不必再借助肢体语言。

女儿在托儿所非常快乐。只有那么一次或二次，她回家后告诉我："我要你，我要我的妈妈。"（女儿，3 岁；儿子，8 个月）

对于一个 3 岁孩子而言，这种语言表述非常准确。她向妈妈表达了自己真实的感受。一旦妈妈明白了孩子内心的感受，母子间便架起了一座桥梁。之前提到的那位女士虽然在 3 岁时便能独自穿越车流如织的公路，但是似乎她与父母之间缺少了这种桥梁的连接。

妈妈们会花费大量的精力来加深对孩子的理解，但是许多妈妈总是担心会阻碍孩子的发展，这是个非常糟糕的现象。接受各种各样的早教并不是孩子学习的唯一方式，早教同样存在于我们平淡的生活之中。如果一个蹒跚学步的孩童形影不离地跟着妈妈在家里四处转悠，在妈妈铺床叠被以及清理地板上的杂物时，他能学到的不仅仅是妈妈的劳动内容，还有妈妈在劳动时掌握的一种节奏。他很可能会模仿妈妈的行为。每天，这些行为的重复以及行为中所体现出来的节奏对孩子来说都至关重要。

那么，妈妈是否有可能会阻碍孩子的发展呢？答案是肯定的，但是并不是像妈妈想象的那样。因为孩子很容易受到妈妈的影响，他们喜欢博取妈妈的欢心并且和妈妈待在一起，同时妈妈的认同对孩子的行为也是一种鼓励。同样，妈妈的反对则会阻止孩子继续原来的行为。孩子都具有试验精神，看到他们自己想出来的那些冒险、重复、耗钱、耗时或者脏兮兮的新奇玩法时，确实会让人大吃一惊。

一直以来，我都告诉大女儿牛奶是种食物，但是她喜欢用牛奶来做画。前几天，我说："我们来把这些牛奶清理掉吧。"然后我便开始擦掉这些印记。但是女儿哭喊道："那是我的树！"（女儿用牛奶当颜料画了一棵树）我试着表现得耐心一点儿，但是我一直睡眠不足。对于自己所说的那些话，我听得一清二楚，我曾经对自己许诺过，永远不要这样对女儿说话。我现在的形象与我理想中妈妈的形象相差太远了。（大女儿，2 岁；小女儿，5 个月）

此时，妈妈很容易丧失耐心。孩子有着种种奇妙的想法，这远远超出了成人的视野范围。

我与儿子间的对话要比与大多数成年人的对话有趣得多。如果我去酒吧，彼此间的谈话难免涉及某些政客，席间所述的种种观点我也早有所闻。当儿子说话时，谈到的内容全是些新鲜、原创的东西。（小王子，23 个月）

孩子会看到我们所不能预见的种种可能。他们有着科学头脑，而并非是想惹我们心烦。但是，无论他们表现得有多么自信，缺乏耐心的我们也很容易对他们构成伤害。孩子能使成人的理解力超越自身的极限。尽管我们在岁月中积累了智慧和经验，似乎却失去了孩子们所拥有的创造力。

总有些时候，我们会觉得孩子非常难缠。在疲惫之时，我们轻易就会阻止孩子的行为。如果他们的就寝时间大大延后的话，我们便会断定他们的想法完全不切实际。我们深爱着孩子，我们只希望，如果他们确实有自己想做的事，即使遭到我们的反对，也要坚持下去。

第十章

内心失落时，妈妈应该怎么做

妈妈根本没有绝对意义上的“个人选择”

对于母亲这一角色而言，传统的观点认为，妈妈应该大度地牺牲自己，来满足孩子的种种需求，她应该总是把孩子放在比自己更重要的位置。当她年迈之时，以往的牺牲将会获得回报。到那时，孩子将会报答妈妈曾经给予自己的所有关爱。

心存感激的孩子将会照看年迈的妈妈，这一想法可能听起来非常诱人。然而，在实际生活中，这种想法并非总能成为现实。此外，女性主义作家们揭露了这种根本意义上的不平等：在传统文化中，我们希望妈妈放弃自己青春的潜力，牺牲自己最美好的年华去帮助其他家庭成员的发展。

1852 年，弗洛伦斯·南丁格尔在充满激情的《卡珊德拉》一文中写道：“是时候该女人摆脱‘家庭壁炉’的角色了——抚育孩子、打扫房间、预备菜肴以及安排娱乐派对。”我们就是为她的梦想而生的女性。

如今，这种情况至少在西方已发生了彻底的改变。现在的学校很少讲授家务管理以及育儿方面的课程，而在过去，这些课程不仅会向女性传授一些实用的技巧，还会灌输一整套相应的价值观。回顾女性的历史，我们就会明白，如今的女性为何有着如此强烈的反应，但这也给新妈妈们带来了不可预见的困难。

在父母及老师的鼓励下，大多数在 20 世纪 70 年代及 80 年代成长起来的女孩子会优先考虑她们自己的需求。她们认识到了女性自身的潜力，并且在生活的各个领域对男性霸权提出了挑战。这一代的年轻女性获得了巨大的进步，她们穿过了层层阻碍，获得了种种工作机会。

然而，一旦身为人母，妈妈们便会感觉自己的工作能力有所下降。对于新妈妈而言，优先考虑自己的需求简直是件不可能的事。虽然执着的精力投入和坚定的决心帮助女性们打开了职场的大门，但是却无法帮助她们照看孩子。一位名叫玛丽·肯尼的记者为自己的文章拟了一个非常有趣的题目：《为母之路上派对的消失》。她说道："为人母亲是一项艰巨的任务：这事或许非常自然，但是它同样违背了现代自由的精神。如今人们都在无休止地高歌'个人选择'，但是妈妈根本没有绝对意义上的'个人选择'。"

一夜之间，有关育儿方面的种种价值观突然都变得非常合理、贴切，而在之前，这些都是人们告诫女性们需要摒弃的观念。当新妈妈们发现，她们不得不放下当下的种种紧急需求时，这会使她们大为震惊。正如她们的祖母那样，她们必须优先考虑自己的宝宝。然而，与祖母不同的是，许多新妈妈之前并没有预计到有此结果。

妈妈：我是家里的独生女，在我成长的过程中，身边并没有太多的玩伴。一直以来我都非常的独立，做着我想做的事。但是突然儿子出现在了我的生活中，我意识到我得停下自己的生活。突然，宝宝的事一下子摆在了我的面前，我正在学习如何处理。

我：但是，这里面不也有你自己的事吗？难道你没有把自己纳入考虑之中吗？

妈妈：可能吧。但是还没到那个阶段。我仍然还是在努

力适应将宝宝放在第一位。（小王子，6 周）

现如今，在各方面的鼓励之下，女性开始认识到，自己无须奉献生命去支持家庭成员达成心中的理想。无论是身为妈妈，还是女儿、姐妹或阿姨，各个年龄层次的女性都认识到了，她们也拥有获得自我满足的权利。然而，新妈妈总会感觉自己被剥夺了这种权利，因为她们似乎从没有时间为自己考虑。

很明显，身为人母就意味着你会在宝宝身上花大量的时间，所以很少有留给自己的时间。做了妈妈，就意味着会有这样的结果，不是吗？但这着实让我感到震惊，而且刚开始，我觉得这确实难以接受。（小公主，2 个月）

如果妈妈根本没有料想到这样的结果，接下来便会发生一些状况，为此妈妈可能会感到极度震惊。

一天早上，儿子还在睡觉，我心想自己可以抓住这个绝好的时机泡个热水澡，于是我就跑向浴缸。当我刚把身体没入水中，并打湿头发时，便听到……（她模仿了婴儿的哭声），所以我不得不马上起身，然后就在浴室的地板上给他喂奶。我还记得自己当时的想法：你要求真多，但我也有我的需求。我的需求就是让身体变得温暖干爽，并且吹干我的头发。然而，在你的需求面前，我的需求简直一文不值。（小王子，3 个月）

妈妈们应该怎样去回应宝宝，才能避免这种情况（全身冷得发抖，但还得坐在浴室的地板上给孩子喂奶）的发生呢？渐渐地，妈妈们学会了提前做好心理准备，她们清楚自己的计划随时可能会被打断。有了这种想法，她们就能为突发事

宝宝别哭，
妈妈来啦！

件提早做好安排。当宝宝突然哭闹着寻找妈妈时，她就能立即搁下自己的事，同时内心的苦恼也能减至最少。

这就意味着妈妈不能再像往常一样将自己的需求放在首位，但同时她也不愿承受巨大的自我牺牲（人们早已教育妈妈要摒弃这种观念）。如今的妈妈们认为，自己有权获得自我满足，而不是牺牲。妈妈与宝宝可以联合起来形成一个团队。或许妈妈们从来没有做过这样的阐释，但是她们会学着将团队的需求放在首位。

睡眠之神，来吧

我开始着手一些需要完成的事，我希望我能在女儿玩耍的时候做完。但是那时她想得到我的关注，于是我就会放下手中的活儿，和她待上一会儿。之后她看起来好像适应了独自玩耍，于是我又开始忙我自己的事。（小公主，9个月）

女儿想我一直陪着她，因此我连把脏盘碟放进洗碗机的时间也没有。但是如果她坐在厨房的地板上尽情地玩耍，我就太开心了，因为我可以利用这段时间去洗碗。如果她在浴室玩耍，我又有机会打扫厕所了。（小公主，10个月）

这些办法并不能解决每对母子所面临的问题，但是我们确实能从中看到，妈妈们如何避免与意愿不同的宝宝发生正面冲突以便开展自己的工作。妈妈们同样也发现，通过细微的调整，她们仍有时间来满足自己的需求，尽管通常这会存在几个小时的延迟。刚开始，妈妈们可能发现，自己会花大量的心思才能获得成功。当妈妈与宝宝相互了解之后，事情就会变得更加容易，但是最初的尝试阶段仍会给妈妈带来异样的感觉。

你和宝宝坐在那里，一切看起来都非常平静，尤其是当宝宝正在吃奶的时候。然而，你的内心却在想：我都还没来得及去上厕所。已经倒好的一杯水我也没来得及喝……（旁边的一位妈妈出于认同而发出的大笑把她的讲话打断了。）（小公主，5 周）

在平等的个体之间，“轮换”通常是通过相互协定的方式确定下来的。然而，有了宝宝的参与，情况就会有所不同。如果妈妈与宝宝同时拥有某种需求，妈妈就必须决定让其中的一方做出让步（通常是妈妈自己做出让步，但也并非总是这样），然后把机会留给另一方，从而保证整个团队的利益。那么当第一个人在享受机会的时候，第二个人则会处于等候状态（或者注意力分散状态，宝宝则可能处于睡眠状态）。这种全新的方式意味着妈妈可以代表整个团队来获得满足自我需求的机会，这是完全正当、合理的。此时，事情的重心也就发生了改变。

我喜欢每天早上的时候洗澡。我发现小家伙非常喜欢我这样做，只要我能把他身上的尿布取掉。我会在浴室的地板上铺上毛巾，然后把他放在上面。在我洗澡的时候，他会表现得非常兴奋。（小王子，7 周）

有时，儿子在婴儿健身架下玩耍的时间可以有 20 分钟到 30 分钟，在这期间我就可以做点自己的事。我们的目光穿过房间，彼此都能看到对方。如果他看起来一切正常，我就会继续我的工作。（小王子，4 个月）

有天早上，我花了很长时间给女儿喂奶。在她睡着之后，我就一直抱着她。当她醒来后，我就起身，准备为自己做午餐，但女儿开始表现出不满。我对她说："你还真不害臊，你的事我都做完了。如果妈妈不吃饭的话，怎么有精力来照顾你，给你喂奶呢？"显然，她根本就不明白我在说什么，但是我需要向她做出解释。（小公主，7 个月）

上述的妈妈们全都与宝宝进行了"磋商"，这使得她们对自己的决定会心存一份责任。如果妈妈们不和宝宝进行磋商，而是以传统的方式全身心地去照顾宝宝，此时通过观察她们的感受，也能揭示出其间的奥秘。

在女儿刚出生的那会儿，我一直认为我的爱是无穷无尽的，而且我能给她一切。我认为这是理所当然的事，所以我根本不会注意到，她在达到忍耐极限时发出的种种信息。我自己常常弄得疲惫不堪。但是，后来我照顾儿子时的情况就大不相同。他会给我足够的时间。我会通过他的表现知道他将在晚上 7 点左右睡觉，之后我会有 7 个小时的休息时间。我会好好利用这几个小时，我对儿子也非常感激。（小公主，3 岁；小王子，5 个月）

刚开始，妈妈或许会感觉非常艰难。夜晚之时，许多妈妈会想自己是否牺牲得太多。大多数的新生儿，特别是母乳喂养的宝宝，晚上都会因为饥饿而醒来。许多宝宝在周岁之前，一直都会有半夜醒来的情况，有时次数还很频繁。此时妈妈可以做出选择，要么让宝宝饥饿地哭泣，要么醒来给宝宝喂奶。一晚上睡眠不佳倒是可以忍受，但是如果数月都是如此，就会让人筋疲力尽。为此，妈妈们会做出不同的选择。

第一位妈妈：大多数时候，宝宝一晚上都会醒来很多次。我感觉他需要躺在我的身边。先生说，儿子是在给你“制造麻烦”，但是我想，如果他晚上不睡在我身边的话，就不会知道我到底在哪里。（小王子，10 个月）

第二位妈妈：你可以让她哭。我就是这样对我女儿的，这听起来很糟糕，但是我觉得她需要在经历悲伤之后才能入睡。现在，她晚上睡得很好。（小公主，7 个月）

第一位妈妈：如果我让她哭，她的声音就会越来越大。我不知道怎么回事。只要我在那里，他就会非常高兴，所以我觉得我应该在那里。

如果妈妈为了能有机会达成自己的需求，而对宝宝的入睡表现得极不耐烦，她的紧张情绪便会传递给宝宝，这样一来，宝宝也会变得紧张而难以入睡。如果妈妈能够放松下来的话，宝宝的情绪相应地也会变得轻松。

比起直接哄宝宝睡觉，我发现，如果我（用吊兜）背着他四处走动并继续干我手里的活，他入睡的速度会更快。我看着他的小脸蛋，他的眼睛突然就闭上了。他喜欢被当作家庭成员的感觉。（女儿，3 岁；儿子，5 个月）

过去我常认为，西方社会近年来存在这样一个问题：妈妈急切地想让宝宝入睡，以便自己能获得满足自我需求的机会。相比之下，传统文化中的妈妈们表现得更为耐心，内心也更为平静。然而，有一天，在详读詹姆斯·普里查德编著的古文本选集时，我发现他曾翻译过一首在古代苏美尔文化中流传的摇篮曲。下面的诗文是从一首长诗中摘录下来的：

睡眠之神，来吧！来到我儿子的身边吧！让他快快进入梦乡……

睡眠之神，来吧！
来到我儿子的身边吧！
让他快快进入梦乡
让睡意爬上他不眠的双眼
用你的手遮住他粉饰过的眼帘
还有，他的舌头正发出咿咿呀呀的声响
请您，不要让这种声音驱走他的倦意

普里查德教授指出，这首摇篮曲中提到的孩子似乎正在遭受疾病的折磨，或许这正是这位妈妈表现得如此绝望的原因。毫无疑问，她一整天都在照看着儿子，她需要休息，于是她请求睡眠之神的帮助。在她的心中，这也是她唯一能够寻求的帮助。我曾几次将这首诗大声地读给妈妈们听，她们都能够穿越数千年的时空，体会到这位苏美尔妈妈当时的心情。

需要在夜晚照看宝宝的妈妈们可能会觉得，自己在睡眠方面做出了巨大的牺牲。事实的确如此，但是根据妈妈所说，这似乎是在进行一种全新的交易。她们要用睡眠的时间去“换取”更高质量的睡眠。最后，当宝宝在她们的帮助下进入梦乡时，她们的内心会感到非常满足，即便留给她们的睡觉时间有所减少。当轮到自己睡觉时，此时妈妈的内心会感到更加恬静、平和。

如果妈妈感觉，此时糟糕的境况总有一天会有所变化，她就能一如既往地坚持下去。

你仅仅是有三年时间不能睡上好觉而已

在我们眼中，所有看起来非常方便的东西似乎对宝宝都很糟，比如方便食品、一次性尿布以及合适的睡眠时间。宝宝从不会给你方便，但是当你想到这点时，你会思考他们到底需要什么呢？仅仅是让你 3 年不能睡上好觉而已。只是 3 年的时间，而那时，你会拥有一个非常快乐的宝宝。至少这是我的期望。（小公主，13 个月）

一些人似乎会认为，宝宝想要获得种种机会，完全只是为了吃奶或者接受睡前的安抚。然而，即便是最小的婴儿，他们也是具有社会性的个体。在沉醉于某种快乐之时，他们也乐意让妈妈分享他们的机会。有时，妈妈也能从中得到极大的快乐，但情况也并非总是这样。

女儿每时每刻都希望和我进行眼神交流。在她醒着的时候，我根本就不能读书。我的这种做法（看书）似乎不太恰当，但是我内心非常希望自己能够学到更多的知识。（小公主，3 个月）

在儿子小的时候，我常感到非常厌烦。他最喜欢做的事，就是躺在尿垫上不停地踢动双腿。他可以乐此不疲地踢上一个小时。我必须得守在他的旁边，因为他有可能会滚下来伤到自己。但是说实话，待上 10 分钟我就会非常腻烦。（小王了，4 个月）

对于许多妈妈而言，重要的就是要摆脱无聊厌烦的感觉，并且找到保持兴趣的方法。她们也意识到，分享孩子的快乐对宝宝来说也是有益的。身为精神分析家及儿科医生的温尼科特一语便道出了其中的玄机："如果（妈妈）能陪伴宝宝尽情地享受一切，对于宝宝而言，就如同沐浴在阳光之下。"

我和宝宝一起花了几个小时的时间观看工地上的挖掘机，它们正在忙着建起一个转盘。你会从中学到许多东西。我发觉我对此也很感兴趣。如果你认真地观察挖掘机的一举一动，还真有点跳芭蕾舞的味道。（小王子，3岁）

我自己也有过同样的经历。这位妈妈的描述让我想起了那个寒风凛冽的严冬，我能感觉到自己冰冷的双脚，我好想回家喝上一杯滚烫的热茶。"好了，我受够了，我们走吧。"作为妈妈，要说这样的话非常容易，但是……宝宝的观察中带着某种严肃庄重的元素，能与宝宝一起分享这一过程会令妈妈倍感荣幸，即便是寒冷彻骨，历时良久。

渐渐地，随着宝宝的成长，他会变得更加耐心，而妈妈的团队观念也在不断地调整。妈妈们不再一味地延迟自己的需求，她发现，自己很快就能找到更多满足自我需求的机会。

我：小儿子为什么哭了？

妈妈：因为他想让我帮助他站起来，但是他必须要等一会儿，因为我得先找到我的眼镜才行（她在自己包里搜寻了许久）。（大儿子，4岁；小儿子，7个月）

女儿想要获得更多的关注。这种需求似乎永无止境。最后我告诉她，我需要一些"妈妈时间"，在我做完自己的事后，才轮到她的"宝宝时间"，在这期间，我们可以一起做她喜欢的事。一开始，女儿表示抗议，但现在她已经很能理解了。我们这样做已经有一周的时间了，现在一切都变得容易多了。（小公主，18个月）

当妈妈们在确定谁最需要获得满足自身需求的机会时，她们也会让宝宝参与到这一过程之中。我们并不是天生就具有这样的智慧的。最初，我们会认为自身的需求非常急迫，必须立即得到满足，但是，轮流享受机会是社会生活中重要的一部分。如果我们不能轮流充当说话人和听话人的角色，我们之间的交流如何能顺利进行呢？如果大人不让小孩明白，他们可以分时段玩耍某个玩具，而不用互相争抢以据为己有，那么，两个小孩如何能共同分享同一个玩具呢？现如今，为了管理公路上川流不息的车辆，相关部门设置了车道、红绿灯以及一整套交通规则。如此一来，开车的人就能明白，在每个交叉路口或者转盘处，哪条车道具有优先通行权。交通堵塞往往会让人感到恼怒，但是组织有序的轮换交通系统意味着，我们可以坚信交通堵塞一定能及时得到解决。

假如我们能够相互信任并同意轮流享受机会的话，我们就能应对成年人社会生活中的种种复杂状况。如果我们能将这条重要的人类发现应用于现实中，社会生活一定会和谐无比。

对于未能学会轮流共享机会的孩子来说，情况会怎样呢？如果孩子不能明白这一点，他就会陷入非常不利的境况，对于大多数人类交流活动来说，这都是一条基本法则。小时候，缺乏这种经历的孩子最终会感到非常迷惑，因为他们在抢夺、攫取自己想要的东西时，似乎总是难以遂愿。他所使用的社会语言正好与轮流共享的理念背道而驰。我们的教育系统能对此做出补救，以帮助孩子们脱离这种困境。然而，这种教育的效果远远不及妈妈们自发的教育。大多数妈妈通常不会坐下来一本正经地教育孩子，就像妈妈在其他方面的付出一样，所有这一切都寓于生活的点滴之中。

内心失落的妈妈如何寻找情绪出口

妈妈总是要负责安排母子俩的活动，但是她也可以给宝宝一个选择的机会。

我告诉儿子，我们要去公园玩，然后我们就出门了。开始时，儿子朝另一个方向走。我没有坚持我的想法，我决定让他带路，结果我们玩得非常高兴。小家伙摇摇晃晃地走向公路的主干道，然后他用手势表示，他想要到公路的对面去，于是我们就过去了。他走进了火车站，然后顺着步行梯爬下去，最后来到了站台。这时，一列火车驶进了车站，小家伙显得异常兴奋。当时我想：哦，不！看来我们一天都得待在这儿了，我该怎么办？但是，在第三列火车经过之后，小家伙也感觉腻歪了，然后我们就开始往回走。回到家时，小家伙已经非常疲倦，但是我感觉非常满足，因为我一直都在跟着他走，而以前，几乎都是我在决定要去哪里。（小王子，14个月）

我总是会按照女儿的意愿去做，然后她也会遵从我的意愿。她喜欢去游乐场玩，喜欢坐在旋转木马的脚踏板上。她可以在那里待上很长一段时间。比起按自己的意愿去做，遵循她的意愿会让我感觉更加轻松。（小公主，15个月）

想一下平时你使用这些话的频率：“不，你不能那样做！”“不要碰那个东西！”“好了，我们现在要出去了。”一直以来都是我在发出各种指令，所以，我想要儿子自己做决定。我想让他知道，我会听从他的安排。（儿子，3岁；女

儿，4个月）

不幸的是，宝宝们太小了，还不能有意识地给予妈妈满足自身需求的机会。如果妈妈慷慨地向宝宝提供一个绝好的“机会”，但是宝宝根本就不“配合”，比如，不在预计的时间睡觉，这种情况会令妈妈非常苦恼。宝宝们还太小，不懂得如何进行相互协商，很长一段时间后，宝宝才会明白这一点。妈妈们失去了满足自身需求的机会，这并不是宝宝的错，因为一开始，宝宝就没有与妈妈达成任何协议，那么，内心失落的妈妈应该如何寻找情绪出口呢？

除了瑜伽课程以外，我几乎放弃了所有的活动。我特别喜欢瑜伽。上星期三，因为宝宝有点困了，但是他又不愿睡觉，所以一直不停地哭。我用尽了所有办法都无济于事，于是，我只得带他离开了瑜伽课堂，这种情况还是第一次出现。之后，我才意识到自己到底有多么在乎他，我只好这样想：好了，我会跟上课程进度的，但是我特别生儿子的气。这种情绪非常可怕，因为我非常爱我的儿子。（小王子，6个月）

有天下午，我就想独自待一会儿。我想休息几分钟，好让自己能够恢复精力，但是无论我走到哪里，儿子一直都跟在我的身后。让我感到最为羞愧的，我也不妨告诉你们，就是我将儿子拽到床边，然后把他扔到床上并冲着他大吼：“你想干什么？”你们可能不知道，即使在那种情况下，他仍然形影不离地跟在我的身后。他跟我走出了房间，一边哼着歌，一边狂躁地用脚踢自己的玩具。（小王子，3岁）

妈妈和宝宝似乎会在私底下建立起机会的轮流机制，在这种机制下，宝宝逐渐会明白自己的期望。然而，各个家庭成员之间可能会持有不同的观点，而且他们会主动地轮流着去抱宝宝。虽然搂抱只是短暂的片刻，而且宝宝立即就会重回妈妈的怀抱，但是在这种情况下，宝宝如何才能明白其中的状况呢？

我们的圣诞节是在我娘家渡过的。婆婆和我妈都很想抱抱儿子，于是我决定去洗个澡，让她们暂时照看一下他。我大概洗了 20 分钟，那种感觉实在是太棒了。回来的时候，婆婆对我说："我觉得你刚才的做法对母亲角色的完善非常重要。"但其实这与母亲角色的完善没有任何关系。之后，我把儿子带到楼上喂奶，我通常都是在洗完澡之后给他喂奶，但这次他对我非常生气。他拒绝吃奶，只是一个劲儿地哭，好像在说："你为什么非得那样做？我正在努力适应这个陌生的环境，而你却离我而去，并且……"（小王子，8 个月）

这样一来，涉及第三方的种种机会轮流问题便随之产生，妈妈需要从伦理的角度进行复杂的思考。

我是否要将别的孩子的需求置于自己孩子的需求之前

我一直都在追问，到底谁的需求应该最先得到满足。我是否要将别的孩子的需求置于自己孩子的需求之前？在紧急关头，我想我会这样做。（儿子，10 岁）

渐渐地，孩子们会明白如何轮流享受各种机会。起初，这就像一场轻松快乐的游戏，而且孩子们的参与远比我们想象的要早得多。

我喜欢在夜晚与宝宝亲密接触，我们会相互交谈。我说：

“你好！”女儿会冲着我笑，和我说话。（小公主，7周）

儿子醒来之后会看着我，然后我们就会一起玩各种游戏。如果我对着他伸舌头的话，他也会对我伸舌头，然后，我们相视哈哈大笑。之后，如果我做了别的动作，从他的表情中我可以看出，他正在思考该动用哪块面部肌肉才能做出相同的动作。（小王子，9周）

当丈夫在和女儿说话时，我能听见他们之间那些毫无意义的对话，然后他们都会停下来倾听对方的声音。（小公主，2个月）

我没法将我儿子身上所有有趣的事全都告诉你们，这会让感到你们厌烦。在这间屋子里，或许我是唯一一个认为这些事情有趣的人。嗯，比如每次他摸到我鼻子的时候，我会张开嘴说：“哼！”他觉得这样非常有趣。（小王子，12个月）

通常，在享受机会轮流时，妈妈表现出的能力会远远胜过自己的宝宝。

儿子手中有一个摇铃和一个盒子，他示意我和他一起玩。我拿过摇铃，和儿子相比，我摇的时间更长，声音更响。之后我发现，当我把摇铃还给他时，他随手把它扔到了地板的另一头，再也不愿意玩了。现在我正在学习如何与小家伙一起玩——你千万不能比他表现好。（小王子，8个月）

在很小的时候，宝宝就会主动给予妈妈轮换的机会，这让人感到大为惊奇，他们的慷慨也让我们非常感动。

现在女儿喜欢喂我吃食物，我感觉非常甜蜜。她会拿起勺子，塞到我的嘴里。她一拿起勺子就非常开心。（小公主，8个月）

我知道，女儿经常都想帮我。（我叫她举个例子。）哦，比如早上，我喜欢赖床。我看见小家伙坐了起来，刚刚醒来的她，精力显得非常充沛。看到我还是睡意蒙眬的样子，她并没有抱怨，而是重新回来依偎在我的怀里，然后开始吃奶，我能够看出她也在尽力地让自己再睡一会儿。（小公主，9 个月）

婆婆生病了，女儿听到我们在谈论这件事，突然，她嘴里冒出来一句："真让人难过。"还有，因为先生患有严重的毛囊炎，平时他会用一把专门的刷子刷后背。前几天，女儿突然拿起那把刷子说："我来帮爸爸刷刷糟糕的皮肤。"（女儿，23 个月；儿子，7 周）

在大一点的孩子身上，这种交流体现得更加明显：

第一位妈妈：我希望在期中放假的这周能做很多很多的事。（大女儿，9 岁；小女儿，7 岁）

第二位妈妈：你同时带着两个孩子，要怎样做才行呢？（小王子，8 个月）

第三位妈妈：我也在想这个问题。（小公主，7 个月）

第一位妈妈：我们彼此都很了解，并且也能相互尊重。我知道，他们会尊重我在工作方面的需求。

孩子一旦学会了与父母以及其他成年人共同分享时，最终，他也必定能够学会与身边的伙伴轮流共享各种机会。然而，在这种经验的转移过程中，他们所花费的时间可能会超出我们的想象。宝宝需要一段时间才能真正放下对同伴的戒心。然后，他才会了解到关于机会轮享的一些基本问题（包括道德问题和实际的问题），然后建立信心去应对这些问题。

宝宝是否可以不必与人分享呢

关于机会的优先权问题，很难找到一个绝对公平的标准。如果家里不止一个孩子，或者有前来串门儿的小伙伴时，这个问题尤为突出。你可以根据孩子的年龄大小来做决定（你可以说：“毕竟，你已经是个大宝宝了，而妹妹还是个小宝宝。”）或者遵循社会准则（“我们让他先玩，因为他是客人。”）。要让需求和权利达到平衡，这是一个复杂的系统，孩子需要很长一段时间才能明白其中的标准。

第一位妈妈：当大儿子想要某样东西但又不得不与人分享时，他的下嘴唇会不停地颤抖。对他来说，玩具非常重要，他讨厌与别人一起分享，尽管他也可以非常大方地让给别的孩子玩。他会说：“这是我的！”情绪也显得有些激动。这正是我的困惑所在，我不知道如何跟他讲，我担心我会说错话，这样会给他幼小的心灵留下挥之不去的记忆：“是妈妈逼我拿出玩具的。”（大儿子，2 岁；小儿子，5 个月）

第二位妈妈：你没有必要逼着宝宝去和别人交际。孩子会经历不同的阶段，才能适应复杂的情况。有他人在场的时候，这种情况会令人非常尴尬。如果你和宝宝的身边没有别人的话，你的儿子就根本不用与他人分享。（女儿，2 岁；儿子，7 个月）

第一位妈妈：对我来说，这是个全新理念。我总认为自己必须善于交际，但是你的观点似乎……让我如释重负。

儿子不喜欢与他人分享。比如，在玩划船游戏时，他喜欢做船长。有一天，游乐场里的一个孩子想要和他一起玩这

个游戏，我可以感到，他有些不安。当其他孩子靠近时，他显得非常焦虑。他讨厌别的孩子抢走自己的东西。（小王子，3 岁）

我们是否非得逼着孩子与他人一起分享自己钟爱的玩具和游戏呢？在能体会到与人分享的快乐之前，宝宝是否可以不用与人分享呢？哪个年龄阶段的孩子才可能学会与人分享呢？有着相关经历的妈妈们能够根据以往的观察提出自己独到的见解。然而，孩子们必定需要很长一段时间，才能真正明白如何等待机会的轮流。

总是让孩子按自己的方式行事对他们没有什么好处，是吧？但是，他们什么时候才能学会等待机会的轮流？他们能等待多久呢？这些问题让人费解，我觉得想要弄清这些问题是非常困难的。（小公主，7 个月）

我必须提醒自己，在有些事上女儿还不太明白。比如："等一会儿！"我认为她很难弄清这句话的意思。（女儿，3 岁；儿子，4 个月）

当弟弟或妹妹出生时，年长的孩子会学习等待机会的轮流。年长的孩子发现小宝宝的需求通常会优先得到满足，而等待则会非常漫长且令人沮丧，同时也让人难以适应。

我已经对儿子发过好几次火了，我想我最好把两个小家伙带出去玩一会儿，并且我决定绝对遵从儿子的任何想法。在家的时候，如果我在照看女儿，他总是得等着。我们出发了，儿子想去游乐场玩——我们玩得开心极了。在那里，我可以喝杯咖啡，而且和女儿一起坐下来休息。我告诉儿子，我会看着他玩耍，他非常高兴。我发现，他根本没有任何过分的要求，他要我做的每一件事都在我的能力范围之内。那天，我们俩确实都很开心。之后我们就回家了，我发现离家门越近，儿子走的速度就越慢。我对他说：“快点！”我开始变得有点不耐烦了。就在我们能够看到家门的时候，儿子一下就倒在了人行道上，再也不愿起来。当时，我气炸了，立即对着儿子大骂起来。我感觉，我们之前的快乐在此刻全都消失得无影无踪。但是，我花了几个小时来思考，我意识到那并不是失败的一天。儿子躺在街上，是因为外面的感觉太美妙了。我想，他是不能忍受回家后的状态：我在照顾女儿时，他就得一直在边上等着。（儿子，3 岁；女儿，6 周）

当然，如果妈妈能够明白年长的宝宝所感受到的痛苦，情况就会大不相同，这个问题将在后面的章节进行详细的讨论。

当弟弟或妹妹再大一点儿之后，他们就会一起找出轮流享受机会的方法，特别是在他们待在一起的时间较长的情况下。通常，他们都是通过游戏的方式来进行，这些游戏可能会非常有创意。在我两个儿子小的时候，有一次，我不得不把他们留在了一个没有任何玩具的地方，但是不一会儿，他们就开始不停地大笑。他们发明了一种游戏，其中一个会眨眼睛、拍头和甩头发，另一个则必须尽量不让自己笑。只要任何一方笑了，他们就互换角色。

“文明的”争吵也依赖于机会的轮流

弹珠、九柱戏、跳房以及纸牌——所有这些传统的家庭游戏若要能顺利进行，孩子首先必须懂得如何轮流享受机会。年长一点儿的孩子之间经常会为机会轮享的次序以及怎样才是公平的机会轮流而发生摩擦，有时彼此间还会发生争吵。然而，甚至“文明的”争吵也依赖于机会的轮流。既然争吵在家庭生活中已是常事，轮流享受机会的能力就有着非常重要的作用，它能为争论的商讨及解决提供一个熟悉的结构框架。参与者似乎只有在对机会轮流完全丧失信心的时候，才会选择诉诸暴力。

年龄的增长使得孩子们同样有机会重复妈妈的某些行为（这些行为是妈妈不愿意让他们模仿的）。

自女儿出生以来，我就经常对儿子发脾气。现在，他开始反过来这样对我。过去，我常对他说：“听着，如果你再打妹妹，我就不许你……”我会让他得不到想要的东西，或者不能玩喜欢的玩具。现在，他就这样反过来对我。他会说：“我很难过，妈妈，如果在1分钟内不能让我感觉好点儿的话，我就不吃饭了。”我以前所说的话现在全都调转了矛头，指向了我。（儿子，3岁；女儿，7个月）

我觉得儿子和我说话的语气很不礼貌，于是我跟他说：“儿子，你说话的腔调真的很没礼貌。我直白一点的话，我觉得，你现在的口气听起来好像是觉得我很差，很没用。”然后，他说：“妈，你知道吧，在我13岁左右的时候，你经常这样对我这样说话，那时我也常觉得我很差，很没用。”起初，我想为自己辩解，但是，我只能把儿子的话当作回赠的礼物，尽力让自己收下。（儿子，16岁；女儿，6个月）

显而易见，人天生就很敏感，这足以让我们学会机会的轮享。我们从愉快的经历中有所收益的同时，也会经历种种不快。如果妈妈没让我们享受到公平的机会轮流，这种早期的经历可能会影响我们今后的生活。

为何会出现不公平的机会轮流体系呢？R. D. 莱恩是一位从事存在主义心理治疗的医生，他在一篇公开发表过的个案研究中发现了一个非常典型的例证，该个案讲述的是一位母亲以及她6个月大的宝宝。如果这位妈妈对着儿子微笑，他就会对妈妈还以微笑。但是，当宝宝主动对妈妈微笑时，妈妈却似乎从来不会对宝宝还以微笑。

我们可以想象一下，宝宝会从这样一种循环往复的早期经历中学到什么呢？当他再大一点，假如别人率先冲他微笑的话，他可能会非常自信地做出回应。但是，他可能很少有自信去向别人主动示好，因为他会担心自己得不到任何回应。莱恩认为，这种情况可能会对孩子产生深远的影响。关于个案中的宝宝和妈妈，他这样说道："空虚和无用的感觉会油然而生……如果（某个人）感觉自己不能对他人产生任何影响的话。"

在这种情况下，即使两人的角色互换，同样也会产生种种问题。比如，一位忧郁的妈妈可能只会在孩子冲着她微笑的时候才会展露出笑容，而她自己从不会主动向宝宝示以微笑。这样一来，宝宝可能会觉得每一次的交流都是由自己来主导。他可能会得出这样的结论：没有他，妈妈（以及其他成年人）可能会很少微笑。由于认为自己的投入至关重要，这个宝宝可能会发展到与莱恩的描述正好相反的状态。过分看重自己的主动性或许会成为他沉重的负担。

如果双方能在平等的基础上顺利地进行机会轮换的话，那么，机会轮享的学习就显得理所当然了。但问题在于，有时两方的关系很容易出现问题。一些成年人说自己喜欢独居，但被问及其中的原因时，他们的解释通常是说自己不喜欢与他人分享自己私人的空间，并且在独处时感觉更加轻松。在任何时候，他们都表现出了一种害怕，害怕其他人会骑到自己的头上，害怕自己可能会屈从于他人的种种要求。

成为妈妈就意味着成为“孩奴”吗

探险家里查德·伯德曾经这样写道：“我将会随性地生活，除了无法摆脱的风、黑夜以及寒冷，我不会屈从于任何自然规律，我只会遵循自己特有的生存法则。”美国记者安内利·鲁弗斯曾诉苦称，在她眼里，社交就如输血一样让人筋疲力尽。“三个小时之后，我精力全无，即便与我喜欢的人在一起。”小说家凯特·阿特金森也同样直白地说道：“与他人同住，犹如开启了人生中另一种全新的生活，回首以前，我能看到自己在人际关系方面所犯下的错误。对我而言，事实就是这样。我只有在独处的时候，才能成为真正的自我……与他人一起的时候，我发现自己总是处于思考状态，嗯，我必须努力去适应。”

人们有种普遍的想法：一个人在与他人相处时，往往不能展现出真实的自我。这是为何众多成年人之间的关系开始很好但继而却最终破裂的原因之一。我们与他人的第一次接触始于初生之时，这个人通常是我们的妈妈。作为孩子，我们是经验匮乏的一方，但是第一次与他人的接触会给我们留下深刻的印象。如果妈妈没有给我们提供平等的机会，我们有可能会做出以下回应：第一，我们可能会尽力取悦妈妈，因为要想从妈妈那里得到自身所需的东西，这不失为一个好办法；第二，我们会非常小心，以免自己再次陷入弱势的境地。

同样，我们自身的警惕性也会让我们误解同伴的行为。对方通常会反驳说，他并不想占据主导或者控制我们，但是这种反驳终究是徒劳的。在幼年时期，如果我们对种种不平等的关系已有所了解，就很难去相信真的会有更加平等的关系存在。

此外，许多女性声称，她们不想做妈妈的一个重要原因似乎是源自内心的一种恐惧，她们害怕自己会被宝宝控制，并且不得不压抑自己而去满足宝宝的需求。她们不会将母亲看作一个强大的角色，相反，她们认为，成为妈妈就意味着成为“孩奴”。许多妈妈说她们感觉像是落入了陷阱之中。她们很难意识到，这种关系其实真的可以处于自己的掌控之中。

起初，我觉得自己好像变成了两个人：一个是往常的我，这个“我”不是孩子的妈妈；另一个则是被称作妈妈的人，这个人却不是我。一开始，我做的一切似乎都是顺着“妈妈”的意愿，这让人感觉像是在完成任务。一周之后，我决定让自己放松一下。我发现，我仍在按着“妈妈”的意愿在做，但原因是我自己确实想这样做。比如，我抱着女儿，这并不是一种职责，当我放松的时候，我发觉我真的很想抱她。（小公主，21 个月）

当父母想出如何平等地分担养育子女的责任时，一个全新的机会轮流问题便随之产生。当有人代替妈妈的角色时，其中的好处之一在于，它能使妈妈明白自己到底有多么喜欢充当妈妈的角色。但是，如果妈妈得不到休息，她就很难意识到这一点。

现在每周星期二，女儿都由先生来照顾，而我会坐上火车去参加定期的约会。上星期二，当我到达火车站时，我买了一张报纸，随后又买了一杯咖啡。之后我想，哦，今天早上是我的休息时间，于是，我又去买了一个面包。我坐上火车，手里拿着报纸、咖啡和面包，我找了一个座位，一开始，我非常享受这种状态。但是，你知道吗？大概 10 分钟之后，我就厌倦了手中的报纸，于是我想：难道这就是我所怀念的一切吗？难道这就是我离开女儿后想要得到的吗？因为我知道，如果我早上和女儿待在一起的话，那将是一副完全不同的景象，我们都会非常开心。（小公主，9 个月）

在这种大规模的机会轮流之中，妈妈用她身为人母的机会向孩子展现自己的慷慨，她希望孩子在长大并为人父母之后，都能慷慨地对待自己所享有的机会。没人能保证这一愿望一定能够实现，妈妈也面临着这样的风险：她所有的努力都会付之东流。然而，她若能在有生之年看到自己的成功，她一定会感到非常满足。

我有一个非常了不起的妈妈。她为我们做了很多事情，我愿意沿用她以前的育儿方法，其中许多方法成了我行为的基础。我唯一想在女儿身上做的一些改变都是一些小细节的改变。我妈妈以前曾教过我们滑冰，但是没有教我们滑雪，所以，当我站在滑雪场上时，我很害怕，如果我早一点学的话，我会喜欢这项运动的。但是，这真的不那么重要，我自己可能也会遗漏掉一些东西。（小公主，5 个月）

然而，现如今并不是所有的妈妈都能这样慷慨大方地对待自己的孩子，这似乎是现代社会变化的一部分。大卫·艾

宝宝这会儿还
好吗？

尔肯在1981出版了《还孩子幸福童年——揠苗助长的危机》一书，他在书中写道：

传统的美国生活方式非常注重孩子的童年，但是，在我们所创立的社会里，童年却面临着消失的危险……在育儿过程中，如果压力不可避免，我们通常希望让孩子飞速成长，或者把他们看作成年人，以此缓解部分的担忧和焦虑。同时，我们还渴求获得孩子的帮助以减轻生活的负担。

一个强有力的例证表明，现如今，许多孩子在孩提时代都没有得到恰当的机会。从很小开始，他们身上就承载了太多的压力，他们需要学会自我满足、自我安慰、理解并满足大人们的错误。然而，童年（至少西方应该这样）本应该是受到经验丰富的父母保护的时候，他们能让孩子慢慢成长，学会逐步适应现代纷繁复杂的成年人生活。

我们的社会似乎对孩子一点也不尊重。很多事情儿子都不能做。无论我们走到哪里，总是有些东西是儿子不能碰，也不能去尝试的。几乎没有地方能让宝宝找到真正的自我。这太难了。我只想尊重儿子的本性，他只是个孩子，这样他才能感觉到来自别人的尊重，同时也能给予他人以尊重。（小王子，21个月）

如果孩子没有机会扮演孩子的角色，那么，我们也失去了完善母亲角色的机会。孩子失去机会的同时，我们也被剥夺了机会。白安德·亨特在她的著作《母爱的力量》中写道：“如果我们不能屈从于母爱，那么，蒙受损失的不仅是孩子，同样还有我们。”但是，损失到底是什么呢？母亲得到的又是怎样的机会呢？

曾经有这样一位妈妈，她雇用了一位保姆，这样，她就能从事一些自由职业的工作。她这样说：

你可以丢下手头的工作，由此造成的影响并没你想象的那样大。其他人可以接替你的工作，即使他们比你做得差。但是如果你丢下宝宝，他立即就会感受到其间的差异，对于宝宝而言，你是无可取代的。（小女儿，4 个月）

这会使妈妈感受到一种压力，而且，并不是所有女性都能欣然接受这种压力。

我们是怎么了？妈妈是必不可少的。难道成为一个必不可缺的人就会让人感觉如此难以应付吗？当宝宝需要你的时候，陪在他们的身边就如此艰难吗？我们感受到这种艰难，是因为我们自身出了问题。陪在孩子身边尤为重要，如果不能做到这一点，宝宝就会有种被遗弃的感觉。我喜欢陪在孩子的身边。我知道我并不完美，但我是他们的妈妈。（大女儿，3 岁；小女儿，15 个月）

妈妈们知道，爱并不一定意味着包容一切的奉献，并且压抑自身重要的需求，在每天的日常生活中，机会的交换同样是一种表达爱的好方式。因此，在面对双方不平等的关系时，妈妈们不必心生怨恨。即使是在与宝宝进行小小的交换时，妈妈也可能会感觉筋疲力尽，因为她似乎已把大量的精力耗在了宝宝身上。但是，妈妈内心的这种不满会提醒她重新审视自己的行为，并在必要时调整自己的内心系统。

当妈妈和宝宝亲密地分享着生活中的点点滴滴时，这种更加平等的爱会使他们的内心产生安全感。妈妈的内心需要有安全感，这样才能与宝宝建立起亲密无间的关系。

第十一章

二孩到来，妈妈应该怎么做

第二个宝宝真是太“容易”应付了

如果妈妈不止拥有一个宝宝的话，种种新的问题便会随之而来。

我：拥有两个孩子会怎样呢？

妈妈：你指的是第二次当妈妈，还是说给两个孩子当妈妈？对我而言，这是两码事。（女儿3岁；儿子4周）

这样的区分听起来很不错，于是，我打算先问她第二次当妈妈的感受，然后再过渡到给两个孩子当妈妈这个问题。

无须提醒，我们就已非常清楚，每个人仅有唯一的一次头胎经历，或第一次的多胞胎经历，而之后，我们便彻底地摆脱了那种经验匮乏的状态。同样，当第二个孩子降生之后，在妈妈眼中，年长的宝宝就如同自己的小伙伴，这时，妈妈便不会感觉太过孤单。

有两个孩子会容易一些。当儿子哭闹的时候，我就对女儿说：“没什么。他哭，是因为他想……”我会说“吃东西”“睡觉”或者他想要的东西的名称。把情况明确地告诉女儿，反而能让我冷静下来。如果让我一个人应付一个哭闹的小家伙，我一定会非常烦躁。（女儿2岁；儿子8周）

在第二个宝宝出生以前，通常妈妈们会觉得，自己可能会和第一次生产时一样，还是那么不知所措。其实，对大多数母亲（并非所有）而言，在生第二个宝宝的过程中，她们会惊喜地发现，自己居然轻松了很多。

我这次当妈妈可冷静多了。我几乎一点都不担心这个儿子。（女儿3岁；儿子4周）

带第二个孩子的感觉是不同的。虽然不能说我在儿子身上投入的精力不多，但一切并不像带女儿时那么混乱。我带女儿那会儿，几乎什么事都无法处理。比如，我带着女儿去办公室，就像是去了一次火星，一切都显得那么奇怪和陌生。而现在，我重新回到了伦敦的皮卡迪利大街，感觉一切都没有改变。（女儿 2 岁；儿子 8 周）

在第二个宝宝出生前，妈妈通常会有更多的个人时间，而现在，她一边要照看新生宝宝，一边还要照顾年长的宝宝。

日子过得真快。女儿是我的第三个宝宝（抱了抱她）。她可能是我的最后一个孩子。我太爱这个小宝贝了，最初的艰难阶段几乎快要过去了。（大儿子 7 岁；小儿子 5 岁；女儿 3 个月）

有时，如果妈妈在养育第一个孩子时曾历尽艰辛，那么相比之下，她会认为，第二个宝宝真是太“容易”应付了。

在 3 岁以前，我儿子晚上从没睡过一个囫囵觉，然而几乎就在他 3 岁生日那天，他突然就好了。18 个月以来，他总是睡不安稳。对他而言，晚上太安静，太漆黑了，而且要让他连续睡上 10 个小时，他可不感兴趣，这件事很难处理。我知道，我得陪着他。别人说，我该让他自己哭去，可我做不到。在睡不着的同时，如果妈妈又不理睬他，对他来说，这可是双重打击啊。女儿则完全不一样，她不会像儿子那样经常醒来。（儿子 4 岁；女儿 3 个月）

这意味着与年幼的弟妹相比，第一个孩子（或者独生子女）对妈妈的感受可能会完全不同。这种不同的感受必定会像一则未完的故事，贯穿他的人生始末。比如，当你问一对八十多岁的兄弟：“你们两位哪个是哥哥？”只要他们记忆还算正常，绝对不会有人说："天啊，我不知道！你等等，我们回去看看出生证明。"这种不同的感受有着非凡的意义。年纪的长幼赋予了他们不同的家庭故事，同时这也能为他们彼此的个性特点提供解释。例如，我们会听到这样的话："我在家里一直身肩重任。""到现在，我还被当成家里的小孩。"甚至在兄妹众多的家庭里，对于每个孩子而言，长幼的顺序似乎总是蕴含着巨大的意义。

丽贝卡·艾布拉姆曾在她的著作中采用了一个很有感召力的题目：《三只鞋子、一双袜子、没有梳子——拥有第二孩子时应知的一切》。在书中她指出，父母完全低估了第二个宝宝给家庭带来的变化："从孕育时起，第二个宝宝对家庭就产生了影响，且完全不同于第一个宝宝所带来的影响……常见的育儿模式是养育一个宝宝。而从怀上第二个宝宝起，这种育儿模式就变得不合时宜了，但对于养育两个宝宝时会出现的状况，或应该出现的状况，它却仍然在不断地影响我们的种种期待。"艾布拉姆指出，这样的期特会对我们构成障碍，让我们更难去认识和应对种种新的问题。

在怀第二胎的时候，妈妈仍会感觉肚里的宝宝"不太真实"。妈妈更关注她身边的这个宝宝。通常，妈妈与第一个宝宝已经建立起了亲密的关系，为此，她会感到非常担心：等到有新生宝宝需要照顾的时候，两个宝宝将如何相处呢？

现在我知道另一个宝宝即将到来，我意识到自己和儿子单独相处的时间会变少。此时的一切显得尤为珍贵。我比以前更加爱他了。他已经能说话了。我们在一起的时候真的很美妙。（儿子 2 岁；怀孕 4 个月）

如今，我们通常会建议家长，要让身边的孩子为新生宝宝的到来做好心理准备，而且市面上很多儿童书籍也会讲到有关弟弟、妹妹出生的事。然而，有妈妈指出，事先检查书籍的内容非常重要，因为书中提到的种种问题，有可能是宝宝们从来都没有想过的。

需要读给女儿听的部分，我会事先把它整理出来。有很多故事都在讲，在有了弟弟或妹妹以后，年长的宝宝表现得很糟糕，一段时间之后，他们的表现就会有所好转，但是这根本就不是我们的经历。既然女儿的经历完全不同，那何必把书中那个小孩的故事（在弟弟/妹妹出生以后，他变得很不高兴）讲给她听呢？（女儿3岁；儿子2个月）

不管有多少孩子，我们都完全有能力去爱

发展心理学家朱蒂·邓恩对同胞关系进行了深入研究，并发表了一个非常有趣的观点：“在家庭中，如果妈妈在与年长的孩子讨论有关照看小宝宝的问题时，把它当成两人共同的责任，并且从一开始，就把婴儿当成一个真正的人进行谈论，那么在以后的岁月中，同胞间的相处将会特别地友好。”其中最关键的部分是“把婴儿当成一个真正的人进行谈论”。在谈论宝宝时，或许抽象化的“婴儿”更易于彼此间的交谈。但是，如果能让年长的孩子准备好接受另外一个人——和他一样的“真正的人”，对妈妈和孩子来说，这也许是一种非常实际的准备方式。

在生产后的几个月内，有的妈妈可能会再次受孕，这意味着第一个宝宝年龄太小，还无法做好准备。相反，妈妈需要做好充分的准备，因为她得养育两个年龄相近的宝宝。女

作家蕾切尔·卡斯柯发现，在第一个孩子6个月时，她又怀孕了，对于自己当时的反应，她有着这样的描述：

对我而言，母亲的角色就好像一个与世隔绝的寓所，我一直都在策划逃离。在艾伯丁6个月大的时候，我又怀孕了，我感觉自己就好像是一个在逃的罪犯，现在被捉拿归案，不得不黯然地回到我过去的牢房。

对许多妈妈而言，尽管这种想法或许听起来很消极，但是一想到要同时养育两个孩子（年龄相差只有15个月），这着实让人心生畏惧——尤其是她一直都在“策划逃离”母亲的角色。

第二个宝宝出生之前，一个新问题出现了。当妈妈生产时，爸爸通常会在一旁陪护，那么，谁来照顾第一个宝宝？为此，大部分妈妈都没法让自己放松下来，除非她们确信，有可靠之人能帮忙照料宝宝。

第一位妈妈：上周，我的妹妹生了第二胎，我帮忙照顾她的第一个宝宝。我也想保护我的妹妹，因为我比她年长，比较爱护她。我能感到，由我照顾她的孩子，她是信得过的，因此，她非常放松。（女儿7个月）

第二位妈妈：这对我的生产起了很大的作用。我有个好朋友，女儿也很喜欢她，当我听说她能帮我照看女儿时，我就开始放心地准备生产的事了。（女儿2岁；儿子2个月）

第三位妈妈：我还记得，我妈妈生弟弟的时候，是我姑妈在照看我。（在场的所有妈妈都饶有兴致地听着。第三位妈妈说那是个很不错的经历。当时她8岁，姑妈特别宠她。）

第四位妈妈：我朋友的四个孩子年龄很相近。她生第四个孩子的时候，是我们在帮忙照看其他三个。她说，这在情感上给了她莫大的支持，因为她知道，我们会好好地照顾她的三个孩子。她告诉我，之前的几次经历可艰难多了。（大女儿9岁；小女儿7岁）

在迎接下一个宝宝的到来期间，妈妈对自己年长的孩子会非常担忧，要是我们能意识到这一点，这无疑是有好处的。此时，妈妈不能为他提供悉心的照料。如果家人和朋友能意识到其间的重大意义，他们或许会热心地伸出援手，照料她年长的孩子。

要是妈妈有了第二个孩子，她和第一个孩子之间的亲密关系会怎样呢？怀孕期间，很多妈妈都很担忧，担忧自己没法给予两个孩子足够的母爱。她们经常会表露出这样的担心：在第一个孩子身上，她们投入了太多了的爱，因此没法“预留”足够的爱给下一个宝宝。

在第二个孩子的出生之时，妈妈们往往会有惊奇的发现。她们会发现，其实，母爱是无穷无尽的，它根本无须预先存留、无须进行分配，也无须从年长的孩子那里进行掠夺。

我当时担心，我对大女儿的感觉会发生变化。但是事实并非如此。你只会拥有更多的爱，这种感觉太奇妙了。（大女儿2岁；小女儿2个月）

我太爱女儿了，所以我以前完全不知道，我居然还能以同样的方式去爱另一个宝宝。可是，当儿子出生的时候，那种爱又莫名地出现了。我认为，不管有多少孩子，我们都完全有能力去爱。（女儿3岁；儿子6个月）

我好像背叛了老大

丽贝卡·艾布拉姆指出，并不是所有妈妈都能马上或者轻易爱上自己的第二个孩子，至少对她而言，第二份爱并没有即时出现在自己身上。她认为，母爱的确会降临到第二个宝宝身上，但并不总是开始于宝宝出生之时。她还补充道：“要想即刻爱上两个或者两个以上的宝宝，并不总是那么容易的事，可问题在于我们总是怀着这样的期待。”

小女儿和大女儿完全不同。大女儿似乎就是我的所爱，而小女儿却像一个外星人。她们刚出生的时候，都像个小小的外星人。对于小女儿，我的爱并没有那么急切。我没能和她建立起亲密的关系，对此我非常愧疚，但是，我当时并不了解她。她的个性与大女儿完全不同。（大女儿 2 岁；小女儿 2 周）

如果妈妈爱上了第二个宝宝（不管这一过程的快慢如何），那她对第一个宝宝（她曾经深爱的人）的感情会怎样呢？她是全身心地去爱第二个宝宝呢，还是像能产出两种奶水的袋鼠妈妈那样，去寻求两种不同的爱呢？

一般情况下，妈妈会毫无保留地去爱第一个宝宝，直到第二个宝宝的出生。然而，一旦妈妈看到幼小的新生宝宝，她会觉得，年长的宝宝现在又强壮又成熟，同时，她也希望年长的宝宝能像自己一样能干。

以前，在兄弟姐妹中，我是比较年长的孩子。在小女儿出生之前，我非常担心，担心自己无法为她们提供足够的爱。我非常关注大女儿，不知道她能不能接受另一个小家伙的到来。但是小女儿出生以后，我发觉自己变了。我很惊讶，因为此时我更关注这个新生儿，而不是蹒跚学步的大女儿。我觉得小女儿很需要我，而大女儿完全能够自己应付。但毕竟她也只有两岁半啊。（大女儿2岁；小女儿5周）

大女儿都这么大了，所以我会因为她不够成熟而生气。（大女儿6岁；小女儿2个月）

简·帕特里·夏巴雷特的博士论文名为《论母亲—同胞间的三角关系》。通过自己的研究，她证实了这样的三角模式，并指出这种模式会持续一段时间。

我还能记起自己当年的经历：因为新生儿的需求更多，所以，我对年长孩子的保护意识有所淡化，这种变化让我非常震惊，这也改变了我们之间的亲密程度。保护意识并不等于爱，但在年长的那个孩子心中，或许它们确实能画上等号。

那么，面对母子间亲密关系的突然变化，年长的孩子会有什么样的反应呢？

第一天很糟糕。大儿子背对着我，离我远远的，就好像我背叛了他，那感觉就好像是丈夫带了别的女人回家。不过，我也有这样的感受。（大儿子2岁；小儿子6周）

母爱总是变化无常的吗？妈妈会不会把她们的爱转移到新宝宝身上呢？似乎不会。即便许多妈妈此刻的重心是在急需照料的新生宝宝身上，但她们也会给予年长的孩子深深的关爱。

我大部分的牵挂都在女儿身上，我不希望她有被忽视的感觉。她确实非常聪明，她是我的骄傲。她能帮我不少忙，当然了，不管她帮不帮我，我都能应付。我喂奶的时候，她会给我端点饮料和零食，因为她知道喂奶让人口干。然后，我们回头把溅到地上的奶水打扫干净。她喜欢给弟弟换尿布。虽然弟弟喜欢换得快点，而她却要花上我两倍的时间，可是，我希望她能感觉到自己也是我们当中的一分子，这对姐弟间的感情很有帮助。(女儿3岁，儿子4周)

(稍后这位妈妈说，女儿认为，妈妈得喝水，才能产出奶水。女儿还一个劲儿地问她：妈妈吃下去的东西是怎么变成奶水的?)

我觉得儿子真的很棒。当我摇着女儿哄她入睡的时候，他完全能明白这是怎么回事。有一次他问我："我能抱她吗?需要我给她唱歌吗?"然后，他就开始给她唱他会唱的所有歌，比如，"咩咩小黑羊""一大早"。最后，女儿真的睡着了。还有一次，他竟然给我们俩一人拿了一瓶水。这是他自己动做的。我觉得他真的很棒。(儿子3岁；女儿5个月)

不过刚开始的时候，事情总不是那么容易。新生儿所要的关注和年长孩子所需要的关注不同，大多数妈妈很难把这些需求统一起来。起始阶段是最为艰难的，因为一切都是新的，所有人都很疲劳，而且孩子们也还没有完全了解彼此之间的关系。

要保持不同的步调是一件麻烦事。儿子还处于婴儿期，如果我慢点，按照他的速度来做事，一切都会非常顺利。但是女儿已经3岁了，她希望一切都能快一点，可是，要根据她喜欢的速度做事，那就没这么容易了。(女儿3岁；儿子3个月)

父母双方分别照看一个孩子，这听起来似乎是个好办法。许多爸爸都乐意和子女走得更亲近些。

女儿对她爸爸和我说："你们是我的爸爸妈妈，让弟弟去找他自己的爸爸妈妈。”我觉得这让人很难受。前几天，女儿对我说：“那好吧，你可以当他的妈妈，我不会在乎了。我找爸爸去了。”（女儿 3 岁；儿子 5 个月）

然而，对一个已经和年长孩子建立起亲密关系的妈妈而言，这也许是个巨大的损失。

我感觉，自己好像只是在照顾儿子，女儿现在经常嚷着要找爸爸，其实我非常想她。可是，这时候先生不在家。我妈现在和我们待在一起，她替我照看儿子，这样我就可以带女儿去公园或者去买热巧克力——这些都是我们以前常做的事。（女儿 3 岁；儿子 10 个月）

现在，儿子和我似乎都有距离了，是从我怀孕（第二胎）后开始的……（哭了）。他想让我抱的时候，我却没法那样做。现在我一直陪着女儿，给她喂奶或者换尿布。儿子现在经常嚷着要找爸爸。在任何事情上，先生和我都有明确的分工：先生负责照管儿子，我则为女儿喂奶。我觉得对儿子而言，我没能做一个好妈妈。（儿子 20 个月；女儿 4 个月）

一位妈妈讲述了自己的经历：当时，她让丈夫负责照顾年幼的宝宝，而不是年长的孩子，那时她感觉非常快乐。

最近先生经常带着儿子出去散步，这样一来，我就能和女儿待在一起。这种感觉真好。女儿也很高兴。我们还一起做了烘焙。（女儿 3 岁；儿子 6 周）

所以，尽管不少母亲说，自己经常会为年长的孩子而恼怒，但是他们之间曾经的那种关系却仍然非常牢固。

妈妈：我觉得儿子真让人厌烦。这也许听起来很糟，不过，我确实有这样的感受。他一直要我给他讲猴子的事。这一整天，他都在干这么一件“事”。

我：那你怎么控制自己的脾气呢？如果你确实有这样的感受的话。

妈妈：噢，我真的有这种感受。他就想我给他讲。他觉得我是个好脾气的妈妈。我不想让失望。（儿子 3 岁；女儿 4 个月）

直到动笔写下这段时，我才真正体会到，其实妈妈们十分在意与年长的孩子保持亲密的关系。每当妈妈们在讲述自己的长子（或长女）时，她们的语调中总是充满着一种特别的快乐。

我总是在问自己：儿子与女儿之间，我是否更爱女儿。在某种程度上，的确是这样。随着孩子年龄的增长，你的爱也会跟着增长。最开始，他们的需求很简单，只要他们都好好的，你就心存感激了。现在女儿长大了，可爱之处更多了。但是我相信，随着儿子的成长，我也会给予他同样的爱。（女儿 3 岁；儿子 5 个月）

对此我很好奇。随着儿子又长大了几个月，正如妈妈预想的那样，他确实“激发”出了母亲体内一种更加独特的爱。

两个孩子带来的体验是不一样的

那么，新生宝宝会怎样呢？年幼的孩子会从妈妈那里得到什么样的爱呢？许多妈妈说，和第一个孩子相比，她们对待其他孩子的方式会显得更加随意。

第一位妈妈：我觉得，我不能让儿子自己在那里哭泣。

（儿子 9 个月）

第二位妈妈：我对女儿也是一样的，我没法看着她哭。不过今天早上，我在给女儿换尿布的时候，儿子哭了起来。我知道他不会怎样的，我也知道，自己有足够的时间先把女儿的尿布换好。从他的哭声中能听得出来，两个孩子得到的体验是不一样的。（女儿 21 个月；儿子 13 天）

妈妈：要是我还没准备好去招呼儿子的话，我会让他哭一会儿。我之前没有这样对待过女儿。

我：这是不是因为你能分辨出那是……

妈妈：是的，不过是在抱怨而已。

我：要是他音调一下变高了，你会不会有不同的反应？

妈妈：那是当然了。（女儿 3 岁；儿子 6 周）

听着妈妈们的讲述，我们似乎会觉得，她们给予第二个宝宝的爱会更加随意，但是这似乎不太可能。生二胎的妈妈们都有了丰富的经验，而且能更好地分辨哪种哭声更为紧急。其实，第二个宝宝得到的关怀似乎更让人放心。

第二个孩子出生以后，第一个孩子就变成了哥哥或姐姐。妈妈必须学会如何平衡自己的利益与两个孩子（而不再仅仅是一个孩子）的利益。同时，她得帮助第一个孩子去适应成为哥哥或姐姐以后的生活。

或许，妈妈还会遇上其他烦心的问题。比如，她是不是在第二个孩子身上花的时间要少得多呢？她的经验能否让她在内心生出对每个孩子的热情与关爱呢？如此一来，最年幼的孩子是否就能获得最好的关爱呢？如果妈妈本身就是家里的第二个孩子，那么，她和自己的第二个孩子是否有种特别的情感共鸣呢？因为有着更多的相似之处，妈妈会不会和女性宝宝相处起来更加融洽呢？这些问题很有意思，不过全都超出了本书的讨论范围。

所以，第二个孩子会带给母亲很多思考。他的到来不仅意味着家庭的添丁，同时也改变了整个家庭。每个家庭成员都会变得尤为敏感。朱蒂·邓恩试图勾勒出这一复杂的关系：“在家庭中，妈妈对待一个孩子的方式和其他孩子们对待妈妈的方式，以及孩子们对待彼此的方式都有着紧密的联系。对各种家庭关系之间的联系审视得越仔细，这种关系模式便会变得越复杂。”

兄弟姐妹的存在是一件无比快乐的事

妈妈可能会突然以一种全新的方式来看待年长的孩子：

小儿子不经意间把手放在了大儿子的后背上，大儿子说：“妈妈，看，弟弟在照顾我呢！”我当时真的很感动。（大儿子 2 岁；小儿子 3 个月）

拥有第二个孩子是一段非常丰富的人生经历。我亲眼目睹了女儿的变化，她变成儿子的大姐姐。这是她崭新的一面。她可不是一直都对弟弟那么好的。（女儿 3 岁；儿子 5 个月）

四口或者四口以上之家会比三口之家更加吵闹和忙碌。第二个孩子会面临许多热闹的互动交流，其间通常会有一些趣事发生。

我每天至少要对女儿发一次火。她总是又疯又闹的，我经常希望眼不见为净。可是，一天下午，丈夫带她出门，我突然发觉，她是这个家里多么重要的一分子。没有她，整个房间太安静了，儿子都觉得无聊，我只有想办法逗他开心，

根本就没办法把计划好的工作做完。通常，只要看着她，儿子就会很开心。（女儿2岁；儿子5个月）

如果家里只有一个宝宝，那只有靠妈妈来给孩子逗乐。可是，如果有两个或多个宝宝的话，妈妈会突然发现，对孩子们来说，兄弟姐妹的存在是一件无比快乐的事。通常，要不了一会儿，年长的孩子与新生宝宝就能融洽相处，这一过程通常快得超出了人们的想象。

儿子很喜欢和女儿一起洗澡。前几天，妹妹洗澡时，他拿来了一些玩具，可是，没有一样是合适的。这是我第一次听到女儿真正地哈哈大笑。她觉得哥哥太有意思了。（儿子3岁；女儿4个月）

听到儿子们的笑声很舒服。小儿子以为他哥哥是世界上最有趣的人，而大儿子也非常开心。所以，他经常做事逗弟弟笑，比如跳上跳下，挥舞胳膊。（大儿子22个月；小儿子5个月）

大女儿和儿子玩耍时的情景很美。他们也会打闹，不过大人永远没办法像孩子那样和他们玩耍。反正我不行。孩子还是该和孩子一起玩。（大女儿3岁，大儿子2岁；小儿子2周）

兄弟姐妹间的关系并不只是快乐的，年长的孩子有时也会表现出对弟弟妹妹的反感。尽管如此，通常从哥哥姐姐的话语中，还是能感受到他们对弟弟妹妹的呵护。

我不敢单独让儿子和女儿待在一起，怕女儿会伤着他。但是，如果她认为儿子需要我的时候，她会说："妈妈，弟弟冷，他需要袜子。妈妈快来，弟弟需要你。"（女儿3岁；儿子5个月）

第一位妈妈：儿子告诉我："把她扔了，妈妈，快，把她扔了！"（稍后，在同一次聚会上：）女儿今天差点从床上掉下来了。幸亏儿子发现，这才救了她。后来他对我说："妈妈，我觉得妹妹年纪也不小了，不该再睡大床了。她应该睡在小床上。她应该睡在我以前的那张小床上。"（儿子3岁；女儿8个月）

第二位妈妈：之前，他还要你把妹妹给扔了，但后来他竟然救了她。（大儿子6岁；二儿子4岁；小儿子5个月）

这些是不是就是天生的同胞竞争呢？很多人说，这是不可避免的。西格蒙德·弗洛伊德出生于一个大家庭，他首次对竞争问题进行了思考，并认为这是家庭生活重要的一个部分。在《梦的解析》中，他写道："许多人深爱着自己的兄弟姐妹，如果他们濒临死亡，便会感到丧亲之痛，但是他们在潜意识中，很早就对兄弟姐妹们怀有恶念；……孩子会盼着兄弟姐妹们早死，这种念头可以用儿童的自我主义思想来进行解释，在这种思想的影响下，兄弟姐妹都成了自己心中的竞争对手。"其他精神治疗师曾经非常重视这一理论，然而时至今日，这一观点早已过时。

同胞竞争并非源于竞争，而是关乎公平

这里存在有两个问题：首先，同胞间的矛盾是否具有竞争性质呢？其次，这是不是人类天生的一种自然特性呢？

同胞竞争的假设可以用来合理地解释孩子间所有的争吵，可是在这一理论中，弗洛伊德将孩子愤怒时的愿望归因于"儿童的自我主义"。也就是说，其根源存在于孩子自身尚未

把她扔了，
妈妈，快，
把她扔了！

成熟的本性之中。如果我们认同这一观点的话，就没有必要再进一步去弄清孩子身上的竞争性情感。可要是我们不接受这个观点而展开进一步研究的话，那么，孩子竞争性情感的出现是不是有着特定的根源呢？比如，家庭环境？在承认竞争性是与生俱来且不可避免之前，难道我们不该看看，竞争性情感是不是有特定的关注重点呢？

弗洛伊德的理论并没有把父母的行为考虑在内。而父母的行为能在很多方面影响子女间的关系。有父母可能会暗示孩子，他们必须通过竞争来赢得父母的爱。对于父母而言，如果只用拿出一丁点儿的爱让孩子们共同分享，这的确非常省心，或许还有些诱人，尤其是当父母感觉事多心烦，并且很难抽出时间和精力来照料孩子的时候。如果像这样对爱加以限制或者附加上条件，孩子们的确会为了些许的恩惠而彼此争斗。他们之间的竞争并非源于天性，而是父母所建立的环境，使得彼此间的竞争成了必然。

一项研究表示：“是不是头胎孩子心中的嫉妒和不安程度主要取决于父母呢？当然不是。”大量文献资料表明，父母并不是孩子各种情感出现的原因。文献作者们表示：对此负责的应该是孩子本身。

的确，孩子会形成自己的感受，但是他们也可能会因为受到外界的刺激而心生嫉妒。比如，如果妈妈不断采用竞争（你们谁能够更礼貌地向我提问?）或者比较（你能不能向你兄弟那样呢?）的方式，这可能会促成孩子间的敌意。当人们把孩子拿来与他人比较，并做出评价时，在那一刻，孩子很可能会受到伤害。这时，在“竞争”输掉的一方，或者在比较中受挫的一方很容易就会在情感上受到伤害，并心生怨恨。

对于成年人来说，把同胞的兄弟姐妹拿来比较，是一件再平常不过的事了。一位妈妈曾说，她尽量避免对自己两个月大的双胞胎进行比较，可是其他人却无休止地把他们比来比去。她说自己真不知道，该如何去阻止客人们做类似的比较。

“同胞竞争”可以解释同胞间的很多关系。然而，种种关系的出现可能都是受了父母行为的影响，而并非孩子天生的个性使然。有证据表明，一旦父母避免做出刺激同胞竞争的行为，同胞竞争现象便会有所改善，并且通常会随之消失。美国作家费伯和梅兹立希在他们的作品《没有竞争的同胞》中，承认了父母的作用。“成书之前，我们做了大量的讨论以及大量的研究工作，我们坚信，作为父母，我们确实能对孩子产生影响。我们既可以强化这种竞争，也可以消除这种竞争。我们既能够让敌对的情感隐匿不见，也可以让它们安全地得以宣泄。我们既可以把争斗升级，也能促成合作。”

许多供父母读的书籍中都包含了有关同胞关系的特别章节。作者都提出了让孩子们彼此友好相处的种种建议。这些建议都是通过奖励或者惩罚来操控孩子，从而让他们有更好的表现，但是作者并没有讲明，为什么孩子们在一开始就难以融洽相处。在反思之后，妈妈也许会发现，她能够更加公允地与两个孩子和睦相处。其实，完全没有必要对孩子进行操控。

对于一个孩子来说，竞争与对抗可以是一件非常刺激而有趣的事。但孩子非得为了母爱而展开竞争吗？诚然，母爱是博大的，每个孩子都应得到慷慨而公平的母爱。

孩子们可能需要借助妈妈的帮助来表达自己的观点，以及制止肢体冲突的发生，这是养育两个或多个孩子时所面临的一项必需的工作。一段时间之后，当同胞间的争斗只剩下口角上的摩擦时，彼此之间的很多问题就都得以解决。这时，他们学会了如何在尊重彼此差异的基础上共同生活，这为他们今后解决同龄人中的分歧提供了宝贵的经验。

我觉得真的很……累

要照顾一个宝宝并使他远离危险已属不易，而两个宝宝的存在则会令事情更加艰难。

我想做这种妈妈：让孩子做他们想做的事，但是，其实我并不是那样的妈妈。有一次，我带两个儿子去公园。小儿子开始玩泥巴，他非常高兴。此时，大儿子跑到另外一边去爬树。我必须到大儿子那边去，因为他那样做很危险。我没有办法同时照顾两个，这时我就会发火。（大儿子 3 岁；小儿子 16 个月）

只有一个宝宝的妈妈经常会想，要是养育两个孩子的话，自己是否会被弄得筋疲力尽。不过，拥有两个孩子的妈妈似乎已经接受了这种不可避免的疲劳，所以，她们并不会抱怨自己的劳累，至少不会经常如此。

现在好多了。之前你以为带两个孩子会更累，但事实似乎并不是那样的。带女儿的时候，我总是很疲惫，而带儿子的时候，我就没有那么痛苦了。我现在就是这样。一切都会过去的。（女儿 2 岁；儿子 2 个月）

第一位妈妈：我觉得真的很……累。我没法……想到合适的词了。你可能也听出来了（女儿 11 个月）

第二位妈妈：累啊。太累了。不过，我都已经习惯了。

现在我不会首先想到这一点。(女儿，3 岁；儿子，10 个月)

我很早就会上床睡觉。没有办法啊。最糟糕的是，我总担心我会累得没有办法应付第二天的事。(儿子，4 岁；女儿，12 个月)

在照顾宝宝时，一连串的体力活可能会令人疲惫不堪，但是除此之外，你还得动脑进行筹划安排，你得记住每个人各自的需求。

最累人的就是进行计划安排。你必须将一天中要做的事按着时间倒排。我得到儿子参加活动的地方去接他。接下来，我们要吃饭，所以我又要在车子上准备好儿子、女儿和我的午饭。然后，我要带上女儿的推车，带她去其他地方。这简直让人筋疲力尽！(儿子，4 岁；女儿，12 个月)

可是，妈妈自己的生活怎么办呢？

我觉得我就是个“做事”的机器。我反正就是做事，一整天里，无时无刻都在做。我完全没有自己的时间，也不能把事情彻底做好。每当想起这些，我都感到非常伤感。(女儿，4 岁；儿子，3 个月)

第一位妈妈：小女儿希望我随时都把她抱着，可我很想完成正在写的一本小书，所以，我觉得很沮丧。哪怕我只有半个小时的时间来写点东西，这都会让这一周变得轻松不少。

我：没时间写作的话，你会怎么办？

第一位妈妈：我能怎么办？继续干活呗。(大女儿，4 岁；儿子，2 岁；小女儿，2 个月)

第二位妈妈：我也是。我能怎么办？接着干活呗。(儿子，4 岁；龙凤胎，7 个月)

妈妈：我关心女儿，照顾儿子，帮助丈夫，料理家务，我尽力完成我该做的。为此，我必须付出的代价，那就是牺牲“我的时间”。

我：你如何定义“我的时间”?

妈妈：就是静静地待着，不过目前很难实现。还有就是吃巧克力，那太棒了！在被打扰之后，你可以接着吃，随时随地，你都可以吃。可问题就是，你一旦分心之后，就没有时间来体会它的滋味了。(儿子，4 岁；女儿，12 个月)

从笔记中，我惊奇地发现，拥有两个或两个以上孩子的妈妈经常会一下子陷入绝望之中，但过一会儿便又会重归平静。只有一个宝宝的妈妈则很少会有这种突然的变化。

第一位妈妈：我完全弄不明白，为什么两个可爱的孩子在这一刻还好好的，可转眼间儿子就开始哇哇大哭起来，女儿也开始闹起了别扭。(女儿，3 岁；儿子，3 个月)

第二位妈妈：是啊。要不就是相反的情况。无论哪种情况都很糟糕，你根本不知道怎么解决，可突然一下子又好了。(儿子，22 个月，女儿，4 个月)

哭泣中的妈妈：自从我们度假回来，事情就变得不顺了。问题主要出在二儿子身上，他非常好斗，行为异常粗暴。最近，他开始把弟弟当成攻击的对象。我不清楚怎样才能享受到美妙的时光，这就好像我们原本还处在浪尖之上，但一眨眼的工夫，我们却被恐怖的浪潮给吞没了。(大儿子，6 岁；二儿子，4 岁，小儿子，5 个月)

有一个星期，我过得非常艰难。先是大儿子生病了，紧接着又是小儿子。星期五的下午很糟糕。大儿子躺在地板上，因为他感觉不舒服，小儿子也一直不停地呕吐。大儿子不停地对我说：“妈妈，来玩火车”。我没法向他解释：因为弟弟生病了，所以妈妈没法陪你玩。我不时地看看钟表，希望这个时间能快点过去。过了一会儿，小儿子睡着了，接着大儿子也睡着了，突然间，一切又变得轻松了。（大儿子，2 岁；小儿子，5 个月）

妈妈：我们在公园餐馆排队。女儿吵闹着想要巧克力松饼，接着儿子又闹起来，因为他累了。我知道，如果把儿子从婴儿车中抱起，然后放到吊兜里，他就能睡着。可正当我要动手的时候，女儿又大声哭着说："妈妈，我要尿尿。"我心里在想：我的天啊！

我：那你怎么办的呢？

妈妈：（脸上带着妈妈特有的微笑，看起来非常神秘）我把儿子放到吊兜里，他就睡着了，然后我又给女儿买了松饼，她也高兴了。这下子，一切都好了。（女儿 2 岁；儿子 9 个月）

不过，有时两个孩子同时哭闹，这还是会让人难以应付。

一天晚上，他们两个都在哭，我冲着他们喊道："你们两个，都别哭了！妈妈应付不了了。"（儿子，4 岁；女儿，12 个月）

儿子有时就像一只苍蝇，我真的想拍扁他

差不多每个妈妈都会表示，当她不得不给予小婴儿更多照顾时，年长的孩子似乎就会变得非常敏感、情绪化，而且容易冲妈妈发火。

在对一切有了更加清楚的了解之后，有时候，我会向儿子做出让步。女儿刚满三天的时候，我们决定到公园去走走。儿子想带上他的拼装玩具。我担心玩具会被弄坏，并且会丢掉一些部件，于是，我告诉他不行。然后，他就

你们两个，
都别哭了！
妈妈受不了了！

开始在厨房的地板上打滚，我估计，当时我的邻居肯定都听到了他的尖叫。他很少有这样发脾气的时候。所以，我只好让他带上了。他赶紧跑过去，把玩具塞进我的包里。有时候，你必须顺从孩子们的感受，尊重他们的想法。（儿子，3 岁；女儿，4 周）

我女儿非常情绪化。很小的事都会让她发火，比如，找不到想要的某本书，或者没办法把洋娃娃的袜子穿上。当她确实生气的时候，我会尽量去关心她，但我不知道如何才能恰到好处地告诉她，这些小事其实并不重要。（女儿，3 岁；儿子，6 周）

有两位妈妈都发现，当年长的孩子和同龄伙伴在一起的时候，他们会表现出一种相似的行为。

第一位妈妈：如果我在场，女儿会冲上去对她的朋友们喊叫："不行！"这让我觉得挺尴尬的，因为我和其他的妈妈们都相互认识。（女儿，3 岁；儿子，7 个月）

第二位妈妈：这太有趣了。我的大儿子总会推搡一个小女孩，他认识这个小女孩，她的妈妈是我的朋友，这让我很不好意思。我觉得大儿子的表现很不好。（她与第一位妈妈把孩子的行为做了一下比较。）我想起来了，大儿子欺负这个小女孩，可能是因为这个女孩不懂得和弟弟妹妹们分享东西吧！她很快就会学会的，可这两个小家伙（大儿子和她）都还不明白这一点。她平时能得到妈妈全身心的关爱。另外有一个小女孩，她有个弟弟，所以，她和我大儿子就相处得很好。他们之间拥有真正的默契。（大儿子，2 岁；小儿子，3 个月）

不知道其他妈妈有没有注意到，家里年长的孩子通常会不喜欢那些身为独生子女的小朋友。

有的时候，无论妈妈做什么，年长的孩子似乎都会找碴儿。

女儿现在很喜欢她的游戏小组。我跟她说："今天就你、我和弟弟，咱们好好在家里玩。"但是，她却说："那我就没有朋友一起玩了。"我就说："那好吧，我们去运动场去，或许你在那里可以找到朋友一起玩。"但她接着说："可是那都不是真正的朋友。我要和真正的朋友一起玩。"（女儿，3 岁；儿子，3 个月）

大儿子生病的时候，只要你做错一件事，一切都会弄砸。我把电视调到他喜欢的频道，我给他准备了果汁和一盘薯片，可我忘记把果汁盒盖子摆放成他喜欢的样子，他就对我大发脾气。（大儿子，2 岁；小儿子，6 个月）

这种母子间的交流听上去好像大儿子是个暴君，妈妈则把自己弄得像个受气包。不过，我们应该将它放在语境中来理解。这正是关系亲密的特征，如果两人关系比较疏远，便不会有这样的事发生。

我经常为一些小事儿生气，为此我以前经常责备自己，但是现在我发现，我和孩子已经构建起了一个小小的生态系统。要是我们当中哪个不高兴了，这种情绪就会影响我们所有人。（大儿子，4 岁；小儿子，2 岁）

如果年长的孩子以前性情随和，而现在似乎变得暴躁、易怒的话，在长时间的适应过程中，情况只会变得更加糟糕。

我觉得唱歌很有帮助，这样我就听不清他们的声音了，这能帮助我调节心情。有一天，女儿在哭，儿子大叫着想吸引我的注意。我开始大声地唱起歌来："一切美好快乐的事情……"我记不太清歌词，所以就"啦啦啦"地乱哼唱。我刚刚唱完，儿子就

对着我说："再唱一遍！"（儿子，23 周；女儿，5 周）

我就在两个孩子间转来转去。女儿想要儿子的东西，可我不能从儿子那里拿过来给她，因为儿子还是个小婴儿。但是如果儿子要去摸女儿搭的小塔，我会说："那是姐姐的。我们不能碰。"我知道儿子还听不懂，可我是说给女儿听的。（女儿，3 岁；儿子，7 个月）

但妈妈并非圣人。眼看自己的辛苦努力被脾气暴躁的小家伙给糟踏，心里还是会难以接受。下面是两个妈妈之间的对话，她们曾经都是家中的小妹妹，而且双方孩子的年龄也正好相同。

第一位妈妈：我感觉非常疲惫，根本没法随时保持旺盛的精力，友好地对待他们。然后——说这话让我感到羞愧——我觉得我脑海里突然闪过一种残酷、邪恶的想法。有时，我就想把儿子给拍扁。他就像一只苍蝇，太烦人了。我真的想拍扁他。（儿子，3 岁；女儿，5 个月）

第二位妈妈：我完全明白你的意思。我一直没有勇气承认，不过我也有过残酷、邪恶的想法。尽管我很爱他，可有时我也想把儿子给拍扁。最让我生气的事就是他欺负妹妹。我对他的爱好像一下子就消失了。你知道吗？或许这种感觉并不一定是坏的，这可能都是正常反应。（儿子，3 岁；女儿，5 个月）

我给两个宝宝的爱是不同的

能与其他妈妈们一同分享这些故事有着极大的好处。这种方式十分真诚，而且在着手解决问题时，真诚地面对自己似乎也是最恰当的方式。通常，你很难轻松地独自面对自己真实的感受。对于妈妈来说，将自己的特定感受归咎于孩子，这种做法更加简便，并且也颇具诱惑。

妈妈们迟早会有所发现，而且通常她们会不止一次地发现：做妈妈的根本不用事必躬亲。她之所以不能这样做，是因为她介入争端的时间通常已太晚，所以无法给出公正的判断。妈妈可以给孩子们提供指导，帮助他们找到确立公平的方式。然而，用不了多久，孩子们就可以开始自己解决问题了。

女儿让儿子玩她所有的东西。他这个也拿，那个也拿，女儿似乎一点都不介意。但是过了一会儿，她失去耐心了。她可不是脾气随和，又好说话的小妹妹，她打算决不让步，于是，她紧紧抓住那个玩具不准哥哥拿走。（儿子 4 岁；女儿 11 个月）

如果妈妈不得不亲自解决孩子间的争执，她们会发现，这并不等于要以完全相同的方式来对待两个孩子。通常这种做法是起不了作用的，因为就算两个孩子拿到完全一样的东西，比如，大规模机器生产模式下产出的两个相同玩具，他们通常也能通过细微的方式来区分两个完全相同的产品，并且声称对方手中的那个更好。

其实，随着孩子们的成长，妈妈会逐渐了解到他们的不同。那时，妈妈们就可以把每个宝宝看作一个令人兴奋的独特个体，从而让孩子们都能沐浴到母爱的阳光。

两个孩子比一个要好得多。我很喜欢女儿。我给他们的爱是不同的。（女儿，23 个月；儿子，7 周）

最开始，我一直都在对他们进行比较，不过这一点用都

没有。女儿完全不同于儿子。于是，我开始慢慢地观察她，不再把他们俩进行比较了。(儿子，2 岁；女儿，7 个月)

我是独生女。事实上，家里就我和妈妈。我一直都有很多自己的时间——不过，我现在已经完全没有自己的时间了。可我喜欢这样，令人充实、兴奋。当然这需要很多技巧，因为丈夫和我都要工作。不过还好，我三个孩子从没有同时出过问题。看着每个孩子慢慢成长，真的让我非常着迷。家庭成员间的互动实在是太有趣了。(儿子，5 岁；大女儿，3 岁；小女儿，7 个月)

每个孩子都不一样。他们都非常棒。(15 岁；14 岁；13 岁；11 岁)

我们有三个儿子，有的在读大学，有的已经毕业了。我的壁橱里放着三个盒子。我把要给他们的东西全放在里面。这和消费无关，这是我和他们每个人联络的一种方式。(三个成年儿子)

这些盒子似乎诠释了妈妈们具体的行为方式。她们承认，每个孩子都和其他兄弟姐妹有所不同，并为每个孩子在心中收藏了一个“盒子”。这使得妈妈们不再期待相同孩子的出现，也不再无休止地对他们进行比较。一旦妈妈们表述出对各个孩子不同的爱，她们就能轻易地将爱播撒于每个个体之上。到那时，每个孩子都能以独特而且可靠的方式体会到母爱的存在。同胞之间无须竞争，因为母爱足够富足。

要和每个孩子建立起亲密的关系，把每个孩子当作个体来对待，而且让他们彼此融洽相处，这听上去都相当费工夫。不过，养育两个或两个以上的孩子确实是个一项重大的社会责任。要是做得好，妈妈就能帮助孩子与同龄人，或者与自己完全不同的人融洽相处，与他们一道解决问题并建立起长期友谊。这对于社会而言一是个巨大的贡献。

每当你在玩具店遇到一家人，看到吵吵闹闹的孩子，还有生气的妈妈，你也许会心生疑问。然而，其实外人很难理解到底发生了什么。你看到的只是妈妈的工作过程，而非最终的结果。

第十二章

面对祖父母，妈妈应该怎么做

做祖母或外祖母也有一个适应的过程

在期盼头胎宝贝降生之时，妈妈通常会关注宝贝所在的整个大家庭。她很可能会注意到许多或冷淡或紧张的家庭关系。在此之前，它们都无关紧要。然而，现在她希望自己的宝宝能降生到一个充满爱的家庭。

许多祖父母都希望能帮助初为父母的儿女，并从自身出发，尽力弥合陷入困境中的家庭关系。但本章将从新手妈妈的角度探讨家庭关系问题。

在交流会上，妈妈们对家庭问题尤为关注。

作为妈妈，你不想让孩子像自己一样，感受到家庭所带来的种种失望，但你也不想让他脱离这个家庭。（小公主，7个月）

这样的话可能会给人留下一种负面的印象，认为说话人的家庭关系一定是出现了非常严重的问题。然而，妈妈们之所以这样说，是因为她们渴望能借助交流的机会来解决这些问题。我们要明白这一点：其实，对于妈妈们来说，大多数家庭的家庭关系肯定都非常融洽，无须拿来与他人进行探讨。

家庭教会了我们很多。在进入家庭之初，我们就了解到了无比复杂的人际关系。小时候，我们可能曾经听到过父母回忆他们的童年往事。随后，我们却发现，祖父母们对这些事有着的完全不同的讲述。

哲学家马克斯·舍勒认为，儿童首先意识到自己是一个家庭的成员，然后才发觉自己也是一个个体。

可以说，儿童是随着心智的发展，才慢慢地了解到这一系列纷繁复杂的家庭关系，然后意识到自己也是一个个体，有时候也会有感情，有思想，有喜好。

现如今，许多家庭都充斥着各种各样的关系：已婚的、离异的、再婚的、重组的。我们很难用确切的语言来概括所有的关系。往往在举行葬礼时，大家才明白，有多少人将自己视为“家庭的一员”。

一对夫妇可能会羞答答地向家人宣布，“我们有小宝宝了。”他们可能将此事看作是个人隐私的揭露。不管怎样，小宝贝的到来都将改变双方家庭的格局。年纪最小者很快就会丧失其特殊的地位，年长者也会受到影响。一位八十几岁的女士说：“你的孙辈都有孩子了，这时，你会意识到自己确实老了。”

如果是头胎，一对夫妇从此就升级为父母了，这可能会改变他们对自己父母亲的看法。通常，妈妈们在回顾母亲的为母之道时，心里总是充满了无比的崇敬。

我们兄弟姐妹一共六个。成为妈妈后，我对妈妈充满着万分的感激，真不知道她是怎么过来的。那时根本没有多余的钱——不像现在。但她总能让我们感到非常安心（她紧紧抱着女儿，摇来摇去，做出演示），也让我们感觉非常安全。（小王子，3 岁，小公主，3 周）

我妈妈总是跟儿子说个不停，宝贝也很喜欢这种方式。过去，因为一些小事，我很烦我妈，但现在看到她和儿子这么好，我对她无比敬佩。我奶奶也常跟孩子们聊天，现在她都九十多岁了，但还依然如此。家庭就要这样。（小王子，5 周）

小时候，我不会以妈妈为荣。她非常慈爱，时刻守护着我们四个，现在我觉得自己有点不近人情。在学校里，其他孩子总是说："我妈妈是做这种工作的。""我妈妈是做那种工作的。"我想，为什么我妈妈那么没出息呢？为什么她不能像其他妈妈那样有一份工作呢？如今，我自己也做了妈妈，我才觉得她太伟大了。（小公主，4个月）

如果宝宝是家庭中的第一个孙辈成员，那么，祖母（或外祖母）跟自己的儿媳（或女儿）一样，也是个新手，也有很多需要学习。

以前，我认为妈妈知道如何照顾女儿。在我心中，她经验丰富，也非常能干。但后来，我才注意到，她跟女儿在一起时，总是不知所措。我感到有点意外。（小公主，16个月）

谢娜·基辛格说："我们学做祖母或外祖母的过程与学做母亲的过程是一样的。"做祖母或外祖母有什么可学的呢？诚然，做过母亲的人对孩子都有所了解。祖母或外祖母的角色可能是平和而安适的，但是一开始，她可能也无法获得此种感受。对于这样一个全新的角色，每个祖母（或外祖母）都有一个适应过程。现在，与她一起的这个孩子在关系上并非主要依附于她，而是她的女儿或儿子。

有些外婆跟女儿关系非常亲密，她们做母亲的风格也颇为相似。

我妈在对儿子说话时，跟我说的是一模一样。有一次，她给儿子换尿布，我无意中听到她说："我知道你讨厌换尿布。"这跟我说的是一模一样，但我妈肯定不会知道这些。还有她说的其他一些话，也是这个样子。（小王子，2个月）

还有一些外祖母会帮着女儿做些简单、实用的事：

我去妈妈家，她把儿子抱过去说：“你去睡会儿吧。”我说：“我白天睡不着。”她又说：“去睡会儿吧！把牛仔裤脱了睡。”我就去睡了，一睡就是两个小时。(小王子，5个月)

我们外出过圣诞，妈妈过来把我的衣服都熨好了。她说：“嗯，我知道你回来时不愿看见一大堆需要熨烫的衣服。”只有妈妈才会想到这样的事。(小公主，5个月)

祖父母如果住得很近，他们会给予儿女们传统大家庭式的帮助。如果他们搬到较远的地方，这种贴心的帮助也会随之消失。

我父母从我们社区搬到了北面。过去，我们需要他们帮忙带孩子。他们搬走后，我感觉就像失去了亲人。(大儿子，8岁；小儿子，6岁；小公主，6周)

同时，曾经身为女儿的新妈妈们发现，如今自己需要从妈妈那里独立出来，这种感觉会有点陌生，也有点奇怪。

我对妈妈没有任何怨言，我觉得她是个非常称职的妈妈。但是每次回娘家，我都会完全丧失信心。想来我对她一直很顺从，一直都是，听她的话，采纳她的建议。但是，在女儿的问题上，对她的顺从似乎动摇了我之前所有的认识。(小公主，2个月)

我在脑海中想象着跟妈妈交谈，就像刚刚跟她通过电话。我说：“妈，关于如何做父母，你懂得很多，经验也很丰富，但在女儿的一些事上，我确实比你更了解。”(小公主，6个月)

以前，我总要效仿别人。做了妈妈后，我学会了自己做决定。即使是我的妈妈，我也不再效仿。(小王子，17个月)

我的妈妈总是想校正我的育儿方法

如果新手妈妈的母亲以女儿为荣，这肯定会大有帮助。一位妈妈带自己的母亲去参加妈妈访谈会，这位外婆想起了一些事，开始哭了起来：

小外孙出生了，我和老头一起冲到医院，我们见到他时，他才出生一个小时。我家老头“…（她努力不哭出来，接着开始抽噎。）”…我家老头哭了，我也哭了，没想到现在又会哭。那时我想，多了不起的小妈妈（她女儿），多么了不起的妈妈！她跟儿子一起那么快乐，从一开始就是这样。（外婆，有三个成年孩子）

这种情形深深地打动了我，围坐在一旁的妈妈们看起来也非常激动，这位外婆感染了我们每一个人。在我看来，这说明了，外婆们在看到自己的女儿做了妈妈时，通常很少表露出她们内心莫大的钦佩与喜悦之情。

有时，新手妈妈想用与母亲不同的方式来抚养子女。这时，外婆会感觉自己的感情受到了伤害，如同受到苛责一般，因为她自己的为母之道被彻底否定，而现在，她又无法进行修正。但有些外婆会重新审视自己的为母之道，然后站在女儿的立场做出决定。

我尽量用母乳喂养，而我妈会说：“你知道吗？用配方奶粉就挺好。”我母亲是个生物学家。而我会说：“妈，你应该很清楚。你知道动物们会怎么做。”她答道：“你总是这么固执。”她告诉我，在我出生之后，大家都说母乳喂养非常困难，不是每一个妇女都能做到，事实证明配方奶粉也很科学。

现在，我已经学会了母乳喂养，我想她也转变了观念。我想，她最终还会成为母乳喂养最忠诚的粉丝。（小王子，2 个月）

我妈一直说："小宝贝过来跟我们待一晚不好吗？"她以前最讨厌跟别人分享一张床。现在，当我跟她讲儿子总跟我们一起睡时，她会说："别担心，我不会让他自己一个人睡的。"（小王子，15 个月）

想起女儿初为人母时的情景便抽噎起来的那位外婆，接着回忆起了自己的妈妈，这样我们就有了一幅三代母亲的画面：

我妈妈用楚比·金的育儿理念把我们抚养长大，她从不搂抱我们。她曾说："宝贝，你们小的时候，一觉能睡到天亮。"这个星期她就 92 岁了，她当年做了什么，现在都已无关紧要了，但如果事关自己，你还是禁不住会去想一想。

其实这位外婆自己做母亲时，孩子们也并不是一觉睡到天亮，也会有半夜醒来啼哭的现象。当时，她曾经有种挫败感：

我的小儿子都 18 个月了，还是不能一觉睡到天亮。我记得，晚上我坐在卫生间听他哭。我自己也边哭边想，我真不应该生孩子，真不应该做妈妈。我还会想，拜托了，让他好好睡一晚吧！就一晚！

如今，她的小外孙已经 8 个月大了，晚上也睡得很不安稳。宝贝的妈妈曾告诉我们，儿子要是醒来后啼哭，她就会哄他。我想，当这位妈妈听到母亲哺育自己的特别经历时，孩子外婆的做法一定能帮助这位妈妈更好地理解自己偶然感到的种种疑惑。

有些妈妈谈到，从自己母亲的言谈看来，就好像是外孙给了她们第二次身为人母的机会似的，于是，她们就会跟自己的女儿比试比试，看谁才是真正的育儿专家。这会造成种种麻烦，因为外婆毕竟不是妈妈。

我妈总是埋怨我。之前，她跟我们一起住在度假公寓里，我做什么都是错的，她抱怨我不按她说的去做，最后还跟我弟弟发牢骚，说我抚养女儿的方法如何不对。我受够了，就跟她说了我的想法——我很生气。于是，她哭着离开了。当时我有点内疚，我想，她可是我的亲妈呀。（小公主，6个月）

有时，外婆们会有一种非常不光明的做法：她们在批评女儿时，不会直接针对女儿，而是对孩子说一些负面的话。这会导致两个不良后果：一是把孩子搅和进来，二是造成对妈妈的漠视。

我妈会对女儿说些不痛不痒的话，我觉得她自己也没意识到。她说："噢，小宝贝，你妈连袜子都没给你穿。"这让我感觉自己做妈妈很无能。（小公主，4个月）

儿子哭闹时，我妈妈不会像我一样把他抱起来。她会对我儿子说："你别傻了吧，不要再傻傻地发出那种声音了！"她说，孩子一哭就抱，会把他惯坏的，这样不利于他变得独立。（小王子，5个月）

孩子的奶奶和姑姑问我是否还在用母乳喂养，孩子是否晚上睡得安稳。我感觉像是受到了批评，于是就为自己辩解，当时我都没意识到自己在辩解，后来跟丈夫说起时才有所察觉。她们说："你看上去很疲惫。"而我会说："不，不，我很好，我还行。"我走出房间时，听见她们对儿子说："你把你妈妈都累病了。"（小王子，7个月）

哦，小宝贝，
你妈连袜子
都没给你穿！
…… ……

有些外婆会坚持己见，老是担心女儿会不会自己照顾自己。她们声称“人要会疼惜自己”。外人听起来，她们好像在关心女儿，可是对于一个新手妈妈来说，这些话说明妈妈对自己没有信心。

女儿夜里老是醒来，但是到目前为止，我一直挺好。我是这么做的：早晨醒来，如果我可以对自己说：“行，我能面对这一天。”那么，我就还行。但我去看我妈，她却说：“你该好好照顾自己了。”（小公主，7 个月）

我每周会给妈妈打个电话，跟她聊聊，但她总是想校正我的育儿方法，而我只是想让她倾听而已。打完电话，我经常眼泪汪汪的，她好像觉得我十分脆弱。她说：“你能不能振作一点？”“宝贝，你不觉得你有点犯傻么？”（小公主，8 个月）

让新手妈妈最为痛心的便是抱怨自己的母亲对外孙（或外孙女）漠不关心。她们不会倾听女儿的心声，而是完全沉浸在自己的想法之中。

以下是一些典型的评论：

她觉得，我说的一切都是在针对她。

我妈妈从来不听我倾诉，她听不进去，不管我说什么，她都会马上驳斥。

我妈妈总是说：“你为什么这么难以相处？”我一抱怨，她就说是我的错。

我妈妈总是反驳我的话，如果我说：“我 8 岁时很不快乐。”我妈会说：“瞎说，你很快乐，别那么说。”

现在，我读懂了我的妈妈

新妈妈们谈到自己的母亲时，总是很动情。如果新手妈妈生孩子前，母亲就已去世，她往往会因此而伤心流泪。新晋外婆们似乎根本意识不到自己的重要性。其实，无论母女俩之前的关系多么糟糕，女儿总是渴望身边能有妈妈的陪伴。女人可能要到成年后，才能正确地看待自己的母亲，然而，一旦有了孩子，她总是特别渴望身边有一位能呵护自己的妈妈。

在我妈妈小的时候，外婆就去世了，按理说，我知道妈妈肯定有很多情感问题。在我不需要她帮助时，我很清楚这一点，但是当我需要她时，我就不再那样看了，我也无法保持原来的视角。我只是想要一个真正意义上的妈妈。（小王子，5 周）

无论我妈多么漠然，我都希望，下次她能成为一位好妈妈，就做一个普普通通的妈妈——一个关心孩子的妈妈。（小王子，16 个月）

我妈总跟我说，她从不追求完美，她只是想做个称职的妈妈。出于同情，我总是说："是啊，是啊。"后来，我突然意识到，我就是她的孩子，然后就想："哎，不对！你为我做的那些事只能算是合格，而不够完美呢！我想让你给我最好的。"（小王子，17 个月）

有些问题可以追溯到新妈妈的童年时代，她的母亲可能没能帮她树立起做妈妈的信心。

坦白地说，我一直害怕做妈妈，不仅害怕生孩子，还害怕自己不能满足孩子的需求。我母亲总是跟我说："不管做什么，别要孩子，你的性格不适合。"所以，我感到很害怕。现在，我做了妈妈，一直感觉困难重重，而且深知还会有更多的困难。但是，我能给予孩子的比我想象的要多，当我无法应付时，我就歇一歇，然后我就又可以应付自如了。（小王子，4个月）

妈妈：我妈是19岁生下的我，那时她一定很艰难。我13个月时，她丢下了我，是爸爸把我抚养长大的。他总是很平静，帮助我，理解我。稍大些时，妈妈会定期来看我，但真正抚育我成长的是爸爸。

我：你女儿长到13个月后，你带她有困难么？

妈妈：不难，正好相反，13个月后会相对容易些。在头13个月里，我一直在想，如果变得太难，我可能会丢下她。我一直陪着女儿。如果我把她丢给她爸爸，自己去逛街，我会感觉很糟。我会想，这是不是意味着我开始抛弃她了？（小公主，3岁；小王子，3个月）

即使是非常独立的女性，一旦有了小孩，往往也想拉近自己与母亲之间的距离。

有一位妈妈前来参加交流会，看起来与往日大不相同，于是，大家就议论开了。她一直都挺漂亮，但那天下午，她内心洋溢着一种激情。她说：

我想，现在我读懂了我的妈妈。我不再关注她没有为我做什么，比如，我打电话说我感到绝望而需要她的帮助时，她却没能帮我。我突然间看清了她走过的路。我母亲非常坚强，以前我不明白，她为什么没做得更好一点儿，所以，我就问她。我们谈得很开心。后来看我见她跟儿子一起时那么温柔，那么慈爱。于是我就想，她肯定没变，她以前也一定很爱我，逗我玩，对我也很温柔。我感觉，我能正确看待我的妈妈了，遗憾的是，我花了太长的时间。（小王子，20 个月）

对于这位妈妈而言，这似乎是一个转折点。这种全新的认识并不能使母女间的裂痕马上愈合，但肯定会有所帮助。尽管经历了多次激烈的冲突，但我相信，现在的母女关系算得上是基本融洽了。

女儿重新对妈妈做出正确的评价，这听起来会非常感人。

第一位妈妈：一天夜里，女儿患了鼻塞，一整夜，我都坐在椅子上，把她抱得直直的，好让她能入睡。（小公主，14 个月）

我：妈妈们都是英雄，不是么？但这些细节似乎总被遗忘。

第二位妈妈：我一直在想这个问题，想起来就伤心。我是说，我一直在想妈妈做的那些令我伤心的事，但是她一定也做了许多令我开心的事，但我不知道她做了哪些。（小公主，6 个月）

外公们觉得是时候该告诉女儿“真相”了

妈妈们也会想起她们的爸爸，小时候，爸爸的一言一行都成为她们宝贵的记忆。

我的爸爸天生就是个教育家，他擅长用另一个问题来回答提出的问题。他跟女儿一起做算术，就是为了好玩，过去他也跟我一起玩过。女儿很喜欢这种方式。（小公主，3 岁；

小王子，两个月）

小时候，爸爸常给我读书。现在我给女儿大声读书时，都能在自己的声音中感受到他的声音。我想，我小时候很不安分，爸爸一回到家，妈妈就会把我交给他，他就牵着我走来走去。（小公主，14 个月）

特别需要一提的是，有时祖父（或外祖父）对孩子会表现出一种旧式的权威，而今天的父母则很少使用。

我爸爸跟孩子们一起很开心，孩子们也很崇拜他。但是，如果女儿不听话，他就会用低沉的语气说："宝贝儿！"女儿真的很害怕，因为我们不会用那种语气跟她说话。（小公主，3 岁；小王子，10 个月）

可是，另外一些妈妈们在回忆起自己的父亲时则非常痛苦。下面的两位妈妈说，爸爸要是得知了她们的感受，一定会大吃一惊。

第一位妈妈：我父母周末过来给小儿子过生日……爸爸小的时候，经常挨皮带抽。他倒是从不这样对我们，但我们却会遭受精神上的鞭挞，我相信这与肉体上的痛苦没什么两样。我试着跟他说，可他不明白，他评价我时，也从来看不到我取得的成绩。这使我很受伤，我的内心到现在还能感受到这种痛苦。（大儿子，2 岁；小儿子，12 个月）

第二位妈妈：我爸爸似乎从不关心我。我是老二，又一个女儿，而他想要个儿子，至少现在我是这么认为的。他从没打过我，但无论我做什么，他都不关心……我曾对女儿说："我会永远呵护你的。"说这句话的时候，我其实在哭。（小王子，22 个月；小公主，5 个月）

两位妈妈都决心要比自己的父母做得更好。显然，她们都很爱自己的父亲，但是，她们都因为没得到父爱而深感痛心。

有时，外公们可能觉得是时候该告诉女儿“真相”了。女儿在青春期时，可能对父母很叛逆，并且在家时，还粗暴地伤害过父母的感情。现在，身为人母的女儿正处于脆弱时期，这正是找她“算账”的好时候，于是，他们可能会在此时对女儿大加指责。

我爸早早地就来到了我的住处，坐在那里，一脸的怒气。我的女儿不去找他，因为她想要我，这很自然。但我爸爸却说：“你从不来看我们，宝贝儿都不认识我们了。”但我夏天才去过，那时，他每天都对女儿说：“宝贝真可怜，因为你妈的生活真是一团糟。”女儿根本不需要听这些话。（小公主，9个月）

然而，身为人母之后，女性可能会在父母面前变得更加专断。毕竟大多数外公（或外婆）都想亲近自己的外孙（或外孙女），所以，新手妈妈会突然发现，此时的她们更能坚持自己的想法。

我妈一共有五个孩子，她总想给儿女们一些帮助，但我发现，她只会帮倒忙。我家相当教条，他们老说，宝贝就是专门来“操控”我的（低头微笑着对宝宝说）。但这怎么可能呢？所以我决定：我给儿子哺乳时，让我妈负责打扫整间屋子。她喜欢干这个，并且会主动提出去做。（小王子，4周）

无论我做什么事，我妈总是会指指点点。所以，这次去看望她之前，我在脑海里罗列出了所有她不认可的事情。我自问自己的所作所为之后发现，作为妈妈，我可以这样做。

于是，我对自己说："我才是女儿的妈妈。"所以，在妈妈家时，无论她说什么，我都不会放在心上。比如，妈妈对女儿说："今晚，你得来跟我一起睡。"但这不可能，因为女儿要吃奶（母乳）。我什么都没说，这次回家比往常平静多了。后来，我妈在火车站跟女儿告别时，从她的表情可以看出，她确实很爱女儿。（小公主，5 个月）

祖父母只是法律上的"代理家长"

今天，祖父母不只是偶尔去看看孩子。要是新妈妈按照劳动合同重回工作岗位，就得找人照顾孩子。这时，丈夫会成为首选，紧随其后的是父母。可是，并不是所有的祖父母都近在咫尺。即使这样，当今一半以上的英国祖父母（或外祖父母）经常都会参与到照看孙辈的行列中。其中，有 15% 的祖父母一周的看护时间超过了 40 小时。最近，前来帮忙的祖父母们突然多了起来。为了能获得帮助，妈妈们经常需要弥合与父母的关系。因为她们要依靠自己的父母，所以就不能太过挑剔。

对于有些家庭来说，这种安排可能会非常合适。但就全国范围来说，我们就需要深思。这么多妈妈选择让父母亲（或公公婆婆）来照顾自己的孩子，究竟是什么原因呢？或者这只是因为自己无法在家带孩子或负担不起把孩子送托儿所的费用而想出的权宜之计？如果是这样，我们势必会同时看到三种不公平的现象：许多孩子在白天被剥夺了受妈妈照顾的权利；许多妈妈不能享受抚养自己孩子的过程；许多祖父母要抚育两代人成长。

通常，当宝宝正准备要探索外面的新世界时，妈妈就要重返工作岗位了。这样一来，孩子就要去适应一种新的亲密关系。没有了妈妈的陪伴，宝宝要完全依赖祖母（或外祖母）的照看，这跟偶尔前去看望他们（祖母或外祖母）完全是两码事。想到这一点，妈妈们在工作时，经常都无法安心。这些妈妈们能否保持跟自己孩子的亲密关系呢？听听她们的说法会非常有趣。

如果祖父母们在帮忙照看孩子，听听他们的说法也很有意思。做祖父母的与做父母的会有所不同，他们只是法律上的“代理家长”。祖父母们做起事来可能会缩手缩脚，外婆或奶奶可能会觉得，自己已经履行完了一个妈妈的责任，此时，她们想做点别的事情。

在父母工作期间，如果宝宝由爷爷奶奶照看，类似的问题也会出现。在本章这一部分，我会把“姻亲”拿来分类讨论。从妈妈的角度来讲，姻亲关系不同于与自己父母的关系。对于姻亲们的评论，妈妈会表现得更加敏感，而且更急于成为他们眼中标准的好妈妈。

我婆婆一共有 8 个孩子，她来我家时，我有点害怕。她从美国过来，我觉得，她是想确认一下我们过得还不错。我一直都在猜她会怎么看我。过了一天半，她对我说：“知道吗？我觉得你做得真不错。”我很感动，差点就哭了。（小公主，两个月）

我原本很自信，做了妈妈后，我的自信全没了。在医院里，儿子出生后，我给他换尿布。公公婆婆都在，公公就问：“你换对了么？”假如换作是平时，这对我来说没什么，我也知道，他并不是有意在批评我，可那时，一切都才刚刚开始，

我真的有一种受审的感觉。（小王子，两个月）

姻亲关系一般没那么亲密。通常，新手妈妈对公婆也还不太了解。如果儿媳坦诚地说出与公婆之间的分歧，种种问题就会随之而来，因为他们之间的关系还没到达非常密切的程度。

我公公抽烟，但只要女儿在场，他从来不抽。可是每次他来我家的时候，他都要求抱一抱我的女儿。每次抱完，女儿满身都是烟味。我不知道该怎么办，也不知道该说什么，也许我太大惊小怪了。（小公主，4 周）

有一次，我婆婆来看儿子，待了一个星期。儿子老是哭，因为他只有直直地坐在吊兜里才能睡觉，即使这样，还得等到他自己想睡的时候。儿子哭时，我就开始哄他，希望他能平静下来。可我婆婆却说："他需要哭一下，哭一哭对他有好处。"我都不知道该说什么好。（小王子，4 个月）

我们很难在帮助与干涉之间做出区分。我公公婆婆过来"帮忙"，他们认为这是对我和丈夫的帮助。我公公说，他会给花园除草，可是我很喜欢花园的现状。我很难接受他们的"帮助"，总感觉他们有点碍手碍脚。（小王子，6 个月）

丈夫就是两家人的纽带

公公婆婆是丈夫的父母，那么，丈夫就是两家人的纽带。在出现分歧时，丈夫若能给予妻子支持，不让她独自一人去承受，这会让妻子心里好受一些。然而，父母到访时，丈夫可能会夹在妻子与父母之间很难做人。

我公公婆婆说，我对大儿子太软弱了。大儿子很敏感，很容易生气。公公婆婆说，我应该对他坚决地说“不”，而且绝不能妥协。他们走后，丈夫说（用斩钉截铁的语气）：“大儿子必须学会听我的话。”他就这样说的，完全没和我商量过。（大儿子，4 岁；小儿子，1 岁）

在婆媳之间，有个问题比较特别。有些祖母会有被疏远的感觉，因为宝宝是儿媳的，而并不是自己女儿的。所以，她们通常会以一种过于武断的方式做出回应，有时甚至对妈妈非常刻薄。

我婆婆最喜欢说些冷冰冰的话。在她亲眼看到我的女儿之前，我们给她寄了一张照片。她打电话对我说：“宝宝简直和她爸爸一模一样，跟他小时候一模一样，你别指望着她哪点会像别人。”她的意思是：她让我别指望女儿会像我。（小公主，2 周）

我跟婆婆之间有些矛盾。婆婆经常来我家，经常都会说：“现在我要照顾小孙子，你可以出去了。”但是，我一点也不想走。我还得频频扮笑，因为她老是给儿子照相，还在她电脑上下载了一个照片编辑程序。她把照片中的我丈夫和我全剪切掉了，所以，她的很多照片上就只有我儿子一个人。（小王子，4 个月）

我婆婆好像很担心我女儿会不喜欢她，于是就对我女儿十分殷勤，想证明女儿很喜欢她。有一天，我们开了 4 小时的车，很晚才到她家。我一敲门，她马上就打开了，然后伸出双臂要抱我女儿。我想说：“我知道您想跟小孙女玩，可是她太累了，我想，最好等明天早上再陪她玩。”但她直接就把手伸进我怀里，把女儿抢过去了。（小公主，15 个月）

上述这些婆婆们似乎都没认识到，她们在这个新家庭里

我的孙女简直和她的
爸爸小时候一模一样，
你别指望她哪儿长得
像别人！
…… ……

扮演着重要的角色。其实，她们原本就非常重要，根本无须宣称自己的存在。她们的经验和支持会让儿媳受益匪浅，但其方式方法需要尊重儿媳的意愿，实际上，这也是尊重孩子妈妈的存在。

一些儿媳通过自己的努力，成功地改善了婆媳之间的关系。

我带儿子去见婆家人，显然，我儿子让我婆婆想到了我的丈夫。我无意中听她对我儿子说："我带你去见老爸，好吗？啊哦，我是说爷爷。"我当时就想，这古怪么？算了，我太累了，让她继续吧。(小王子，两个月)

妈妈：我婆婆非常热情。她第一次来看我儿子，想一直抱着他。过了一小时，我想把儿子抱过来，这是一种生理感觉。但我不想就那样把儿子要回来。后来，她走后我想起这些事，感觉很沮丧：筋疲力尽，总是想哭，还总想对儿子发脾气。

我：这种心情持续了多久？

妈妈：哦，有几天。后来，我决定给婆婆打个电话。我说："我知道您爱抱小孙子，但那天您抱着他时，我真的想把他抱回来。"她说："这样啊，下次你就开口要嘛。"自此之后，我又恢复了精力。(小王子，8 个月)

过去，婆婆一抱过女儿，她就开始哭。我想，女儿是在回应我的感觉。婆婆刚退休，所以，我工作时就由她照看女儿——在我决定让婆婆照看女儿之后，我对婆婆的看法立刻就变了，女儿的态度也随之发生了改变。(小公主，13 个月)

有时候，新手妈妈的价值观与婆家的价值观会完全不同，由此产生的问题就非常复杂。然而，随着时间的流逝以及双方善意的努力，一种良好的关系就能得以形成，这时，大家都会尊重彼此的选择。通常情况下，第一个孙辈成员一旦降生，大家就能马上感受到彼此间的种种分歧。

过去，我没意识到公公婆婆那么笃信基督教，我妈最近告诉我，我婆婆很失望，因为我们没在教堂举行婚礼。我根本不信那一套。很明显，婆婆尽力不让我知道。但现在我感觉很滑稽，我全都知道了。（小王子，3 个月）

我丈夫家里的成员从来不会进行情感上的交流。我知道，婆婆对我带孩子的方式颇为不满。但是有一次在她家吃饭时，她的情绪突然就爆发了。那时，整家人跟我们一起围坐在餐桌边，儿子并没有制造太多的噪音，但婆婆突然站起来大吼："没完没了的，都是他，他，他，他，他，他！"然后，她说自己不该发脾气。但那次之后，她肯定反思过。几周后，她告诉我丈夫，她觉得我做妈妈比她以前强多了。（小王子，7 个月）

有时，孩子爸爸来自不同的文化背景，那么，儿媳跟婆婆相处起来可能会很困难。

女儿出生前，我都没见过婆婆，我一直说，我不想见到宝贝和婆婆都在的场景。但实际上，我们从医院回家后才 3 个小时（女儿出生后），婆婆就来了，而且一待就是一个月。她不是一个坏女人，一点也不坏，只是我不了解她。她出生在非洲一个小村庄。她不给我做饭，我想，她是觉得我不会喜欢她烧的饭。这是 6 个月前的事了，但奇怪的是，现在我还对那段时间耿耿于怀。（小公主，7 个月）

更为罕见的情况是：妈妈是同性恋，但她仍然想与孩子爸爸的父母亲交往。

我的爱人是个女的，我用人工受孕的方法生下了孩子，孩子的爸爸总会过来看看。但除我之外，女儿的另一位看护者是我的爱人。我父母都去世了，但孩子爸爸的父母都在。我和爱人一起去拜访过他们几次。他们从不理我们，也不想了解我们。但毕竟他们是女儿的爷爷奶奶啊，真是太怪了。（小公主，11个月）

要想与孩子的祖父母建立起良好的关系，其中一项非常有用的先决条件就是：你自己曾有过爷爷奶奶（或外公外婆），见过自己的父母如何与他们相处。

在我们双方的家庭里，大儿子都是第一个孙子辈的成员，所以，大家都非常关心他。我不知道，对宝宝来说，这是不是真的是一件好事。我不知道什么才是正常的状态，因为我既没看见过爷爷奶奶，也没见过外公外婆。他们有两位在我出生前就去世了，另外两位住在国外，我们几乎见不到面。所以，现在对我来说，跟孩子的祖父母们进行交谈是个全新的领域。我不知道该说什么，我从来没有见过我妈妈与外婆在一起的场景。（大儿子，6岁；女儿，4岁；小儿子，8个月）

家庭关系值得如此努力地去经营么

祖父母们只是大家庭中的一部分，此外，家庭中还有父母亲的兄弟姐妹们，现在他们都已升格为叔叔、姑姑、姨妈、舅舅。新妈妈们常说，虽然有些姐妹们（或姻亲姐妹们）早就有了自己的孩子，但是直到现在，自己才对她们有了更好的理解。

我是亲眼看着我姐姐如何变成一位妈妈的，开始时，我完全不理解她的做事方式。现在我明白了，其实我自己也在做着同样的事情，同时，我也明白了她是如何转变成为一个更加自信的妈妈的。（儿子，20 个月；女儿，4 个月）

生儿育女还会使姐妹之间萌生出新的关系。

通常，只要儿子一哭，我就会去哄他。有一次，我去看望我妹妹，她已经是两个孩子的母亲了。我突然起身准备去哄儿子时，她叹了声气。我听见她在说什么“新手妈妈”之类的话。我真的很生气，她可是我妹妹啊。（小王子，5 个月）

我生头胎时，我姐姐在闹离婚，记得当时我很内疚，好像我霸占了她的地位（因为我首先进入了一个人生新阶段）。（大儿子，6 岁；女儿，4 岁；小儿子，8 个月）

对新妈妈的兄弟们来说，他们可能会变成活泼爱闹的舅舅。

我弟弟对孩子没兴趣（他比我小 5 岁）。我和儿子回娘家时，弟弟也在，但他懒得下楼跟我们打招呼。后来他下了楼，他……他说：“小外甥很可爱，不是么？他很可爱。”然后，弟弟就跟我儿子在地板上玩，他很喜欢跟我儿子待在一起。我们离开时，他一大早就起来为我们送行。（小王子，8 个月）

在有些家庭，兄弟姐妹们的育儿之道会截然相反。通常，他们会自己设法消除分歧，除非他们的父母支持其中一方，而反对另一方。谢娜 · 基辛格说：“祖母（或外祖母）可能意识不到，当她谈论子女，谈论子女的爱人或小孩时，如果她总是不停地比较或对比每个人的相貌、举止、财产、育儿方式或者他们的成就，她其实是在兄弟姐妹间挑起争端，甚至是在为了自己的目的而利用这些争端。孩子们本来就在争斗，所以即使她不是故意的，孩子们也会把她不经意的一句话当成对他们的责备。”

有些场合，全家人可能会聚到一起。大家都过来“看看小宝贝”，这听起来是个不错的主意。对家庭的大多数成员来说，这似乎是一个庆祝的时刻。但是，新妈妈毕竟还是个新手，这么多人的场合可能会让她感到无所适从。

上个周末，我去看我的家人。我很紧张，心咚咚直跳，头上直冒冷汗，我感觉自己快要晕倒了。有了孩子，你会感觉自己就像生活在显微镜下。我抱着孩子下车时，感到每个人都在注视着我，对于我应该怎样做，他们有着全然不同的看法。（小王子，2 个月）

每个周末，我妈都会邀请我过去，但这一次，我不想去了。我感到很紧张，我奶奶也在，每次女儿哭，我奶奶都认为她没规矩，被惯坏了。我奶奶总说，我必须教女儿学会等待。我说：“什么？教两个月大的孩子学会等待？”（小公主，2 个月）

有天晚上，我妈和弟弟过来了，然后是姥姥，后来婆婆也带着全家来了。满满的一屋子全是人！他们都想抱抱我儿子。于是，就只好让他们挨个地抱，我儿子十分痛苦。我真想大吼：“够了！你们都出去！”我感觉自己很难受。（小王子，2 个月）

这位妈妈的感觉过分么？她是不是应该上前把孩子抱回来呢？有几次聚会时，一些妈妈们回忆说，小时候，自己也曾被迫向家里的成年人逐一问好。在她们当中，似乎没有一个人将此视作一段美好的记忆。以下是一些很典型的评论：

这要看文化背景，我曾经非得吻遍所有的亲戚。啊！都是些胡子拉碴的脸和难闻的气味。

我记得沾了一脸的脂粉。

很重的香水味和带刺的胡须。

从婴儿时代开始，不管孩子们的感受如何，他们都得与家人保持亲密的接触，这已成为了一种礼貌规范。然而，这种礼貌规范可能会给孩子们带来痛苦的经历，多年之后，当他们回想起这些事时，都还会感到无比厌恶。

有时，妈妈们会问：家庭关系值得如此努力地去经营么？但问题在于，我们不可能独自生存，而且还没有人发明出一种可行的替代方法。有一些实验倒是为孩子的养育创造了更为社会化的环境，例如，以色列的基布兹集体农场制度。然而，类似的环境似乎还是难以抑制父母们想要靠近孩子的强烈愿望。

家庭关系极其复杂，像一个强大的网络。这个网络会向所有成员展示，团队的力量如何在网络内部发挥作用。在家庭制度的学术理论以及团队行为研究建立之前，家庭成员们肯定在暗地里早已找到了一套有关如何交往的基本法则。

“妈妈的品质”很美妙

存在主义精神分析学家 R. D. 莱因说：对家庭的研究越细化，家庭模式会代代相传的特点就会越明显。我们就像在一部自己从未读过也从未看过的戏剧中扮演着各自的角色，我们不知道情节，只是隐约知道有这部戏的存在，可是关于它的开头和结尾，我们在此刻都无法想象，也无从构思。

这样的描述太优美了。尽管莱因信奉自由意志，尽管他认为，虽然我们“在戏中扮演着各自的角色”，但是，假如我们对“情节”有所理解，我们就能做出更多自主的决策。通过对家庭过往的反思，妈妈通常就能够重新审视整部“戏剧”，这可以帮助她决定如何去培养一个新“演员”。

很多妈妈惊讶地发现，在有了孩子之后，她们的观念就会发生改变。对于小时候那些无法理解的故事，如今她们也有新的领悟，这意味着她们将能更自觉、更贴心地与家人进行交流。

在妈妈们重返工作岗位时，这些经历会成为她们潜在的优势。一群人在一起工作时，常会自发地建立起一个家庭结构的组织。有些公司还渴望成为“一个幸福的大家庭”。

然而，很多雇主似乎并没有意识到这一点。在一个专为重返工作岗位的妈妈们而开设的网站上，罗列了妈妈们可能对工作有所助益的优良品质：

越来越多富有远见的公司正把目光投向那些拥有孩子的职业女性，以满足公司战略雇佣计划的特别需求。一直以来，职场妈妈这个团队从没得到过充分的利用，可是她们为企业界带来了许多珍贵的品质——比如，忠诚、经验丰富、稳定、守信。

上面的这四种品质完全可以用来形容任何人。但是，妈妈们重返工作岗位，确实可为公司带来宝贵的经验。她们现在学会了如何与一群性格各异、彼此情深的家人融洽相处。工作中，她们能把这些经验应用到每一个层面，淡化人与人之间的紧张关系。否则，这些紧张关系可能会使人们很难在一起协作。所以，她们的能力远远不只是："忠诚、经验丰富、稳定、守信"，然而，雇主们似乎还没能认识到这一点。

第十三章

产后重返工作岗位，妈妈应该怎么做

从“工作文化”进入“母亲文化”，感觉很舒服吧

现如今，妈妈们正在自身所处的文化中痛苦地挣扎，因为这种文化对她们表现得极为不尊重。

你不这样认为？那么就跟我一道，来繁忙的大街上看看吧。一位妈妈正缓缓徐行，用婴儿车推着宝宝，或者用吊兜抱着宝宝。宝宝刚刚睡着，她尽量不去摇醒他。路上的行人匆匆而过，他们不会注意到妈妈苍白的面容和疲惫的双眼。他们也不可能意识到，她半夜为宝宝醒来了无数次，因此，她一定非常疲惫。他们也绝对不会明白，为什么她的步伐如此缓慢。相反，他们察觉到的只是一位有足够时间悠闲散步的妇女。很显然，她并不是在“工作”。

一位朋友对我说：“现在不用上班，感觉很舒服吧？”我觉得这个问题相当可笑。我知道，虽然我现在没有工作，但是我从来没有像现在这样辛苦过。（小王子，15 个月）

上述的这位朋友和街上匆匆而过的人群，展现给我们的只是整个社会态度的一个方面。忽视妈妈的存在，或者将她们的工作界定为“休息”，这种做法正确吗？妈妈们能慷慨无私地奉献自己的爱，这已实属不易。如果周围的人对她们毫不尊重的话，这会让妈妈感觉更加艰难。

不仅如此，社会上普遍缺乏对妈妈的尊重，还会从另一个方面对妈妈们造成影响。成为母亲之后，大多数妈妈就从“工作文化”进入了“母亲文化”。在那里，她们已经建立起了自己的个人身份。根据工作合约，许多妈妈会在产后几个月重新开始工作，为此，妈妈可能会把工作身份看作自己的

“真实”身份，而将母亲身份看作是一种异常的状态。在《爱为何如此重要》一书的结尾，从事精神分析的心理治疗师苏·格哈德对此进行了这样的描述：

我发觉，活在“宝宝的世界”里，没有人会知道（或关心）你的想法、你所做的工作、你所爱的人。你仅仅是一个“与宝宝待在一起的妈妈”。这种角色吞没了其他的自我，或者说是那些梦想中的自我。对于许多女性来说，这是难以忍受的。

许多妈妈的产假时间较短，她们还不会到意识到建立母亲身份的重要性。如果她们这样做的话，她们应该得到什么样的尊重呢？对于这一代所有的妈妈而言，她们一定是第一次遇到如此严重的身份困境。

在缺乏社会尊重的情况下，你可能会认为，乐于奉献的妈妈们会相互支持。然而，露西·卡文迪什指出，许多妈妈的行为却正好相反：

我发觉，如果在妈妈之间没有那种悄然滋生的竞争因素，和妈妈们进行交谈就是不可能的事。不管谈论的话题是围绕教育、喂食、睡觉，还是一些诸如给小孩取名之类的小事，我们都在拼命地玩着“高人一筹”的游戏。因为如果我们的孩子非常成功，或者被同龄妈妈们认为是“成功的”，此时，所有的痛苦、伤心、无眠以及焦虑都是值得的。

另一位身为人母的记者证实，妈妈之间确实存在着这样激烈的竞争。工作中我们可以相互竞争，以追求成功。然而，对于妈妈们而言，竞争有意义吗？如果我们将孩子打造成为一个“成功者”，然后把他们当作潜力无限的展览品四处炫耀，只为赢得其他妈妈的羡慕，那么，我们能否给予孩子真正的爱呢？难道这是我们最好的行为方式吗？

母亲的身份蕴含着无限的可能，我们所有人都只能做好其中的某个部分。在这个广阔的领域，竞争似乎是残酷的。如果我们注意到，另一位妈妈在某件事情上比我们做得更好，我们无须贬低自己，因为她只是在尽力完成自己的使命而已。

处于竞争状态的妈妈们会忽视人与人之间联系的纽带。许多妈妈会发生根本的改变，或者至少能理解这种改变，所有的一切都与母爱息息相关。很可能，这些改变不会在我们身上发生，但是至少我们能够理解其他妈妈的改变“从何而来”。

例如，针对其他人对自己育儿方式提出的种种意见，许多妈妈们会心生新的警惕和敏感。新手妈妈对此会不大习惯，她们通常会把别人的表情或评论看作是一种对自己的批评。如果一位经验丰富的妈妈在商店里看到了这样的情形：一位年轻的妈妈手里提着购物篮，带着孩子，同时还要忙于付钱，她或许会问：“需要帮忙吗？”看到这一情景，这位经验丰富的妈妈会想到自己的过去。此时，她可能是出于热心而表现出了对年轻妈妈的同情，然而，这位年轻的妈妈会把这样的询问看作是一种批评。毕竟，如果一个人在工作中总是需要别人的帮助，这会被视作无能的表现。于是，她回答道：“不用了，谢谢。”这话听起来冷冰冰的，而且语气中透露出一种防备。这位经验丰富的妈妈可能会感觉受到了冷落，直到她记起，自己曾经也有过类似的防备心理。

谁都无法时时刻刻保持耐心

妈妈们另一个常见的改变在于对耐心的一种全新认识。妈妈们会发现，耐心非常“有用”，但是要做到这一点却并不容易。许多妈妈会将自己与其他妈妈进行比较，然后觉得别人“更有耐心。”

一个人通常会在自己认为重要的事情上表现出耐心，但是不同的妈妈对各种情况的重要性有着不同的看法。于是，某位妈妈可能会在孩子学习走路或者说话时，表现得特别耐心，而另一位妈妈在平常事上可能表现得极不耐烦，但是当孩子对某件事情表现出特别的兴趣时（比如，体育或音乐），她就会表现得非常耐心。一些妈妈发现，当孩子生病时，自己很难保持耐心，而其他妈妈在这种情况下则会表现出无限的耐心。

儿子半夜醒了很多次，不停地哭，并且表现得十分不安。我大概花了 3 个小时才让他平静下来，这不是他正常的状态。我在想：“我不知道我能否坚持下去，这一切不是我之前想要的。”我已筋疲力尽，十分需要睡觉。我感觉自己就像没了燃料的汽车，但还在继续运转。有天晚上，儿子吐得非常厉害，我意识到：“噢，天啊，他生病了！”突然，我不再是一台没了燃料的汽车，此时，还有一整箱备用燃料供我使用。（小王子，6 个月）

一些妈妈会对小宝宝非常耐心，但是当孩子长大之后，她们发觉，要继续保持耐心非常困难。

我和儿子在一起做事的时候，就如一辆在低速挡上前行的汽车。我内心很想提高档位，让车开得更快一些，我感觉自己很没耐心，有时候情绪会突然爆发。（小王子，2 岁）

孩子给了我们许许多多的机会来学习保持耐心，但无论是谁，都无法时时刻刻保持耐心。当我们确信自己会失去耐心的时候，或许身边的另一位妈妈看起来却非常耐心。然而，反过来，这位妈妈对我们可能也会有同样的看法。

可是，妈妈们不是总能保持耐心，即便是一位温和的母亲，有时也会表现出坚决的态度。在孩子生病时，许多妈妈会非常担忧或者伤心。一些医生会尽可能地提供相关信息，并且给予无比的同情，而其他一些医生则完全相反，他们会蔑视妈妈们的行为，并为此非常生气。

女儿患了鹅口疮。在女儿10天的时候，我感觉有些不对劲，就带她去看了医生，医生对我说："噢，这位妈妈，不用担心！"到现在，他才告诉我女儿患的是鹅口疮。有趣的是，上周我家的猫死了，在它死的前一天，我带它去看兽医。我说："它的行为有点反常。"这位兽医非常耐心地听我讲话，他认为，我非常清楚自己在说什么。而在女儿身上，医生却表现出什么都懂的样子。（小公主，2个月）

我带小女儿去看医生，这个医生非常帅气，于是，我认为他人一定很好。我告诉了他我的身份、名字，然后，他对我说："好了，这位妈妈，你坐下吧！"然后，我在想："我刚告诉了你我的名字，为什么你不称呼我的名字呢？"（其他妈妈回应说，她们也曾经有过被称为"妈妈""小女孩的妈妈"或者"小男孩的妈妈"的经历，这让她们觉得自己没有得到尊重。）（大女儿，4岁；儿子，2岁；小女儿，3岁）

许多医生和健康工作者似乎都会认为，妈妈们"担心过多"，甚至有些难缠。他们一定见过妈妈们极度焦虑的情形。或许，这时很难对妈妈们表现出尊重。妈妈们似乎对疾病有着太多的焦虑，而在医生看来，这些都是常见的医疗事件。

好了，
这位妈妈，
你坐下吧！
我刚告诉了你我的
名字，你为什么不
称呼我的名字呢？

孩子生病时，我感觉自己就要崩溃了

妈妈：女儿生病的时候，我很担心她会死掉。（小公主，7个月）

我：这里的妈妈当中，有没有人从来没有这种感觉？（“噢，有过！”“总会有这样的感觉。”“绝对会有。”所有妈妈都承认，自己有过这样的担心，她们的语气中似乎有种如释重负的感觉。）

女儿一连呕吐了10天。这太可怕了，我的意思是，这是一种病菌引起的。当我说到这件事的时候，听起来好像没什么大不了的。我的姐姐是医生，她非常可靠。但是，我们却非常害怕，陪着女儿坐了好几个晚上。内心的痛苦我无法解释。现在一切都结束了，但是，这种感觉似乎永远留在了我的记忆里。我一直都很怕失去她。（小公主，9个月）

然而，如果我们的女性祖先们对孩子的种种健康问题毫不在意，并且在孩子的恢复过程中，也没有丝毫的警惕，我们任何一个人（不管是医生还是对医学一窍不通的人）今天还能活在这个世上吗？很显然，生命的存在应归于历史上那些善于观察和“过分”担忧的母亲。

如果孩子病得很重，妈妈可能会发现，自己的内心感受远不止担忧那么简单。一些妈妈会表现出非凡的精力，就孩子面临的各种选择，她们会努力地去获取各种相关信息，而其他一些妈妈则会因为恐惧而陷入疯狂的境地。最困难的境况莫过于孩子处于生死未卜的状态。有时，医生也不能立刻找到治疗孩子的办法，所以，每一天都会让人感觉度日如年，都充满着让人惧怕的种种可能。

儿子病得很重。有段时间，我们都为他的生命感到担忧。我感觉自己就要崩溃了，我感到非常羞愧，因为我不是一位合格的妈妈。我希望自己死掉，我真的很想死。我没法帮助儿子，我不知道能为他做点什么。（小王子，16 个月）

对于这位妈妈在孩子病重之时的感受，其他人有没有过类似的经历呢？在宝宝出生之前，只有妈妈和他保持着联系。她见证了宝宝早期的成长，知道他的喜好，知道什么会让他感到害怕。看着孩子那张熟悉的小脸，知道他正忍受着痛苦，或者在为生命而挣扎，这会令妈妈伤心欲绝。这是妈妈爱上孩子时必须承担的风险。她与孩子紧紧相连，如果孩子受苦，她也会有同样的感觉。当孩子的命运掌握在医生的手中，或者只是在时间的手中，妈妈会感觉与宝宝失去了联系，从而感觉非常无助。然而，在大多数基本的层面上，她和宝宝仍然密不可分。有着这种可怕经历的妈妈（即便她感觉自己处理得很糟）会有一些特殊的情感想要与人交流。

在儿子病重之时，这位妈妈感觉想要结束自己的生命。当儿子的情况稍有好转之后，她向其他妈妈讲述了自己的经历，得到了她们热情而无私的安慰，第二周，她专程回来向她们致谢。然而，她说这些并不是她真正想要的。

我非常感谢大家给予我的同情，但是我想让大家知道，我是一位失败的妈妈。我希望我的失败能够得到尊重。（小王子，16 个月）

这段陈述非常重要。通常情况下，妈妈们会注意互相保护，避免对方产生失败感。对于这位妈妈而言，虽然她在关键时刻倍感失败，但是她希望自己亲身体会到的真实感受能得到他人的承认，这样，她就能够真正地重新回归到妈妈的“集体”。

当了妈妈后，我的智商降低了好几档

除了在孩子生病的情况下，妈妈们还能在其他问题上相互沟通吗？在一些问题上，妈妈们似乎会产生分歧，但是这完全没有必要。如今，我们经常讨论这样一个问题：在孩子很小的时候，如果妈妈重返工作岗位，是否会对孩子造成“伤害”？

在孩子出生前，许多女性会与雇主签订劳动合同，承诺自己会缩短产假时间。然而，任何一个女人都不能确定自己作为母亲的感受，也不能确定孩子的成长发育。面对这种不可避免的无知状态，妈妈们没有必要把自己束缚在曾经做出的决定之上。

在我有第二个宝宝时，我对整个情况有了更加清楚的了解。凡是和宝宝有关的事情，似乎我都得匆匆完成。在周围的人看来，好像宝宝是个必须解决的“问题”，这样，我们才能回归到最为重要的工作当中。但是对我来说，我的小儿子更加重要。我真正面临的问题是该做什么样的工作。（大儿子，12 岁；小儿子，3 个月）

并不是每个人都会觉得，妈妈的这种灵活性给她们带来了方便。因此，对于妈妈工作的重要性，我们需要获得雇主和其他人的理解与尊重。此时此刻，许多人会向我们说些“冠冕堂皇”的话，这是与我们相关的另一个话题。妈妈们通常会注意到她们未能得到尊重的种种迹象。

我大多数的例证都取自正在休产假的妈妈们，因为她们有充足的时间前来参会。但是，我曾听到上班的妈妈们抱怨：当她听到5：30的报时声，便会收起手上的工作，这时，身边的同事都会转动眼球，对她表示不屑。同事们不会意识到，妈妈对孩子的照顾可能要到6：30才能结束。休产假的妈妈在每天的生活中也会遭遇到类似的不尊重。

当地的一位药剂师对我说话时显得趾高气扬。从此，我再也没去过他那里。他似乎不会想到，带着孩子的这位妈妈竟拥有核物理的学位，但是他和我说话时，并不把我当聪明人看待。(小公主，3个月)

一旦你有了孩子，人们对待你的方式，就好像你的智商已降低了好几档。(大儿子，2岁；小儿子，5个月)

我有一份非常体面的工作，在我工作的时候，人们似乎都很尊重地看着我。然而，当我和儿子一起出门时，人们似乎总是对我视而不见。(小王子，5个月)

对妈妈缺乏尊重的人们通常都不会意识到妈妈们所付出的巨大心血。

妈妈：在我工作的环境里，其他人都没有孩子。我一周只想工作3天，对于我的这种想法，办公室里的一位女同事感到非常生气。她说："哦，我也可以在休息的时候做我想做的事。仅仅因为你在家带孩子，为什么我就得帮你接听电话？你应该工作。"

我：她有没有说，她在休息的时候会做什么？

妈妈：她在做帽子。(小王子，5个月)

从这位帽子制作人的抗辩中，我们完全可以得出这样的结论：许多妈妈（包括我自己）都得承认，在拥有宝宝之前，我们对妈妈们所付出的心血了解得太少。而现在，对于帽子为什么不同于宝宝这一问题，我们心中已经有了非常清楚的答案。帽子既不会成长为一个活蹦乱跳的社会成员，也不会集合在一起形成新的一代，因为新的一代人会在他们成年之后对我们所有人都造成影响。女权主义经济学家南希·弗布尔采用过一个截然不同的类比，她说许多人会将拥有宝宝比作拥有一只宠物。做帽子或者照顾宠物与照顾宝宝可能有部分相似之处，但是两者存在着极大的差异。

然而，如果妈妈在拥有孩子之后想要从事兼职工作，她可能会被“工作圈子”里的人所误解。作为妈妈，她的工作是培养下一代社会成员。尽管如此，妈妈通常会被看作是游走在社会外部边缘的人，似乎只有那些正在“工作”的人才配得到社会的尊重。

妈妈们不仅仅是因为没有工作这样明显的原因才遭到轻视。人们通常会谈到“妈妈样”，意思是指未经世面、惹人讨厌的样子。

我的教母在我生日时给了我一张支票。她说：“你得保证你会把钱花在自己身上，而不是你的女儿身上。”但是在这世界上，她认为我应该把钱花在什么上面呢？（拥抱了一下女儿）我现在拥有我所需要的一切。（小公主，3 个月）

在女儿出生之前，我在城里工作。如果我听说伦敦什么地方到了古驰的新款鞋，我在当天就会给自己放假一天，去买一双新鞋。我认为这非常重要。之后，女儿出生了，我有点……（这是傍晚的一次聚会。女儿蜷缩在她的腿上，不能入睡，因为她在不停地咳嗽。妈妈抚摸着女儿的长发。她接下来的话也是不言而喻的了。）（女儿，3 岁；儿子，13 个月）

我花了大量的时间和精力来装扮我的房子，这是我的小窝。但是我们的房子被盗了，四处都散落着破碎的破璃片。这让我明白了一些东西。过去，我常认为最重要的事情就是家里的状况，但是其实并不是这样。最重要的事情是我和孩子之间的关系，这是强盗们无法从我这里偷走的东西。（大儿子，4 岁；小儿子，9 个月）

女性们对于身为人母会有不同的反应。一些妈妈会非常在乎物质的东西。如果身边的某位妈妈因为孩子而改变了生活重心，她们或许并不会给予同情，但不管怎样，她们还是完全能理解这种做法。

重返工作岗位，我想把办公室里的人狠狠地揍一顿

有四分之三的英国妈妈都会在生产之后 18 个月内重返工作岗位。难道她们不是正在“用行动表明自己的选择”吗？难道她们不正是在告诉我们，只有少数女性对自己的母亲身份感到满意，而大多数的人都喜欢重返工作岗位吗？想必大多数女性在家都会有种被束缚的感觉。

然而，表面的东西并不总是事实。妈妈们重返工作岗位，这并不意味着这就是她们所想要的。大多数妈妈需要钱，而且许多妈妈喜欢享受工作的刺激。如果她们的职业极具竞争性，那么她们会担心，如果不迅速重返工作岗位，自己便会落后于他人。另外，许多妈妈会根据合同，在特定的时间重返工作岗位。在签署合同的那一刻，时间的设定看起来一定合情合理。然而此时她们都还不知道，自己将深深地爱上宝宝。

如果我不回去上班的话，我就必须偿还我产假时所享受的待遇，但我无力偿还。然而，我不想回去上班（哭了）。对此，我也非常吃惊，我非常爱我的儿子，我想继续照顾他。（小王子，8个月）

想着到女儿一岁时，我就得回去工作，我感觉很痛苦，这严重地影响到了我和女儿后几个月的相处。人们不停地对我说："当那一刻来临时，你会找到力法应付的。"他们说这话时，我感觉非常强烈。（小公主，8个月）

儿子在星期一那天学会了鼓掌。我不想让一个保姆来见证他的第一次鼓掌。（小王子，9个月）

产假后迅速地回归工作岗位，这已经成了一种社会准则，它给妈妈们带来了一种群体压力，她们需要慢慢地适应。

我一点也不想回去工作。我喜欢在家和女儿、儿子待在一起。但是我很担心别人对我的看法。我从事的是法律方面的工作，这种工极具竞争性，如果我不回去上班的话，法律就会成为用来对付我的工具。（女儿，2岁；儿子，3岁）

即使一直在家照看女儿直到她5岁，这对我来说，也是一件非常轻松的事。我一点儿也不想回去工作。一方面，似乎这看起来非常遥远。另一方面，我所有的朋友都已经回到工作岗位。我不想成为唯一一个脱离群体的人。如果我是唯一一个与女儿待在家里的妈妈，我会感觉非常怪异。（小公主，8个月）

因此，并不是所有妈妈都感觉自己陷入了家庭的牢笼。一些妈妈会觉得自己受到了合约的束缚，因为根据合约，她们需要按时重返工作岗位，而此时孩子们还没有做好准备。这种感觉会令人无比痛苦，因此，许多妈妈只有在压力得以释放之后，才会向人倾诉之前的这种感觉。

我非常沮丧，我想，这是因为我想念以前的工作了，并且我觉得自己陷入了家庭的牢笼。之后，我们为女儿选定了一家托儿所，我们一起去看过几次。但上次我们去的时候，我想：我不能这样做。女儿还没有准备好。对她来说，现在托儿所还不是一个好地方。于是，我就和丈夫商量，之后我们决定把我上班的时间改为周末，这样，丈夫就能照顾女儿了。在我们做出决定的那一刻，我感觉……我的坏情绪一下子就消失了。我喜欢和女儿待在家里，我不会感觉这是一种束缚。在照顾女儿的过程中，我的整个生命都得到了拓展，我学到了很多东西。对我来说，即使再花一年的时间待在家里照看女儿，也是一件轻而易举的事。（小公主，12 个月）

在我生第一个孩子之前，我在城里工作。我从来没有想过生完孩子 3 个月后，我都还没有回去工作。我喜欢我的工作，之前我认为，有了宝宝也不会给我的生活带来多大的影响。女儿出生后，我的感觉发生了彻底的变化，我还没有为此做好准备。6 个月后，我和丈夫商量之后决定完全放弃我的工作。在我们做出决定的那一刻，我感觉自己对女儿的爱突然迸发了出来，这种力量比以前增强了一倍。我感觉，当我想要丢下女儿重返工作岗位时，我很担心自己是否能给予女儿合适的爱。（女儿，3 岁；儿子，13 个月）

并不是所有妈妈都有这样的反应。一些妈妈的反应会依据她们的收入而定，而其他有些妈妈会为自己能重返工作岗位而感到欣慰，其中除了经济上的原因，也有情感上的因素。然而，一定也有些妈妈会受到社会期望的影响。如果人们都持有这样的观点：如果妈妈不迅速地返回工作岗位，她们便会染上“幽居症”，那么，在这种情况下，妈妈可能需要有极大的自信才能扪心自问：这种状态是不是自己真正想要的。或许由于“妈妈样”的女性形象通常会遭到人们鄙视，这让一些认为自己无法承受的妈妈们变得非常气馁。

如果妈妈确实要将照看孩子的时间延长，那么，她应该在家里待多久呢？在成长速度方面，孩子们存在着个体差异。一些孩子似乎很想寻求完全的独立，可是让人迷惑不解的是，他们在获得独立之前，需要妈妈长时间的陪伴。在外人看来，某个孩子可能会表现得非常自信，也非常快乐。然而，当他即将被送去托儿所之时，如果妈妈总是情绪低落，终日以泪洗面，这表明即使她为孩子做的一切看起来已非常放心，无须更多的顾虑，但她很清楚，孩子需要和有她更长的相处时间。

我们为儿子挑选了一家非常好的托儿所。6 周之后，他就要开始托儿所生活了，虽然我一直希望，能晚几个月再送他去。我想，这次我们会让他去了。（突然哭了起来）实在对不起，我哭了。我从没想过，讲这话时我会哭。这是因为过去两年，在照看儿子的过程中，我的生活简单而快乐，但是现在我们负担不起再让我……（没有完成她的讲话）（小王子，24 个月）

在大女儿 1 岁的时候，我就回去上班了。对于女儿来说，这太早了。我感觉非常糟糕，很想把办公室里的人狠狠地揍一顿。在女儿 15 个月的时候，她准备好了，这时就是一种全新的状态。（大女儿，2 岁；小女儿，5 个月）

妈妈对宝宝的爱是多余的情感吗

在妈妈和宝宝都真正准备就绪之后，他们双方都会以极大的热情分别进入托儿所生活和工作当中。这是妈妈辛勤劳作后的第一次收获。对于结交新朋友以及进入一个更大的社会群体，孩子会表现得异常兴奋。一旦他习惯了这种生活，妈妈会发现，宝宝自己可以应付一切，这时，她就能轻松下来，更加专注自己的工作。

妈妈们通常是非常可靠、注重实际的员工。养育孩子是一件责任重大的工作，妈妈们必须勤于思考，因此，妈妈们常说，如果自己遇到的只是单纯的工作危机，那么，保持冷静也是一件非常容易的事。此时，妈妈们会感觉更加踏实，并且能够在重要事情和鸡毛蒜皮的琐事之间做出清楚的区分。

一位同事想要跟我讲一件事，但是接着他又说：“你不会对这件事感兴趣的，你只对自己的宝宝感兴趣。”我觉得这是对我的侮辱。对此，我很难解释，但女儿确实让我明白了工作的意义。如果是大事，这意味着它更为重要，对此，我也会非常关注。（小公主，6个月）

然而，有张报纸上面刊登了一张很大的宝宝照片，小家伙的嘴边设置了一个对话框：“妈妈，向你的工作说‘拜拜’吧！”这个创意非常荒唐。对于老板来说，如果他们不能意识到妈妈们从育儿中带回来的丰富经验，这必定是他们莫大的损失。

然而，是不是每位女性都能够花上几年的时间来照顾孩子呢？对于那些似乎根本无法应付孩子看护的妈妈来说，情

你不会对
这事感兴趣的，
你只对自己
的宝宝感兴趣！
你是在
侮辱我吗？

况会是怎样呢？我们必须提醒自己，妈妈并非附带品，而是必不可少的。她和宝宝之间存在着一种特殊的关系。（爸爸也是一样，但是这里我重点探讨的是妈妈这一必不可少的角色。）如果某位妈妈的确不能照看孩子，那么，我们可以启用法律程序，让社会工作者们参与其中，以保证“孩子们的利益”。

然而，如果社会工作者、医生、老板以及其他人想要给予妈妈们更多支持的话，他们都需要对妈妈现在所做的工作有更好的理解。许多人似乎会认为，妈妈的作用被夸大了。毕竟婴儿时期，甚至童年时期都会转瞬即逝。他们都会消失在“过去”的幕布之后，很快就会被人遗忘。

这些人将妈妈对宝宝的爱看作是多余的情感，就如蛋糕表面的糖霜。根据“蛋糕”理论家的学说，妈妈要做的工作就是让宝宝吃饱、穿暖。如果宝宝看起来非常满足，人们就会认为，他一定是个“好宝宝”。如果宝宝正在哭泣，这就是妈妈的败笔。这些人能注意到的仅此而已。

但是无论宝宝满足也好，哭泣也好，这都不是最重要的信号。如果宝宝或孩童在妈妈的看护下过得很好，那么，这个孩子看起来会非常鲜活。妈妈的爱是一个非常重要的因素，这种爱的给予是一种积极、自愿的过程。它不会（也不能）神秘地产生，而是一种真正的给予。它不是对孩子良好表现的奖励，妈妈也不能随兴把它收回。妈妈会花上很长的时间来学习如何去爱宝宝。妈妈一旦开始这一行为，她的爱似乎就会通过各种行为流向宝宝，直到她生命的尽头。在我们的内心深处，爱在不断地流淌。

养育方式不见得都千篇一律

当孩子与妈妈一道来参加妈妈访谈会时，我能看得出来，他们都非常鲜活。一个蹒跚学步的小家伙可能会突然跑进来哈哈大笑，显得非常兴奋。而另一个小家伙在进门前则有些犹豫，我见他一个劲地摇着小脑袋，倒退着往外走，不肯进门。这位小家伙的妈妈哄着他，想让他走进来，但是没有成功，不过最后，他还是同意让妈妈抱着他走了进来。第三个小家伙显得很可怜，我老远就听见他在向妈妈诉苦。第四个小家伙在他的婴儿车里睡着了，等他醒来的时候，会议已进行了一半，他马上坐了起来，显得非常吃惊，好像自己错过了刚才的一切。

每个宝宝看起来都非常享受此刻的生活，全身上下都洋溢着惊人的活力。从他们的身上，我们能感到一种向外散发的热情，这种热情表明，他们正沐浴在母爱的阳光之下，生活得非常快乐。借助于母爱的力量，他们正在学习如何去克服生活中的艰难险阻。虽然母爱并不能让孩子远离痛苦，但是孩子似乎会将母爱转化为自己耀眼的活力。

在这里，我并不是要宣称，所有妈妈都能给予孩子慷慨无私的爱。某些养育方式确实能够通过改进而变得更好。如果孩子缺少温暖的关爱，他很可能会把自己封闭起来。例如，有天早上，我在爬山的时候看到了一个小孩，他坐在婴儿车里，正在向下山的方向前行。他身上的某些东西确实引起了我的关注。他似乎非常失落，耷拉着脑袋，双手无力地放在大腿上，双腿向两边张开。他似乎既不疲惫，也不生气，看起来乖乖的。然后，我看到了照顾他的人，她正推着婴儿车往山下走，显得活力十足，一边打电话，一边哈哈大笑。在那一刻，我很想冲着她大叫：“**不要让你的孩子变成那样！挂掉电话！跟他说会儿话！抱抱他！**”但是，我自己很不喜欢路人冲着我大喊大叫，于是我就没有开口。

孩子的肢体语言表明，他感觉到了自己与看护者之间存在巨大的鸿沟。他似乎已经收回了自己的情感，不仅放弃了与看护者的交流，而且丢掉了自身的活力。

在这种情况下，这位看护者可能并不是孩子的妈妈。然而，确实有一些妈妈对孩子不太关心，甚至有时非常残酷。我知道，有些妈妈会声称，每位妈妈都在“以自己的方式”尽量做到最好，但我不知道这是不是事实。如果一些女性听到我们对她们有这样的评论：这种育儿方式已经是她们能够达到的最好状态了，她们可能会感觉自己受到了污辱。她们知道，自己的育儿方式很糟糕，但是，一切都是缘于内心的绝望。她们可能会告诉自己，养育方式并不重要，但是从另一个层面来讲，当妈妈看到自己身边沉默孤僻的宝宝时，她一定很难说服自己相信这一观点：孩子的养育方式并不重要。

养育方式确实非常重要，但是这并不意味着所有的养育方式都千篇一律。不幸的是，媒体在讨论育儿问题时，就好像任何事情都只有唯一“正确”的选择——唯一正确的睡眠方法、唯一正确的吊兜使用方法……通常，这会使得一些妈妈与那些有着不同选择的妈妈形成对立的局面。

数千年来，“专家们”创作了大量手写的纸文本和卷轴，还有印刷图书，他们声称自己在婴儿与孩童问题上有着丰富的知识。在过去的数个世纪里，许多女性都不识字，这种

“技能”一定让人感到非常畏惧。

然而，如今我们许多人都接受过良好的教育。对于曾祖母眼中那些无比专业的书籍，此时我们也能进行阅读。我们当中许多人也都知道如何质疑书中的信息，而不是全盘接受。更好的是，人们希望我们能阐述自己的观点，因此，当我们成为妈妈时，对于我们在养育孩子过程中发现的种种问题，我们就能进行清楚的表达。

如果我们能够做到这一点，想必我们就能对当今“专家们”公开发表的某些理论提出质疑。此外，在做了几年妈妈之后，难道我们就不能向他人提供信息，而不仅仅是接受信息吗？这样，我们就能够清楚地说明妈妈们到底有多大的差异。

我才是“独一无二的妈妈”

当今，许多妈妈会相互竞争，并且时常抱怨说自己在为人母亲方面仍有很多不足，为此她们会深感内疚，为什么会出现这样的情况呢？其中的一个原因是，她们长期受到价值标准的压制，而这套价值标准并不是为她们而设定的。在这些外来价值观主导的评估体系之下，大多数妈妈都是失败的。但是，我们能否用自己的语言来定义我们自己的价值观呢？

首先，我们需要明白如今我们身边存在着哪些学说，因为这些学说通常会左右我们对母亲这一身份的看法。但是，我们是不是应该让这些理论来指导我们的思想呢？是谁最先想出这些理论的呢？这些理论家们本身就是妈妈吗？

我将选取几个例子来说明，我们根本无须怀着恐惧的心情去接受这些理论，因为我们才是“独一无二的妈妈”。相反，只有妈妈才能真正向他们提出质疑。

最早对妈妈和孩子进行系统观察的是精神分析学家玛格丽特·马勒，她在纽约创建了一家儿童中心，这样，她每天都能在这里对妈妈和孩子进行观察。她假设大多数宝宝与妈妈之间是一种“共生”的关系，这也是她的理论基础。对于宝宝们是如何学会辨别他们各自的身份的，马勒有一些发现，这让她感到非常好奇。在她的理论中，她将宝宝对外界的探索阶段称为“和解危机”。

马勒希望她的员工能够留心“妈妈是怎样将孩子带来儿童中心的，怎样解下他的外衣的，怎样把他放到地上的，来的时候是否会让宝宝独处，等等。”基于对细节的极大关注，她开始收集人们对母子间交流的种种印象。她开始创造一些简洁的术语，比如“融化”或者“僵硬”，来描述宝宝在得到妈妈的拥抱时所做出的回应。

从这个充满希望的起点出发，她的研究本可以得到进一步的深入。在她的中心里，她本可以舒心地和妈妈们坐在一起，向她们解释“共生”的理论以及“和解危机”，并询问妈妈们的看法。然而，她并没有采取这样的方式。她认为，自己应该是妈妈们的老师。她在书中这样写道：“在（和解危机）这一过程中，对于那些易犯的错误以及脆弱的标志，我们必须要给父母们提供指导”。她似乎完全没有考虑到，家长或许也会有一些深刻的见解，也能够让她有所收获。

她费尽心思，想要确保来到儿童中心的妈妈们都能感到非常自在。然而，当妈妈知道自己正在接受别人的观察时，她们能有多自在呢？她指导员工们“尽可能地保持被动”，但是她有没有想到过，就算是观察员自己，也会不愿意受到别人的观察呢？马勒的一位传记作者曾经描述了与她共进午餐的场景，他感觉非常惶恐，没法轻松地进食。“当我准备吃饭的时候，她用特有的马勒式眼神看着我，这是一种平静的眼神、质朴的眼神，我知道她已经察觉到了这种情形。”尽管作者用了“质朴”一词来形容马勒的眼神，但是“眼神”一词却重复了三次。即便在几十年之后，这一场景仍能清晰地留存于脑海之中。

观察者到底能从外表中了解到多少信息呢？她能够看到表面的行为，但是却不能明白行为背后的原因。她能否真正明白孩子此刻的行为呢？妈妈们通常会基于早期的观察来做出种种假设，因为她们必须这样做。妈妈必须在照看宝宝时做出种种猜测，比如，宝宝什么时候热了、累了、饿了，等等。在这些日常的简单猜测中，妈妈发现自己经常都会犯错。

马勒是位精力充沛的研究者，任何地方的孩子都会引起她的注意：“……大街上、地铁中、超市里……”然而，在母子关系中，她不能注意到的是孩子与妈妈之间那些无声的交流。作为妈妈，我们有着独特的视角。我们无须特意去监控他们的一举一动，我们无需集中精力对他们进行观察。我们和孩子一直都保持着互动。

马勒本人并不是一位妈妈。在《人类婴儿的心理出生》一书中，她展示了一些清晰的观察资料。在马勒的思想中，这些资料可以揭示宝宝的成长过程。“和解危机”取决于早期的“共生阶段”，然而，这些理论的诞生既没有在妈妈中间展开过讨论，也没有得到过妈妈们的评估证实。

“成功妈妈”只是一个虚无的影子

美国的一位研究者艾伦·斯科尔博士撰写了一部有关婴幼儿早期大脑发育的作品，该作品引用了马勒的一些理论，其中也包括“共生”的理论。然而，凡是读过他的主要作品的人，很可能都会感到发怵：《情感控制和自我的起源》一书超过 500 页，之后的参考文献也不下 100 页。在婴幼儿的早期大脑发育方面，斯科尔博士综合了大量的研究成果。他所研究的主题与我们的主题——宝宝的成长过程——有着密切的联系。

斯科尔认为，妈妈对孩子的大脑发展起着重要的作用。为了解释这一观点，斯科尔只好将关注点从大脑的发展移向了孩子的行为。他在阐述自己的理论时，融入了妈妈们的经验，比如：在 18 个月的时候，宝宝开始通过学习妈妈的动作来模仿自己以外的其他人的行为——扮演他人的角色。

斯科尔的观察资料来源于美国的一位心理学家——安德鲁·梅卓夫博士。斯科尔在文献的引用方面非常严谨。虽然他没有使用到妈妈们提供的资料，但这不是他的错，因为我们没有给予他足够的资料。然而在这一点上，我们确实能够做到。就这份观察资料而言，它的焦点在于孩子的日常行为。我们谁没有见过孩子装出打电话的样子呢？在很小的时候，他们会把某样东西举到耳边——一个茶匙、一块积木，或者其他东西，然后他们开始自言自语，就像我们说的那样，并且他们也会像我们那样哈哈大笑。我之前看见过，年龄还不足 18 个月的小孩们也有同样的举动。

斯科尔一直坚持使用精确的语言，并且对各个年龄阶段的孩子做了精细的划分。十几年来，他的作品一直都是值得人们信赖的文献资源。然而，我们是否从中得到了足够的信息呢？早在1924年，穆里尔·温奇写过一本关于妈妈的书。书中这样写道：“你可以用科学术语来谈论孩子，你认为自己对孩子已经进行了准确的描述，并且找出了他的种种特征，但是实际上，只有妈妈自己才能告诉你孩子真正的样子。”如果“只有妈妈自己才能告诉你”，那么，我们何乐而不为呢？

同许多人一样，斯科尔相信，自己能够对妈妈应该承担的角色做出界定。他这样写道：“在生命的第一年，最基本的任务就是要在宝宝与主要看护人之间建立起牢固的依恋关系。”这些语言是否真正地反映了我们的现实经历呢？在此，斯科尔的文字并没有涉及任何与大脑相关的主题，而且他也没有使用任何的科学术语。他冒险地涉入了我们的领域。

精神分析学家彼得·冯纳吉也根据自己的理念对妈妈的作用给出了类似的定义。以下就是这样的一个例子：

对妈妈来说，最为关键的是心理上要能包容孩子，同时，在照看孩子时，妈妈的举动要能体现出对孩子心理状态的理解，此外，还要考虑应对的办法（当孩子遭受痛苦时，妈妈不仅会镜映出孩子的痛苦，还会传达出一种不同调的情绪）。

冯纳吉正在对妈妈的作用进行描述，他所使用的语言是妈妈们在平日里不可能用到的。他使用的术语是不是更好呢？他所说的“镜映出孩子痛苦的妈妈”是什么意思呢？面对一位充满同情心的妈妈，镜子的形象真的能够完全地表现出她的方方面面吗？冯纳吉所说的“传达出一种不同步调的情绪”又是什么意思呢？这里，“不同步调”一词似乎有些不合逻辑。当孩子正在忍受痛苦而妈妈不得不接受这一事实时，难道她此时就不想向宝宝传递出一种希望吗？在那种情况下，这两种情绪的传递就能和谐地交融在一起。此外，“情绪”一词指的妈妈的情感，但在通常情况下，妈妈总是希望能超越情感的束缚，她会让孩子感到安心，让他们心怀希望。因此，通过用更简单的语言来思考冯纳吉所使用的术语，我们可以看到，这些术语有些不切实际，而且描述也极不准确。

在所有这类有关母亲身份的心理学书籍中，妈妈对孩子似乎始终是一种危害。从一开始，马勒、斯科尔、冯纳吉以及其他学者都清楚地指明了育儿的基本任务。他们经常都会附上一些例证，以显示“不同类型”的不合格妈妈。在阅读这些作品时，你得到的印象是：许多妈妈一定是失败的。但是我们需要注意的是，即使这些妈妈是成功的，她们也丝毫不像现实中真实的妈妈。这些妈妈看起来是那么不真实，她们只是一个虚无的影子，在默默地支持着孩子的成长。因此，即便我们看到的都是妈妈们的“成功范例”，这类作品很难公平地对待我们的现实经历。

我们能否让“专家们”来界定我们“应该”完成的任务，然后对我们的糟糕表现横加指责呢？如果我们想要赢得尊重，尤其是老板、家庭成员或者政府的尊重，我们就需要大声地说出我们所做的工作。如果妈妈们联合起来，就会组成一个庞大而广泛的国际组织。数千年来，在无数理论家对我们的角色进行界定之后，如今，我们终于能够对问题做出自己的界定了。

母爱是文明生活的基石

妈妈们的政治角色同样在发生着改变。对任何社会来说，妈妈们的工作都有着巨大的贡献。比现如今相比，我们还能产生更为强大、更为自觉的社会影响和政治影响。我常想，对于我们可能会造成的巨大影响，人们是不是感到非常惧怕？或许这正是如此多的“专家”想要给我们提出种种劝告的原因。

为人母亲确实非常重要。这是一件大事，非常大的大事。这是一个政治问题。你在育儿过程中所持有种种价值观都是一种政治声明。（小公主，7 个月）

这是一条非常重要的信息。然而，如果我们能够联合起来，就这一问题——为什么妈妈们的工作如此重要——达成一致，我们就能够变得更加强大、更加有效。如今，我们仍能经常听到女性在介绍自己时，只把自己当作“孩子的妈妈”。但是，如果没有妈妈的关爱，在孩子成年之后，就很难应对种种复杂的成年人关系。作为成年人，我们要能读懂彼此间各种各样的讯息，因为这是文明生活的基石。

或许，我们需要找到一些更好的词语来形容妈妈。我很喜欢中世纪所使用的“母性般的”（motherful）一词，如今，人们早已不再使用这个词，因为“妈妈般的”（motherly）一词听起来更好。然而，如今“妈妈般的”一词意思是像妈妈那样，我们想要更多一些具有母性的词语。

要让自己充满母性，爱似乎是必需的。谢天谢地，这并不是意味着我们需要跟随他人的脚步。其实，关于如何去爱，我们并不需要询问他人。通常，人们似乎既渴望得到爱，又害怕失去爱，因为我们当中的许多人在童年时都受到过伤害，所以非常害怕会再次遭受同样的伤害。当我们变得更加勇敢的时候，我们就能给予爱。爱，就在那里。

人们有时会说，爱一个孩子很难，但是不爱似乎更加困难。新生宝宝的双眼带着一种柔情、神秘、惊叹——一种警惕敏感的眼神。这很难用语言表达。诗人但丁在幼年时就失去了妈妈，在试着描述母爱时，他感觉自己的语言是那么苍白无力。在《神曲》的末尾，但丁描绘了天国的母爱。

如今，即使儿时的记忆依然在我脑海浮现，
此刻，我也无法言表。
我还不如
一个躺在妈妈怀里吃奶的婴孩。

但丁笔下吃奶婴孩的形象给他的心灵倾诉注入了新的元素。或许是直觉告诉他：吃奶的婴儿最懂得爱。新生婴儿似乎是完美无缺的，并且可以接触到这种伟大的爱，正如但丁写的那样：“正是有了这种爱，太阳和其他星球才能不停地运转。”

有关母爱的叙述很多，不是被人理想化，就是遭到人们的玷污。然而，母爱事实上非常简单。一天下午，我在与一对夫妻聊天，此时，他们的宝宝正在楼上睡觉。过了一会儿，妈妈告诉我宝宝醒了，因为从婴儿监视器里可以听到他的声音，于是，她站起身来，疲惫地叹了一口气。此刻，我感到很庆幸，因为自己不再是一位随时等待孩子召唤的妈妈。她很快就带着孩子回来了，我站起身，想对她说点安慰的话，但是我什么都没说。那一刻，我什么都不能说。妈妈和宝宝温柔地靠在一起，这种情形无法形容。她的丈夫起身亲吻女儿，然后我们开始讨论一些实际的问题，但是我知道，此刻，我感受到了一种亲密无间的爱。

第十四章

面对各种育儿法，妈妈应该怎么做

楚比·金育儿法

其实，大多数妈妈和宝宝都会自己去探索如何在抚触中进行交流。那么，她们是否真的需要有人来指点迷津呢？令人遗憾的是，几乎所有本应由妈妈和宝宝一起独立完成的事都遭到了质疑。人们不停地提出“改进”建议，这些人在当时被视为“专家”，他们的思想也广为流传。

对于母子应该如何进行抚触交流，有两名专家对我们的思想产生过强烈的影响，在今天似乎也仍然有着旺盛的生命力。

弗雷德里克·楚比·金（1858—1938）生于新西兰。之后，他在英国爱丁堡学习医学，当地妈妈们的贫困潦倒让他大为震惊。1904 年，他去了日本。日本妈妈们的母乳喂养给他留下了深刻的印象，因为妈妈们自身和宝宝都从中获益良多。于是，他决心让人们重新恢复母乳喂养，因为他曾这样说过：“从妈妈乳房里直接获取天然的食物是宝宝与生俱来的权利。”

1913 年，楚比·金在伦敦出版了《婴儿喂养与看护》一书，这本书曾畅销一时。全书共 260 页，讲述的是有关育儿的实用细节。他在书中特别强调了卫生、严格定时的哺乳以及休息时间表。

在这些长篇大论的实用生活规则中，一个与母亲更加相关的标题出现了：保育与管理。该部分只有很短的篇幅，有关宝宝对拥抱的需求在文中也有所涉及。

被迫躺在婴儿床上和未得到足够保育照管的宝宝可能会

变得虚弱、迟钝、肥胖以及呆滞。婴儿绝不能以单一的姿势长时间睡在婴儿床内。看护者不仅要不时改变宝宝在婴儿床内的姿势，还要每隔一段时间就要将宝宝抱起，并四处走动。合乎自然规律的看护能给予宝宝有益的刺激，这样的刺激也是必需的，但是过度地胡乱干扰与过度刺激对宝宝都将是有百害而无一利的。

楚比·金这段文字的措辞非常妙，被动语态的使用在原文中也非常明显。这意味着他想避免使用“妈妈”一词。尽管这段文字的标题与母亲有关，但它指的是母亲的行为，而不是母亲这一个体。

换句话说，“保育”被看成了一系列必要的实用行为，以此来阻止宝宝变得“虚弱、迟钝、肥胖以及呆滞”。文章中并没有提到，妈妈与宝宝可能想要给予对方爱抚，并且想用爱抚来表达对彼此的爱。

楚比·金曾周游世界，创办过多所学校，目的是为妈妈们提供培训。他的育儿思想广为流传。在这种思想的影响下，许多妈妈认为，自己“不被允许”拥抱宝宝。楚比·金育儿培训中心位于英国北郊的海格特地区，该中心主任梅布尔·利迪亚德对楚比·金所倡导的“新鲜空气法”深信不疑，于是，他们将睡在婴儿床里的宝宝们放置在克伦威尔故居的露台上。该故居位于海格特山的顶端，在天气温和的情况下，会有徐徐微风。然而，即使在1951年那个极寒的冬天，“新鲜空气法”也没有丝毫让步，那些小家伙真是可怜，他们的忍耐力一定发展到了很高的水平。

幸运的是，并不是所有人都相信这一法则。1950年，我曾与在克伦威尔故居工作的一位女士交谈。她承认：“我们必须把宝宝抱起来，我们必须按时将婴儿床里的宝宝从一边翻到另一边。如果没人注意的话，我经常会搂抱他们。但被看见的话，就会受到严厉的斥责。”

如今，我们有着“袋鼠式看护”以及“依恋式养育”这样的观念，它们的观点与楚比·金的理论完全相反——母亲的拥抱对宝宝是有益的。但是，这些思想并没有完全取代楚比·金的理论。你仍然可以听到有人告诫妈妈们，不要与宝宝“过多”地接触，也有人告诉妈妈：宝宝应该自己睡在小床上。

教会宝宝如何去爱

下面我要介绍第二位主要的“专家”——西格蒙德·弗洛伊德，他与楚比·金几乎生活在同一时代。有趣的是，我们能够发现这两个人有许多共同点。两人均出生于大家庭，并且都深爱着自己的妈妈。两人在结婚前都曾拜访过当时巴黎著名的神经学专家——让-马丁·沙可教授（分别于1880年和1885—1886年）。他们都相信自己的观点是科学的，并且对自己的发现都满怀信心。然而，这两人并未展开过任何竞争，因为他们似乎都不知道对方的存在。

与楚比·金不同，西格蒙德·弗洛伊德（1856—1939）认为，母亲的抚触不仅有着特定的功能，同时还是宝宝“快乐的源泉”。他在书中写道，母亲会“抚摸、亲吻、摇晃宝宝……”在他最后的一部作品中，他得出了这样的结论：“在照看宝宝的过程中，母亲成了宝宝的第一个引诱者。”他说：“如果妈妈意识到，自己所有爱的行为都是在唤起宝宝的性本能，同时，也是在为将来宝宝性本能的发展奠定基础，她一定会大为震惊。”但是他认为，母亲并不需要自责。“她只是在完成一项任务，即教会宝宝如何去爱。”

与楚比·金一样，弗洛伊德也很关注那些给予宝宝“过多关爱”的父母，但是他并未解释父母应如何区分他所认为的过度与正常。

楚比·金与弗洛伊德都认为，母乳喂养非常重要，但两人对于原因的分析却截然不同。楚比·金考虑的是营养，而令弗洛伊德着迷的是对吮吸的需求：“如果宝宝能够说话的话，无疑，他会宣称，吸吮妈妈乳房的行为是迄今为止他最重要的人生经历。”为什么呢？弗洛伊德告诉我们，因为宝宝吸吮乳房并不仅仅是为了获取食物。他指出了吸吮的两个阶段：

宝宝对于吮吸非常执着，这证明宝宝在早期阶段也在寻求一种满足。尽管吮吸的行为源于从乳房中摄取营养，但宝宝也在获得营养之外的身心愉悦。为此，这种行为可以并且也应该被看作是性行为。

有趣的是，对于哺乳的两个阶段，弗洛伊德有着这样的描述：“……在从妈妈的乳房处得到满足之后，宝宝进入了梦乡，他们表现出一种获得满足后的极度喜悦，这种表情会再次出现在他以后性高潮的经历当中。”他继续讲道：

但是，我们也会观察到，宝宝也会在并不需要喂食的情况下继续吮吸的动作。那么，此时这种行为并非由饥饿引起。我们将此行为描述成“为乐而吸”。事实上，他会继续重复这一动作，并再次进入梦乡，此时，他的脸上还是带着那种极度喜悦的表情，这说明“为乐而吸”的行为本身就能给宝宝带来满足。

他说：

我们只能认为，这种愉悦是由嘴唇和周边区域的兴奋引起的；我们把身体的这些部分称为“性感应区”，并且将宝宝从吮吸中获得的愉悦称为性愉悦。

这一观点非常有趣。尽管妈妈和乳母一定观察到了宝宝在进食结束后非常喜欢继续吸吮的动作，但是她们从来没将这种行为描写为一种性行为。弗洛伊德的观点是前所未有的创新。

弗洛伊德从他自己对宝宝的观察中学到了多少呢？他一共有6个孩子。他回忆道：“在几年的时间里，我自己的孩子一个个地相继出世，由于我的疏忽，我没能抓住对此现象展开观察的机会；但是为了弥补我以前的疏忽，我正在留心观察一个小侄子……”

在“小汉斯”的个案中，弗洛伊德写道：“……多年来，我一直在鼓励我的学生及朋友收集儿童性生活方面的观察资料——我们通常会巧妙地忽视掉，或者故意否认这一行为的存在。”从这段话中可以看出，弗洛伊德本人能够直接、密切地观察哺乳行为的机会并不多。

弗洛伊德并没有定义他所说的“性”的意思，也没有解释他为何如此确信吃奶的婴儿感受到的不是单纯的快乐，而是一种性愉悦。然而，他对哺乳过程的两个阶段进行了直观、细致的描述，之前很少有人对此有所阐述。第一阶段是饥饿时的吮吸，之后它会转变为第二阶段，也就是我们现在所说的“安抚吮吸”。在第二个阶段，宝宝会继续吸吮的动作，但并不吃奶。弗洛伊德正确地指出，我们需要对第二阶段的过程进行解释。尽管他一直强调安抚吮吸的重要性，但现今人们经常告知妈妈：安抚吮吸并不重要。宝宝已经完成了进食，由此人们认为，宝宝只是在“玩耍捣乱”。人们通常建议妈妈们，此时让宝宝停止接触乳房。然而，安抚吮吸并非“玩耍捣乱”。在这一点上，至少弗洛伊德认识到了第二阶段的重要性。

但是弗洛伊德最后得出的结论——宝宝在哺乳的第二阶段一定是在感受性愉悦——值得怀疑。通常，我们将性高潮称作“高潮”，因为它代表了我们最强烈的身体感觉。人在寻求性满足时，性感觉是在不断增强的，直到高潮的出现。然而，进食的过程却完全不同。宝宝最急迫的感觉出现在进食前（因为他非常饥饿），但是，宝宝不可能一开始吃奶就能体会到高潮，因为他需要从充足的食物中获取满足。

当宝宝慢慢变饱，他会变得更加平静和放松，之后便会睡意蒙胧。他现在已经从食物中获得了主要的蛋白质和脂肪，自此之后，妈妈的奶水将不再黏稠。此时，宝宝完全获得了满足，因为妈妈的奶水完全满足了他的需求。现在宝宝可以放松下来，因为他的饥饿感已经消失。渐渐地，宝宝的吸吮过程就会发生本质性的改变。

第二种吮吸要到什么程度，才会达到弗洛伊德笔下那种强烈的愉悦之感呢？我将对此问题做出回答，不仅是因为我30年来一直致力于为哺乳中的妈妈提供帮助，而且我也花了很多年的时间哺乳我的三个孩子。孩子和成年人没什么两样，只是他们很难忘记吃奶的感觉。其实，进食时的吮吸（而非第二种吮吸）给宝宝带来的感觉似乎更强烈。最后的吸吮就好像是要释放掉清醒时的最后一丝紧张，这样，宝宝就能进入温柔的梦乡。此时，宝宝会享受到“婴儿般的睡眠”，因为他已经完全放松了下来。之后的情形就如弗洛伊德描述的那样，宝宝会表现出极度的幸福。

但弗洛伊德坚信，令宝宝感到满足的并非是食物：“……事实上，他再次进入了梦乡，此时，他的脸上还带着那种极度喜悦的表情，这说明‘为乐而吸’本身就能给宝宝带来满足。”弗洛伊德的这种观念很有趣。他似乎有过嘴部获得愉悦的经历。他每天都抽雪茄，并宣称这对他的创作是必需的。在他试着戒烟的那段时间，他把这种痛苦描述为“嘴唇间缺少了温暖”。这句话非常有趣，因为他的太太玛莎·弗洛伊德总能按时为丈夫准备好热腾腾的饭菜。弗洛伊德会不会是从饭后雪茄的愉悦中推测出宝宝在第二哺乳阶段的感受呢？

尽管弗洛伊德将宝宝进食后的表情描写成为一种极度的愉悦，但是他对哺乳的描述听起来好像宝宝并未从中得到满足。他认为，宝宝可能会通过吸吮其他东西获得更大的愉悦。

断奶如何进行

但是，宝宝在最初的吮吸活动中通常会放弃这个吮吸对象而用自己某一身体部分来替代。他开始吸吮拇指或者自己的舌头。这样，宝宝就能独自获得愉悦，而无须征得外界的同意……

宝宝是否能从吸吮自己的手指或舌头中获得一种特别的愉悦感呢？我见过一些吸吮自己拳头的婴儿，但通常是因为他们急切地想得到食物，而妈妈又还没来得及解开衣裳。我从未见过哪个婴儿为了吮吸自己的手而放弃妈妈的乳房的，除非妈妈与宝宝在哺乳时没能调整到合适的位置。此外，“外界的同意”指的又是什么意思呢？弗洛伊德似乎意指“外界”（可能指的是妈妈或者乳母）并不“允许”宝宝获取独立的快乐。

此外，弗洛伊德还得出了以下结论：“不管妈妈哺乳的时间有多长，在断奶后，宝宝总会感觉哺乳的时间太短，次数太少。”此外，“在一定程度上，似乎婴儿早期对于食物的渴望总是无法得到满足，他永远也无法忘记失去妈妈乳房后的痛苦。”这一结论确实不能成为一个普适的真理。事实上，问题取决于妈妈在帮助宝宝断奶时是否伤害到了他们的情感。比如，在《断奶如何进行》一书中，许多妈妈的陈述为我们提供了丰富的例证：其实，宝宝并非贪得无厌，在断奶后，他们也会为曾经的吃奶的经历感到非常满足。

关于婴儿感觉，弗洛伊德做出了非常肯定的断言。这种非常确定的口气源于他当时已是一名权威的医生，同时也是精神分析学的奠基人。然而，宝宝的感觉其实很难确定。非常有趣的是，在弗洛伊德的作品里，很少妈妈是以母亲的身份说话的。弗洛伊德关于宝宝吃奶时会伴随有性感觉出现的理论，既没有遭到完全否定，也没能得到完全的肯定。关于这一问题，处于哺乳期的妈妈最有资格对此做出评论。

我一直都在思考弗洛伊德说过的这句话：妈妈只是“在

完成一项任务而已，即教会宝宝如何去爱”。但根据弗洛伊德的描述，宝宝能学到哪种爱呢？他会在妈妈毫无意识的情况下唤起自身的性本能，因为妈妈一旦“意识”到的话，她会为之震惊。宝宝会学着“独自获得愉悦，而无须征得外界的同意。”据推测，妈妈就是“外界”的一部分。宝宝可能会感到，曾给他极度愉悦的哺乳结束得太过迅速。

宝宝的吮吸是一种性行为，这一观点已经影响到了人们的看法。在西方，人们广泛认为吸吮乳房是一种成人的性行为，虽然婴儿时期的这种行为能够得到容忍，但是当孩子大一点儿时，便会被看作是一种不当的行为。对于孩子长到多大时这种行为会被认定为不当，育婴文献资料中通常会有明确的说明。然而，对于大多数宝宝而言，无论他们处于哪个年龄段，他们都很难为断奶做好准备。宝宝的成长有着个体差异。少数妈妈会继续哺乳，直到宝宝自己停止吃奶。而大多数时候，即使宝宝还没有为断奶做好准备，妈妈们也会通过强制、哄骗或诱导的方式阻止宝宝继续吃奶。如此一来，宝宝们必须放弃能从哺乳中获得的所有抚慰和安全感。

就宝宝的需求问题，楚比·金与弗洛伊德都坚守着各自不同的理论，但是有一个方面他们非常相似。他们都认为，妈妈是非常重要的角色，而且非常奇怪的是，他们都将妈妈看作是服务的提供者，这听起来缺少了点儿人情味。最重要的是妈妈所能提供的东西，而不是她是谁或者她对宝宝的感觉。对于这两个男人来说，妈妈都是潜在的危险人物——一个可能会过度接触宝宝的人。在他们的眼中，这个问题的解决办法就是鼓励孩子从妈妈那里独立出来。“按照楚比·金理论养育的宝宝”只能在规定的时间被抱起来进食或翻身，而“按照弗洛伊德理论养育的宝宝”则应该自己学会如何从吮吸自己的舌头和手指中获得愉悦。

但是，如果宝宝想要学会与他人相处，那么，他就不能只是待在婴儿床里，靠吸吮自己拳头和手指来实现自我满足，这一点是极为重要。宝宝应该把注意力投向外部的世界，让自己与妈妈进行信息交流。

译者致谢

在本书的翻译过程中，得到了很多好友的帮助和支持，在此一一表示感谢：

李梦瑶　姜　波　刘益斌　郝向东　刘振宇　于学江　朱英杰
史春玲　张桂芳　王旭飞　宋小平　王大楠　刘　迎　王亚梅
吴　昊　李东辉　孙　洁　王　伟　杨　宏　张玉翠　刘　钢
张军霞　李文勇　傅彩霞　陈建华　张　平

译　者

2017 年 3 月